Dr. Ferd. Brandstätter
5350 Strobl 303a
Tel. 06137 / 7887
Fax. 06317 / 61012
Handy: 0664 2644773

2011

Esther-Marie Merz
Camilla Landbø

# SÜDAMERIKA

Zwischen Armut und
Wirtschaftsboom

UEBERREUTER

Das säurefreie und alterungsbeständige Papier EOS liefert Salzer, St. Pölten (hergestellt aus chlorfrei gebleichtem Zellstoff aus nachhaltiger Forstwirtschaft).

ISBN 978-3-8000-7491-4
Alle Rechte vorbehalten. Das Werk darf – auch teilweise –
nur mit Genehmigung des Verlages wiedergegeben werden.
Covergestaltung: Thomas Esterer, www.bueroesterer.at
Coverfoto: iStockphoto.com/Duncan Walker
Rückseite: Christian Lombardi, David R. Frazier/Photo Researchers/picturedesk.com
Copyright © 2011 by Verlag Carl Ueberreuter, Wien
Druck: GGP Media GmbH, Pößneck
7 6 5 4 3 2 1

Ueberreuter im Internet: www.ueberreuter.at

# Inhalt

| | |
|---|---|
| Vorwort | 9 |
| **EXTREME UND SPANNUNGEN** | 11 |
| Arme Ureinwohner, reiche Großgrundbesitzer | 12 |
| Keine Arbeit, mangelhafte Bildung, schlechte Gesundheitsversorgung | 15 |
| Zwischen Missbrauch und Hoffnung | 17 |
| Eine Mini-Guerilla treibt ihr Unwesen | 21 |
| Das Land der Frauen in einer Welt der Männer | 24 |
| Militante Sozialisten und überzeugte Kommunistenhasser | 29 |
| **MILITÄRDIKTATUREN: EINE DUNKLE ZEIT** | 33 |
| Operation Condor: Die Suche nach Regimegegnern | 35 |
| Brasilien: Zeitungen, Filme und Musik zensiert | 38 |
| Chile: Tausende Gefolterte und Exilierte | 39 |
| Argentinien: Todesflüge über den Río de la Plata | 40 |
| Uruguay: Professionelle Stadtguerilla im Gefecht | 41 |
| Paraguay: Kultur der Angst unter Hitlerverehrern | 42 |
| Bolivien: Weltweit geächtete »Narko-Diktatur« | 43 |
| Peru: Diktaturähnliche Zustände und Tausende Tote | 44 |
| Es gibt kein Morgen ohne Gestern | 45 |
| **DIE RÜCKKEHR DER INDIGENEN BEVÖLKERUNG** | 51 |
| »Meine Tochter soll nicht dein Dienstmädchen sein« | 52 |
| Bolivien: Wir werden Millionen sein | 56 |
| Ecuador: Wandel in Richtung einer neuen Ära | 59 |
| Peru: Von Ollantay zu Ollanta | 62 |
| Paraguay: Eine süße Sprache, in der sich gut schimpft | 65 |
| Brasilien: Der Kampf der Kayapó-Indianer gegen das Wasser | 67 |
| Kolumbien: Bienvenido a Macondo | 69 |
| Chile/Argentinien: Raubtiere, die man anketten muss | 70 |
| Uruguay: Die wilden Charrúa | 73 |
| Venezuela: Die Asche des Onkels verspeisen | 74 |

| | |
|---|---|
| **ROHSTOFFE: FLUCH ODER SEGEN?** | 77 |
| Grüne Wüsten, trockene Brunnen | 78 |
| Argentinien: Wo früher Rinder weideten, wächst heute Soja | 81 |
| Brasilien: Natürliche Schatzkammer der Welt | 84 |
| Ecuador: Exkremente des Teufels | 87 |
| Bolivien: Wird ein armes Land reich? | 89 |
| Chile: Kupfer bringt Wohlstand und Feinstaub | 92 |
| Peru: Das ewige Gold | 95 |
| Paraguay: Mit dem Glauben zu einer Wirtschaftskraft | 114 |
| Kolumbien: Weiß wie Orchideen, grün wie Smaragde, schwarz wie Kohle | 117 |
| Venezuela: Am Tropf des Erdöls | 119 |
| **DIE BOLIVARISCHE REVOLUTION** | 121 |
| Strategien des Sozialismus des 21. Jahrhunderts | 124 |
| Die Gegenspieler der Bolivarischen Revolution | 126 |
| Hugo Chávez' Sozialprogramme | 130 |
| Die südamerikanischen Verfechter des Sozialismus des 21. Jahrhunderts | 133 |
| Die »Morgendämmerung« Lateinamerikas | 134 |
| Grenzenlose Macht des Erdöls? | 136 |
| Die Alliierten der Bolivarischen Revolution | 138 |
| Wirtschaftliche Situation und Ausblick | 140 |
| **NEUES SÜDAMERIKANISCHES BEWUSSTSEIN** | 145 |
| Südamerika entdeckt sich selbst | 146 |
| MERCOSUR: Der erste Baustein | 148 |
| Das Zugpferd Südamerikas | 149 |
| UNASUR: Ein Südamerika für alle | 150 |
| **STOLPERSTEINE: DROGEN UND KORRUPTION** | 153 |
| Ein teuflisches Gewächs heilt manche Beschwerden | 154 |
| Wer Koka anpflanzt, verdient gutes Geld | 156 |
| Wie der Drogenhandel Kolumbien zerreißt | 158 |
| Absender: Venezuela | 161 |
| Marihuana und Kokain fallen vom Himmel | 163 |

| | |
|---|---|
| Paco, die moderne Droge der Armen | 165 |
| Man arrangiert sich | 167 |
| »Muchachos, lasst uns mal zwei Jahre nicht klauen« | 171 |
| | |
| EINE RELIGION, VIELE RELIGIONEN | 175 |
| Der katholische Subkontinent | 176 |
| Fast-Food-Konzerne des Glaubens | 177 |
| Rosenkranz aus Fußbällen, die Orixás der Heiligen und Uruguays Reisewoche | 178 |
| Gottes Krieg gegen Homosexuelle | 181 |
| | |
| EUROPAS LIEBLINGSKINDER | 183 |
| Chile: Reiche werden reicher, Armen soll geholfen werden | 184 |
| Uruguay: Die Schweiz Südamerikas? | 186 |
| | |
| DIE VERGESSENEN LÄNDER | 191 |
| | |
| GEDANKEN ÜBER SÜDAMERIKA | 197 |
| | |
| QUELLENVERZEICHNIS | 201 |
| | |
| DANK | 207 |
| | |
| BILDNACHWEIS | 208 |

# Vorwort

Südamerika: Das ist weit weg. Von Europa mehr als zehn Flugstunden entfernt, aber es reicht eine Nacht, um am nächsten Morgen in Caracas, Rio de Janeiro oder Buenos Aires aufzuwachen. Nicht immer war der Sprung von Europa zum südamerikanischen Subkontinent so einfach. Vier Wochen dauerte Ende des 19., Anfang des 20. Jahrhunderts für zahlreiche Einwanderer die Überfahrt mit dem Schiff. Sie wagten den Sprung über den Atlantik, um sich hier ein neues Zuhause zu schaffen oder sich rasch die Taschen zu füllen und nach Europa zurückzukehren. Sie waren Pioniere, errichteten Städte, legten Eisenbahnschienen, bewirtschafteten das Land und trugen zum Beispiel dazu bei, dass Argentinien in den 1920er-Jahren zu den zehn reichsten Ländern der Welt gehörte.

Das damals florierende Argentinien lockte unter anderem Leute wie Aristoteles Onassis an. Mit siebzehn Jahren arbeitete er in Buenos Aires als Tellerwäscher, kurze Zeit später hatte er mit Geld, das er durch Spekulationen an der Börse gewonnen hatte, seine eigene Zigarettenmarke lanciert. Es dauerte nicht lange, bis sich Onassis die ersten Frachtschiffe kaufte und als Reeder und Casanova weltweiten Ruhm erlangte.

Südamerika ist ein Eldorado für Macher, Kämpfer und Träumer. So lockte Venezuela in den 1960er-Jahren zahlreiche Europäer ins Land, die am Erdölboom teilhaben wollten. In den letzten zehn Jahren ist Brasilien, Gastgeber der Fußballweltmeisterschaft 2014 und der Olympischen Spiele 2016, zum wirtschaftlichen *Hotspot* Südamerikas geworden.

Das Leben in Südamerika ist für Europäer aufregend, extrem, widersprüchlich, von einer einzigartigen Faszination, die genauer zu definieren jeden Europäer ins Grübeln bringt. Was ist es, das Südamerika seit eh und je ausmacht? Was veranlasste einen Antoine de Saint-Exupéry, eine Zeit lang als fliegender Postbote in Patagonien zu arbeiten? Was bewegt junge Europäer heute, in Ländern wie Kolumbien und Brasilien Modeboutiquen zu eröffnen oder eine Filmproduktionsfirma aufzubauen?

Dieses Buch soll Südamerika-Neugierigen Einblicke verschaffen, die mehr zeigen als die Klischees vom Panflötenspieler aus den Anden, dem argentinischen Tangotänzer, dem kolumbianischen Drogendealer und der brasilianischen Samba-Königin. Südamerika ist eine aufstrebende Region. Seit 200 Jahren sind Südamerikas Länder unabhängig und stolz auf ihre Geschichte und Kultur.

Die südamerikanischen Staaten kämpfen gegen Armut, Korruption und Drogen. Sie leiden unter den Auswirkungen des Klimawandels und dem teilweise rücksichtslosen Abbau von Rohstoffen. Doch Südamerika hat auch andere Gesichter – die der Innovation, des Erfolgs und des Umbruchs. So gelang es zum Beispiel Uruguay 2009 als erstem Land weltweit, jeden Grundschüler mit einem speziell hergestellten Laptop auszurüsten. Brasilien ist das erste Land, das aus Zuckerrohr Strom produziert. Argentinien lässt als erstes Land im vorwiegend katholischen Südamerika die Ehe zwischen Homosexuellen gesetzlich zu, und Chiles Regierung kündigte an, bis Ende ihrer Amtszeit das erste Land Südamerikas sein zu wollen, das die Armut bekämpft hat.

An Selbstbewusstsein fehlt es den südamerikanischen Staaten nicht. Mit prunkvollen Umzügen und zahlreichen Veranstaltungen haben einige Länder den 200. Jahrestag ihrer Unabhängigkeit gefeiert. Sie erinnerten an die einstige Vielzahl indigener Völker, die Befreiungsfeldzüge der Unabhängigkeitskämpfer Simón Bolívar und General San Martín, die dunklen Jahre der Militärdiktatur und die Rückkehr zur Demokratie. Eine Demokratie, die sich mittlerweile vielerorts gefestigt hat und Südamerika politisch auf einem immer stabileren Fundament zusammenwachsen lässt.

Dieses Buch nimmt den Leser mit auf eine Reise durch Südamerika. Statt über die wichtigsten Sehenswürdigkeiten zu schreiben, wie Machu Picchu in Peru oder die Weiten Patagoniens, richtet sich unser Blick auf jene Themen, die die Menschen dieser Weltregion bewegt haben und nach wie vor bewegen. Themen, die sich für den Leser wie Mosaiksteine zu einem Bild Südamerikas zusammenfügen.

Viele, die sich auf das Abenteuer Südamerika einlassen, können es nur schwer wieder vergessen. Die Offenheit, Entspanntheit und Hilfsbereitschaft der Menschen beeindruckt den europäischen Besucher immer wieder – manchmal so sehr, dass er sich entschließt, länger als geplant in Südamerikas Ländern zu verweilen. So ist es auch uns Autorinnen ergangen – das Abenteuer Südamerika begann für uns vor mehreren Jahren und wird wohl noch einige Zeit andauern.

*Esther-Marie Merz und Camilla Landbø*

# EXTREME und SPANNUNGEN

# Arme Ureinwohner, reiche Großgrundbesitzer

Beim ersten Ton der bolivianischen Nationalhymne, die aus Lautsprechern dröhnt, steht alles still, hält alles inne. Ein Polizist hisst die Fahne des Andenstaats. Auf der Brücke, die Argentinien mit Bolivien verbindet, stockt für Minuten das rege Treiben. Hildas Knie zittern, als sie stehen bleibt. Mit ihren geschundenen Händen umklammert sie die Riemen des Sackes, der auf ihrem Rücken hängt, bis zum Rand beladen mit Zuckerpaketen. Bis zu hundert Kilo halte ihr Rücken aus, bekräftigt die klein gewachsene Frau. Die Nationalhymne will kein Ende nehmen und der Schmerz der Last steht Hilda ins Gesicht geschrieben. Sie stützt den Sack an einer Mauer ab und für ein paar Minuten entspannt sich ihr Körper. Sie sei auf diese Arbeit angewiesen, sagt sie, zwanzig Eurocent bekomme sie umgerechnet pro abgeliefertem Sack und finanziere so das Jura-Studium ihres ältesten Sohnes in La Paz. Sie sei doch noch stark und gesund mit ihren fünfzig Jahren. Und wenn der Rücken sehr schmerze, kaue sie Kokablätter. Einen Arztbesuch könne sie sich nicht leisten und als Schwarzarbeiterin stünden ihr keine Sozialleistungen zu. Kaum haben die Lautsprecher den letzten Ton der Nationalhymne ausgespuckt, nimmt das rege Treiben wieder seinen Lauf. Zahlreiche schwer beladene Personen, manche in extrem gekrümmter Haltung, laufen wie fleißige Ameisen über die Grenzbrücke hin und her. Unter den Lastenträgern ist kein einziger Weißer, alle sind indigener Abstammung wie Hilda.

Damit sie bei der Einfuhr von Produkten nach Bolivien keinen Zoll zahlen müssen, laden die argentinischen Lastwagen ihre Ware vor der Grenze ab. Dort verteilen sie diese auf die Rücken der bereitstehenden Bolivianer, die sie zollfrei ins Land einführen können. Die Gesetzgebung sieht vor, dass kein Zoll auf persönlich eingeführte Waren gezahlt werden muss, auch nicht, wenn diese aus 100 Kilogramm Zucker bestehen. Während Männer, Frauen und zum Teil sogar Kinder vor den Augen der Zöllner Getränke, Mehl, Zucker immer wieder über die Brücke schleppen, steht der leere Lastwagen bereit auf der bolivianischen Seite und wartet auf seine Ware. In nur wenigen Minuten ist er beladen – es muss alles schnell gehen. Schwer beladen setzt er seine Fahrt fort und hüllt die erschöpften Träger in eine Staubwolke.

In dieser unfruchtbaren und trockenen Gegend gibt es weder Landwirtschaft noch Industrie, die den Menschen Arbeitsplätze garantieren könnten. Das einzige lukrative Einkommen bietet das Geschäft mit der geschmuggelten Ware. Es sichert rund 4.000 Bolivianern den Lebensunterhalt.

Bolivien ist zum einen das Land mit einer der schwächsten Volkswirtschaften Südamerikas und besitzt zum anderen die wichtigsten Erdgas- und Lithiumvorkommen der Region. Dennoch leben zwei Drittel der Bevölkerung in Armut und vierzig Prozent müssen mit weniger als einem US-Dollar pro Tag auskommen. Während die weißen Einwohner überwiegend zum wohlhabenden Teil der Bevölkerung zählen, sind fast ausschließlich Indigene von der Armut betroffen.

Boliviens Gesellschaft zeichnet sich vor allem durch seine Vielzahl indigener Völker aus. Es ist das erste Land in Südamerika, das mit Evo Morales einen *Indígena* – einen Ureinwohner – zum Präsidenten gewählt hat.

Eine einflussreiche Minderheit stellen die Nachfahren der spanischen Kolonisatoren dar. Über Jahrhunderte hinweg haben sie die Eingeborenen unterdrückt und von ihren Ländereien verdrängt. Viele Indígenas leben im unfruchtbaren Hochland im Westen von Bolivien im sogenannten *Altiplano,* einer Region, die sich aus den *Departamentos* La Paz, Oruro, Potosí, Cochabamba und Chuquisaca zusammensetzt. Im fruchtbaren Tiefland im Osten, das zudem reich an Bodenschätzen ist, hat sich eine überwiegend weiße Bevölkerungsschicht niedergelassen. Zahlreiche der dort lebenden Familien besitzen bis zu 100.000 Hektar große Ländereien, sogenannte *Latifundios,* deren Boden zum Teil brachliegt. Zu dieser östlichen Region zählen die vier *Departamentos* Beni, Pando, Santa Cruz und Tarija. Auf der Landkarte bilden diese Provinzen eine Sichel, die an einen Halbmond erinnert, daher wird die Region auch als »Media Luna« bezeichnet.

Kurz nachdem Morales zum Präsidenten gewählt worden war, ließ er die Gas- und Ölindustrie nationalisieren. Über die verstaatlichte Energieversorgungsfirma *Yacimientos Petrolíferos Fiscales Bolivianos* (YPFB) flossen nun die Gewinne aus dem Gas- und Erdölverkauf zum großen Teil in die Staatskassen. Von dort kann seither der Reichtum auf das Volk umverteilt werden. So zahlt Boliviens Regierung seit 2009 jungen Müttern ein Muttergeld und Kindern aus armen Familien Schulgeld.

Die Großgrundbesitzer der *Media Luna* fühlen sich durch die Politik von Evo Morales benachteiligt. Ein Grund dafür ist die Agrarreform. Sie soll ermöglichen, dass Besitzrechte legal verankert werden, was vor allem der indigenen Bevölkerung zugute kommt. Außerdem soll das mit der Durchführung beauftragte *Instituto Nacional de Reforma Agraria* (INRA) entscheiden, inwieweit die Ländereien wirtschaftlich genutzt und dadurch für die Bevölkerung Arbeitsplätze geschaffen werden. Werden diese Forderungen nicht ausreichend erfüllt, darf das Land umverteilt werden. Das bedeutet für viele Großgrundbesitzer eine mögliche Enteignung mit einer Entschädigung zum marktüblichen Preis und nicht wie bisher auf Grundlage eines vom Besitzer festgelegten Wertes. Bereits wirtschaftlich genutzte Flächen sollen außerdem daraufhin überprüft werden, ob sie eine angemessene Anzahl von Arbeitsplätzen schaffen. Ziel ist es, die von den Großgrundbesitzern geführten Monokulturen, beispielsweise Soja, flächenmäßig zu verringern und mehr Ländereien den indigenen Bauern zur Verfügung zu stellen.

Auch im benachbarten Paraguay kann der Staat Land von den Großgrundbesitzern beschlagnahmen, wenn dieses nicht bewirtschaftet wird und somit seine soziale und öffentliche Funktion nicht erfüllt. Eine Agrarreform, die nur sehr schleppend umgesetzt wird, soll dafür sorgen, dass nicht mehr nur die Großgrundbesitzer über die fruchtbarsten Ländereien verfügen. So haben bisher rund 8.000 Familien unter der Regierung des Präsidenten Fernando Lugo jeweils fünf Hektar Land erhalten.

Mit den zahlreichen Soja-Plantagen bildet Santa Cruz das landwirtschaftliche Zentrum Boliviens. Mehr als ein Drittel der Wirtschaftsleistung des gesamten Landes wird in dieser Tiefland-Provinz erarbeitet. Damit sich diese Leistung aufgrund der staatlich angeordneten Neuaufteilung nicht verringert, fordert die Provinz Santa Cruz seit einiger Zeit die Einführung einer föderalen Staatsstruktur mit regionaler Autonomie und die Unabhängigkeit von der Regierungsstadt La Paz. Morales hat wiederholt bekräftigt, dass er eine so umfangreiche Selbstbestimmung der wohlhabenden Provinzen nie akzeptieren wird.

Boliviens Präsident versucht mit seiner ambitionierten Sozialpolitik den gesellschaftlichen Zusammenhalt zu fördern und die Kluft zwischen den armen Bauern und den reichen Großgrundbesitzern zu verringern. Doch Boliviens Bevölkerung ist nach wie vor tief gespalten zwischen Ost und West sowie zwischen armen Ureinwohnern und reichen Großgrundbesitzern. Die linksgerichtete Regierungspolitik, die von La Paz ausgeht, steht den alten kolonialen, neoliberalen Strukturen gegenüber, die in Santa Cruz nach wie vor tief verankert sind.

## Keine Arbeit, mangelhafte Bildung, schlechte Gesundheitsversorgung

Südamerika ist nicht die ärmste Region der Welt. Es krankt vielmehr an seiner Ungerechtigkeit. Einem aktuellen Bericht der Vereinten Nationen zufolge liegen zehn der fünfzehn Länder mit der größten Einkommensschere zwischen Arm und Reich in Lateinamerika. Angeführt wird die Liste unter anderem von Bolivien und Brasilien. Die ungleiche Aufteilung von Besitz und Einkommen wird als Hemmnis für die wirtschaftliche Entwicklung und als Ursache für eine defekte Demokratie wahrgenommen.

Dass im fruchtbaren Norden Argentiniens Mitglieder der Toba-Indianer an Hunger sterben, ist nicht die Folge von Nahrungsmangel, sondern von ungleicher Verteilung des Wohlstands. Obwohl das Angebot an Lebensmitteln in Argentinien ausreichend ist, können die Tobas sich nicht ernähren, da sie kein Geld haben, um sich das Lebensnotwendige zu kaufen. Und der für sie überlebenswichtige Wald musste den vorrückenden Monokulturen weichen, somit fehlt ihnen jegliche Überlebensgrundlage.

Der Mangel an Möglichkeiten, gegen angemessene Bezahlung zu arbeiten, ist in den Ländern Südamerikas zu einem großen Problem geworden. Aufgrund fehlender Arbeitsmöglichkeiten auf dem Land sehen sich große Teile der Bevölkerung gezwungen, dorthin zu ziehen, wo sie Arbeit vermuten, in industrialisierten Regionen rund um die Großstädte. Für das traditionell-handwerkliche Gewerbe, das vor allem die Landbevölkerung beherrscht, besteht dort oftmals kein Bedarf. Der Aufbau von Industrien mit automatisierter Fertigung bietet außerdem nur wenigen spezialisierten Kräften Lohn und Brot – die Arbeitslosigkeit steigt. Trotz dieses Szenarios bieten die Städte für die Landbewohner nach wie vor genügend

Anreiz, um dorthin abzuwandern. Einmal in der Großstadt, finden sie in den meisten Fällen jedoch weder eine Wohnung noch einen Arbeitsplatz und so siedeln sie sich in den Armenvierteln an. Nicht selten grenzen diese unmittelbar an die Viertel der Oberklasse, so zum Beispiel in Buenos Aires in Argentinien oder in Rio de Janeiro in Brasilien. Seit Jahrzehnten verzeichnen diese Elendsviertel einen stetigen Zuwachs. Um dort zu überleben, müssen oftmals alle Familienmitglieder arbeiten, inklusive der Minderjährigen, die somit nicht in den Genuss einer angemessenen Schulausbildung kommen.

Jene Kinder, die nicht in den U-Bahnen Haarspangen verkaufen müssen, sondern die staatliche Schule besuchen können, werden oft wieder nach Hause geschickt, so zum Beispiel in Argentinien, wo die Lehrer streiken, um eine Lohnerhöhung zu fordern. Sanierungsbedürftige Klassenzimmer, in denen es im Winter durch die Decke regnet und die Heizung nicht funktioniert, haben in Argentiniens Hauptstadt schließlich auch zu Schülerstreiks geführt. Völlig anders stellt sich die Situation für die wohlhabende Bevölkerung dar. Sie kann für ihre Kinder unter zahlreichen privaten Schulen wählen, die für eine hohe Schulgebühr neben einer exzellenten Ausbildung auch für beheizte Klassenzimmer garantieren. Wie wichtig angemessene Bildung ist, demonstriert Uruguay. Als erstes Land weltweit hat es 2006 allen Grundschülern einen eigenen Laptop zur Verfügung gestellt. Eine Aktion, die allmählich auch in den Nachbarländern Schule macht.

Bildung steht selten an oberster Stelle auf der politischen Agenda der südamerikanischen Staaten. Auch das Gesundheitssystem muss sich mit einem der hinteren Plätze in der Prioritätenliste der Politiker begnügen. Die Behandlung in staatlichen Krankenhäusern ist in Argentinien zwar kostenlos, dafür kostet es den Patienten sehr viel Zeit, bis er von einem Arzt behandelt wird. So ist es zum Beispiel nicht selten, dass man ein halbes Jahr warten muss, bevor man einen Termin für eine Ultraschalluntersuchung bekommt. Bei akuten Gesundheitsproblemen empfiehlt es sich daher, in eine private Klinik zu gehen. Allerdings steht und fällt die Behandlung hier mit der Krankenversicherung beziehungsweise dem nötigen Kleingeld, das man mitzubringen hat. Die ärmere Bevölkerung aus den Elendsvierteln besitzt weder das eine noch das andere.

Bolivien denkt deswegen daran, eine allgemeine Krankenversicherung einzuführen und damit eine kostenlose Gesundheitsversorgung für alle zu gewährleisten. Ein Projekt, das finanzpolitisch allerdings wenig realistisch sein dürfte. Paraguay hat erstmals in seiner Geschichte ermöglicht, dass die rund 6,6 Millionen Paraguayer kostenlosen Zugang zu ärztlicher Behandlung erhalten.

Caracas, Bogotá, Lima, São Paulo oder Buenos Aires – wie viele südamerikanische Großstädte sind sie Anziehungspunkt für zwei Extreme: die Armut auf der einen und den Wohlstand auf der anderen Seite, getrennt oft nur durch eine Straße, die zu überqueren immer schwieriger wird. Denn die gesellschaftliche Ungerechtigkeit in Südamerika bildet den Nährboden für Kriminalität, Drogenmissbrauch und Gewalt. Sie führt dazu, dass sich beide Gesellschaftsschichten immer weiter voneinander entfernen. Als schwacher Lichtblick erscheint da ein Bericht der UN-Wirtschaftskommission für Lateinamerika und die Karibik (CEPAL), aus dem hervorgeht, dass sich seit 2002 41 Millionen Menschen aus der Armut befreien konnten, vor allem in Argentinien und Venezuela. Während 180 Millionen nach wie vor unterhalb der Armutsgrenze leben.

## Zwischen Missbrauch und Hoffnung

Mit zehn Jahren besaß er seine eigene Waffe, mit dreizehn erklärte er seinem Vater, er werde Guerillakämpfer. Luis Hernando Varon wuchs in einem kleinen Dorf im Westen Kolumbiens auf, das von der Guerillagruppe FARC – *Fuerzas Armadas Revolucionarias de Colombia* – kontrolliert wurde. Elf Jahre lang hieß Luis Ruben Dario. Die FARC habe ihm, sagt er, nicht nur die Freiheit zu entscheiden genommen, sondern auch seinen Namen und seine Kinder. Seine Freundin, die er im FARC-Lager kennenlernte, wurde unerlaubterweise schwanger und gezwungen, die Zwillinge im Urwald abzutreiben. Luis erinnert sich nicht mehr an die Zahl der Menschen, die er umgebracht hat. Das Morden stand bei der FARC an der Tagesordnung. 1999 hatte die FARC einen Angehörigen einer paramilitärischen Einheit gefangen genommen, der zahlreiche Personen im Dorf von Luis exekutiert hatte, darunter auch seinen Vater. Der FARC-Kämpfer Ruben Dario verübte Selbstjustiz und erschoss den Mörder seines Vaters mitten in der Nacht in dem Erdloch, in dem er gefangen gehalten wurde. Im Jahr 2000 sollte Ruben Dario in der kolumbianischen Hauptstadt Bogotá Deserteure der FARC erschießen. Bevor es jedoch dazu kommen konnte, wurde er von der Polizei gefasst. Er war 24 Jahre alt. Luis' Schicksal ist das von vielen jungen Kolumbianern.

Die Ruta 25 ist eine der meistbefahrenen Straßen Kolumbiens. Sie führt von Cali über Medellín bis zur Karibikküste nach Barranquilla. Ein schwer beladener LKW rast vorbei, um schon wenige Sekunden später hinter der nächsten Kurve zu verschwinden. Jede Kurve wird unerschrocken mit Vollgas bewältigt. Unbeeindruckt von der Geschwindigkeit des Fahrzeugs, tritt aus einer ärmlichen Behausung am Straßenrand ein kleines Mädchen heraus, vielleicht sechs Jahre alt. Fest umklammert sie die Hand ihres jüngeren Bruders, als bereits der nächste Lastwagen nur wenige Zentimeter an ihnen vorbeirast. Erwartungsvoll halten sie Ausschau nach dem nächsten Fahrzeug. Hin und wieder halten die Fahrer an und schenken den Kindern und ihren Familien Gebrauchsgegenstände oder Lebensmittel. Ein flüchtiger Blick in die Behausung verrät, dass die Mutter bei offenem Feuer Essen zubereitet. Seit drei Jahren lebt die Familie hier – »hier« heißt auf einem schmalen Erdstreifen von nicht einmal zwei Metern Breite am Rand des gefährlichen Asphalts. Ein paar Holzpflöcke und darüber Fetzen einer Plastikplane, das ist ihr Heim. Warum leben sie hier? Denn so weit das Auge reicht, erstreckt sich eine fruchtbare Landschaft. Früher bewohnte die Familie ein eigenes Stück Land, das sie bebaute. Heute leben sie von dem, was ihnen die Ruta 25 übrig lässt.

Entlang der Ruta 25 reihen sich unzählige dieser ärmlichen Hütten aneinander. Wer hier ein Zuhause gefunden hat, hat sein wahres Zuhause nicht freiwillig aufgegeben. In Kolumbien sind heute schätzungsweise über zwei Millionen Bauern und Indios landlos. Sie sind von ihrem Grund und Boden vertrieben worden beziehungsweise mussten ihn an Großgrundbesitzer verkaufen. Diese wollen das fruchtbare Land für den großflächigen Anbau von Ölpalmen nutzen. Aber auch die Förderung unter anderem von Kohle, Erdöl und Gold sowie der Bau von Wasserkraftwerken führen dazu, dass Bauern und Indios weiterhin um ihre Ländereien gebracht werden.

Bauern, die dennoch ihren Besitz nicht aufgeben wollen, werden von bewaffneten Gruppierungen eingeschüchtert, massiv unter Druck gesetzt oder bei anhaltendem Widerstand zur Abschreckung vor der Dorfgemeinde hingerichtet. Diese Gewalt geht von den privaten Schutzarmeen der Plantagenbesitzer aus. Heute handeln diese paramilitärischen Gruppen auch im Auftrag von Unternehmern oder Politikern des konservativen Lagers. Die unterschiedlichen paramilitärischen Gruppierungen, die vor allem im Norden des Landes aktiv sind, haben sich 1997 zu einem Dachverband zusammengeschlossen: *Autodefensas Unidas de Colombia* (AUC). Die Europäische Union führt die AUC auf ihrer Liste der Terrororganisationen. Zwischen 2003 und 2006 ordnete der Präsident Álvaro Uribe die Entwaffnung 37 paramilitärischer Gruppen an. Das sollte den Vorwurf widerlegen, dass die Regierung die Aktivitäten der Paramilitärs dulde. Tatsache ist, dass bis Mitte der 1990er-Jahre mehrmals eine direkte Verbindung zwischen dem Militär und den Paramilitärs nachgewiesen werden konnte. Doch auch nach ihrer offiziellen Entwaffnung sind einem Bericht der nichtstaatlichen Menschenrechtsorganisation *Human Rights Watch* von 2010 zufolge immer noch über 4.000 Paramilitärs aktiv. Sie gehören zu einer unüberschaubaren Zahl neuer Gruppen, die sich seit 2006 gebildet haben und von der Regierung nicht mehr als Paramilitärs, sondern als kriminelle Drogenbanden eingestuft werden. Ihr Entstehen war unter anderem möglich, weil Militär und Polizei weggeschaut und nicht versucht haben, dies zu unterbinden.

Die Schere zwischen Arm und Reich ist in den letzten fünfzig Jahren in Kolumbien immer weiter auseinandergegangen. So besitzen fünf Prozent der Bevölkerung achtzig Prozent des bebaubaren, fruchtbaren Landes. Seit Mitte des letzten Jahrhunderts ist die Landbevölkerung systematisch zurückgegangen, mittlerweile leben fast achtzig Prozent der über 45 Millionen Kolumbianer in Städten.

Die Situation dieser extrem ungleichen Verteilung der Ländereien, die ihren Ursprung bereits in der Kolonialzeit hat, spitzte sich zu und führte zu einem Riss innerhalb der kolumbianischen Gesellschaft. Was folgte, war der längste Bürgerkrieg Lateinamerikas, der bis heute andauert. Ausgelöst wurde er am 9. April 1948 mit der Ermordung des damaligen Präsidentschaftskandidaten der liberalen Partei, Jorge Eliécer Gaitán. Obwohl er gerade die Präsidentschaftswahlen verloren hatte, galt er weiterhin als Hoffnungsträger des Landes, weil man ihm soziale Reformen zutraute.

Die Verantwortung für seine Ermordung sprachen seine Anhänger der konservativen Regierung des Präsidenten Mariano Ospina Pérez zu. Wer tatsächlich hinter der Tat steckte, konnte jedoch nie geklärt werden. Obwohl der liberale Politiker aufgrund seiner politischen Ansichten ein gefährdeter Mann war, hatte er Leibwächter stets abgelehnt. Seine Entscheidung begründete er mit den Sätzen: »Mich schützt das Volk« und »Wenn sie mich hier töten, bleibt kein Stein auf dem anderen«. Er sollte recht behalten.

Die FARC, die 1964 von linken Bauern gegründet wurde, zählt zu den ältesten Guerillagruppen Kolumbiens. Sie kämpften gegen die Politik der konservativen Großgrundbesitzer. In den 1980er-Jahren schlossen sich neben Bauern auch immer mehr Studenten an, die der kommunistischen Ideologie der FARC nahestanden. Heute bezeichnet sich die FARC als marxistische Guerillagruppe. Zu ihren Forderungen gehören unter anderem die Stärkung des internen Konsums, der Schutz der einheimischen Industrien vor ausländischer Konkurrenz und die staatliche Kontrolle über den Energiesektor.

Während ihrer aktivsten Phase von 1998 bis 2002 hatte die FARC ein Viertel des Landes unter ihrer Kontrolle und bemühte sich in den von ihr besetzten Gebieten um soziale Verbesserungen. Als Gegenleistung mussten sich zahlreiche junge Kämpfer zwangsrekrutieren lassen. Der FARC wird vorgeworfen, die Interessen der Kokabauern zu unterstützen und seit der Zerschlagung der Drogenkartelle Ende der 1990er-Jahre maßgeblich an der Kokainproduktion beteiligt zu sein. Ein Vorwurf, den die Guerillagruppe dementiert. Eigenen Angaben zufolge duldet sie lediglich den Kokaanbau, um den Bauern nicht die Lebensgrundlage zu entziehen. Die Anbaufläche von Koka in Kolumbien hatte sich während der 1990er-Jahre auf rund 120.000 Hektar versechsfacht. Erst seit 2007 konnten die Vereinten Nationen wieder einen Rückgang der illegalen Kokaanbauflächen von rund dreißig Prozent verzeichnen.

Seit der ehemalige konservative Präsident Álvaro Uribe 2002 das Land mit großem militärischem Einsatz zu regieren begann, haben Entführungen und andere Anschläge der FARC auf die Zivilbevölkerung deutlich abgenommen. Zu den bekanntesten Geiseln der revolutionären Streitkräfte zählte die unabhängige kolumbianisch-französische Präsidentschaftskandidatin Ingrid Betancourt. Nach sechs Jahren in der Gewalt der

FARC wurde die Politikerin zusammen mit anderen Geiseln im Juli 2008 in einer spektakulären Befreiungsaktion der kolumbianischen Regierung befreit. Seit den 1990er-Jahren ist die Zahl der bewaffneten Kämpfer der FARC deutlich zurückgegangen. Bis dahin fielen im viertgrößten Staat Südamerikas in einem Zeitraum von fünfzig Jahren jährlich zwischen 25.000 und 30.000 Menschen dem Terror von Militärs, Paramilitärs und Revolutionären Streitkräften zum Opfer.

Bei aller Gewalt, die das kolumbianische Volk seit fünf Jahrzehnten erlebt, ist es weit davon entfernt, eine gewalttätige Mentalität entwickelt zu haben. Die Kolumbianer beeindrucken Besucher immer wieder durch Liebenswürdigkeit, Hilfsbereitschaft und Bescheidenheit.

## Eine Mini-Guerilla treibt ihr Unwesen

Uniformierte säumen die roterdigen Landstraßen und die Zufahrten zu den Städten im Nordosten Paraguays. Sie halten Fahrzeuge an, kontrollieren die Ausweise der Fahrer und filzen Kofferräume und Anhänger. Sie klopfen an die Türen der umliegenden Behausungen und an die Tore der großen Landgüter, der sogenannten *Estancias*. Ihre Besitzer werden genau unter die Lupe genommen, Häuser und Umgebung penibel durchkämmt. Wonach suchen die 3.000 Militärs und 300 Polizisten?

Paraguays Präsident Fernando Lugo verhängte im April 2010 für einen Monat den Ausnahmezustand über fünf von siebzehn Departements im Land. Eine kleine bewaffnete Gruppe machte die Gegend unsicher. In den Dörfern und Städten verteilten Sicherheitsleute Fahndungsplakate. Diese zeigten fünfzehn Gesichter von teilweise sehr jungen Frauen und Männern. *Buscados* – gesucht – stand in großen roten Buchstaben über den Köpfen geschrieben. Darunter verdeutlichten die Worte *Enemigos del Pueblo Paraguayo* – Feinde des paraguayischen Volkes – unmissverständlich, worum es ging. Die Gesuchten sind Mitglieder der wohl jüngsten Guerillaorganisation Südamerikas: *Ejército del Pueblo Paraguaya* (EPP), Paraguayische Volksarmee.

Illegale Aktionen werden der EPP seit 1997 angelastet. Damals wurden sechs ihrer Mitglieder im Departement San Pedro verhaftet, als sie gerade einen unterirdischen Tunnel zu einer Bank gruben. In den darauf folgenden Jahren machte die bewaffnete Gruppe in mehr oder weniger regelmäßigen Abständen Schlagzeilen mit Anschlägen auf Polizei- und Militärposten, Erpressungen, Entführungen, Schießereien und Ermordungen.

Die Volksarmee soll aus der früheren marxistischen Partei *Patria Libre*, Freies Vaterland, hervorgegangen sein, deren Mitglieder ihre Partei mit Überfällen und Entführungen zu finanzieren suchten. Dies flog auf. 2003 setzten sich zwei ihrer Anführer ins Ausland ab, andere Genossen gingen endgültig in den Untergrund. Heute existiert die Partei nicht mehr.

Erst im Jahr 2008 verkündete die bewaffnete Gruppe, sie sei die Paraguayische Volksarmee. In den Cafés der Hauptstadt Asunción fragte man sich verdutzt: Heutzutage? Eine neue Guerilla? Wie denn das? Und wer?

Besonderes Aufsehen erregte die Entführung von Fidel Zavala im Departement Concepción. Der wohlhabende Großgrundbesitzer und Viehzüchter war 94 Tage in der Gewalt der EPP. Erst nach einer Lösegeldzahlung von 550.000 Dollar ließen die Entführer den 45-Jährigen im Januar 2010 wieder frei. Bekannt wurde Zavala bis weit über die Landesgrenzen hinaus, weil er nach seiner Freilassung in einigen Stadtvierteln von Asunción Rindfleisch an Arme verteilen musste. Er erfüllte damit eine Forderung der EPP.

Tragisch endete 2005 die Entführung von Cecilia Cubas: Die EPP brachte die 32-Jährige in Gefangenschaft um – trotz einer Lösegeldzahlung von 300.000 Dollar. Die Bevölkerung war erschüttert. Nicht nur, weil kurz vorher noch Bilder der Entführten veröffentlicht wurden, die sie lebend zeigten, sondern auch, weil alle Paraguayer die junge Frau kannten. Cecilia war die Tochter des paraguayischen Ex-Präsidenten Raúl Cubas (1998/99).

Im April 2010 suchten mehrere Landarbeiter und ein Polizist nach Viehdieben, die ein Rind gestohlen hatten. Sie ritten über eine Estancia im Departement Concepción, als plötzlich Schüsse fielen, aus auffallend modernen Sturmgewehren, wie Zeugen später berichteten. Der Polizist und drei der Estancia-Angestellen kamen ums Leben. Offenbar waren sie in einen Hinterhalt der EPP geraten. Nach diesem blutigen Zwischenfall erklärte Präsident Lugo denn auch den Ausnahmezustand.

Heikel an der ganzen EPP-Geschichte ist, dass dem paraguayischen Staatschef eine Verbindung zu den Rebellen nachgesagt wird. Bevor sich

Lugo der Politik widmete, predigte er als katholischer Bischof in San Pedro – dieses Departement gilt als Hauptsitz der EPP. Einer der heutigen Guerillakämpfer diente damals als Ministrant, andere waren Schüler des Priesterseminars. Fotos zeigen außerdem, dass ein abgesetzter Minister von Lugos Regierung mit einem wegen Entführung verurteilten Parteimitglied der *Patria Libre* befreundet ist. Die Polizei spricht von stichfesten Beweisen: Der Präsident kenne einige der Rebellen. In einer Fernsehsendung versicherte Lugo: »Diese Regierung hat überhaupt keine Verbindung zu den illegalen Gruppen, die im Land operieren.« Viele Paraguayer glauben ihm zwar, dass er sich von den Untergrundkämpfern distanziert hat, vermuten aber, dass er ihrem Kampf nach wie vor Sympathien entgegenbringt.

Lugo gehört zu den Verfechtern der Befreiungstheologie, die einen aktiven Beitrag des Einzelnen für eine Änderung der sozialen Missstände fordert. Dafür kämpft auch die EPP. Sie strebt eine neue Gesellschaft an – eine Gesellschaft ohne Ausbeutung, Klassenunterschiede und Unterdrückung des Volkes. »Der bewaffnete Kampf ist eine Alternative, um diese Ziele zu erreichen«, schreibt die EPP in einem Manifest. Sie nennt sich »der beste Freund der Armen« und bezeichnet die USA als »den Feind der Menschlichkeit«.

Der Polizei zufolge besteht die Paraguayische Volksarmee aus dreißig bis vierzig Personen, diejenigen im Gefängnis mitgezählt. Außerdem rechnet sie mit zahlreichen Sympathisanten in der ärmeren Bevölkerung. Am Anfang war die EPP eine Stadt-, heute ist sie eine Landguerilla. Sie hat sich in den bewaldeten und gebirgigen Nordosten des Landes zurückgezogen, der schwer zugänglich und kaum bevölkert ist. Dort, wo in großen Mengen Marihuana angepflanzt wird und der Staat durch Abwesenheit glänzt. Tagsüber schlafen die Rebellen getarnt unter Laubblättern, nachts bewegen sie sich von einem Ort zum anderen.

Beunruhigende Nachrichten lieferte 2010 das kolumbianische Verteidigungsministerium: Die FARC-Guerilla baue ihr Netz in Paraguay aus und schule dort »terroristische Gruppen«. Die Polizei in Paraguay wusste bereits davon, denn die Entführungsopfer der EPP wurden in ähnlichen Erdlöchern gefangen gehalten, wie sie auch die FARC zu graben pflegt. Außerdem hatte die paraguayische Polizei E-Mails zwischen Mitgliedern der FARC und der EPP entdeckt. Sie geht davon aus, dass die kolumbianische Guerilla die Paraguayische Volksarmee strategisch und ideologisch unterstützt und dafür am Erlös der Entführungen beteiligt ist.

Das Ergebnis des Ausnahmezustands fiel mager aus: Keiner der führenden EPP-Köpfe konnte aufgespürt werden. Lediglich ein Mitglied, das logistische Funktionen erfüllte, wurde festgenommen. »Wo stecken die Rebellen?«, fragten die Medien, die gern von einer mysteriösen Guerilla sprechen. Kurze Zeit später erschoss die EPP zwei Polizisten. Als die Polizei ein Lager der Untergrundkämpfer entdeckte, das überstürzt zurückgelassen worden war, stieß sie auf eine Botschaft: Die EPP zahle rund tausend Dollar – mehr habe sie leider nicht – für den Kopf von Präsident Fernando Lugo, aber auch für jeden anderen Politiker.

Während sich in den meisten südamerikanischen Ländern die Land- und Stadtguerrillas aufgelöst oder wie in Kolumbien zahlenmäßig verkleinert haben, scheint sich in anderen Ländern der Region wieder rebellischer Geist zu regen – so auch in Peru. Dort scheint die zwar nie völlig verschwundene Organisation *Sendero Luminoso*, Leuchtender Pfad, wieder Zulauf zu haben. Zumindest kursierten 2010 Bilder eines Anthropologie-Studenten, der mit Gewehr in einem angeblichen Ausbildungslager der Untergrundkämpfer posierte. Er und einige seiner Universitätskollegen räumten später ein, Kontakt zur Nummer zwei der peruanischen Guerilla gehabt zu haben. Nach Schätzungen von Experten zählt der Leuchtende Pfad bereits wieder ein paar Hundert Mitglieder. Im Gegensatz zu Paraguay mit der EPP lauert in Peru wohl die größere Gefahr einer ernstzunehmenden Guerillabewegung.

## Das Land der Frauen in einer Welt der Männer

Die Jungen reihen sich nebeneinander auf. Vorne die kleinen, hinten mit einigen Kriegsveteranen die größeren. In der Hand halten viele einen schwarzen Stock, der ein Gewehr darstellen soll. Die Mütter haben die Stöcke am Vorabend geschnitzt. Auf dem Kopf tragen die Jungen Käppis, über ihre Schultern hängen zu weite Uniformen gefallener Soldaten. Die rund 3.500 neun- bis fünfzehnjährigen Paraguayer stehen einem 20.000-Mann-Heer aus Brasilianern und Uruguayern gegenüber. Die Gesichter der Halbwüchsigen sind mit Bärten bemalt, damit sie aus der Ferne wie gestandene Männer wirken. Das Verhängnis nimmt seinen Lauf: Ein Kind nach dem anderen fällt blutüberströmt zu Boden. Die verzweifelten Mütter versuchen zu retten, was zu retten ist. Sie rennen den Berg hinunter, greifen nach den Waffen und stürzen sich ins Gefecht. Es ist hoffnungslos. Ein Gemetzel.

Die Schlacht von Acosta Ñu ereignete sich 1869, nur ein paar Monate vor der endgültigen Niederlage Paraguays gegen Brasilien, Argentinien und Uruguay. Es ist eines der besonders traurigen Kapitel des gut fünf Jahre dauernden Tripel-Allianz-Krieges (1865–1870), dem wohl blutigsten Krieg in der Geschichte Südamerikas. Paraguay war am Ende des Krieges völlig zerstört.

In der Schlacht von Acosta Ñu spiegelt sich der Geist der paraguayischen Frauen während der Kriegswirren. Mit allen Mitteln setzten sie sich für ihr Vaterland ein, bis zum bitteren Ende. Heute noch wird gern über den heldenhaften Kampfwillen dieser Frauen berichtet, der sie damals bis weit über die Landesgrenzen bekannt machte.

Wie alle südamerikanischen Länder Anfang des 19. Jahrhunderts erklärte sich auch Paraguay im Jahr 1811 von der Kolonialmacht, in diesem Fall Spanien, unabhängig. Im Unterschied zu anderen Staaten blühte Paraguay in den folgenden Jahren wirtschaftlich beispielhaft auf. Vor Kriegsausbruch war das Land wirtschaftlich unabhängig und frei von Schulden. Es gab keine Hungrigen, keine Bettler, keine Diebe. In modernen Fabriken wurden Kanonen und Gewehre hergestellt, auf den Feldern Tabak und Yerba-Mate geerntet, eine Pflanze, aus deren Blättern das traditionelle Kräutergetränk Mate zubereitet wird. Paraguay exportierte mit seiner mächtigen Handelsflotte Holz und Baumwolle zu sehr guten Preisen nach Europa. Es verfügte über das erste Eisenbahnnetz und das beste Militär in Südamerika. Das Binnenland war ein Vorzeigeland – und seinen Nachbarn ein Dorn im Auge.

Als die befreundete Regierung in Uruguay 1864 mithilfe Brasiliens gestürzt wurde, erklärte Paraguay den Brasilianern den Krieg. Womit Paraguay nicht gerechnet hatte, war, dass sich Argentinien und die neue Regierung Uruguays hinter Brasilien stellen würden. Die drei Länder schlossen sich zur Tripel-Allianz zusammen. Bei Kriegsbeginn konnte sich Paraguay mit seinem zahlenmäßig überlegenen Heer noch behaupten, dann aber wendete sich das Blatt, zumal der Nachschub an Soldaten nachließ. Das verhältnismäßig kleine Paraguay konnte aber überraschend lange Widerstand leisten. Wieso? Wegen seiner Frauen.

Der bedeutende Beitrag der Paraguayerinnen war allerdings nicht der Griff nach den Waffen wie bei Acosta Ñu. Einige glorreiche Erzählungen werden heute sogar ernsthaft infrage gestellt, etwa diejenige eines Frauenbataillons, das in den Krieg gezogen sein soll. Ihr hervorragender Beitrag war wirtschaftlicher Art: Spätestens als alle Männer eingezogen waren, übernahmen die Frauen die Verantwortung für das gesamte Land. Sie säten und ernteten Maniok, Zuckerrohr, Gemüse, Früchte, Tabak. Sie zogen das Vieh groß, sie betrieben Handel, organisierten und entschieden. Sie arbeiteten hart, tagein, tagaus – in den letzten Kriegsjahren auch nachts. Kurzum: Die Frauen ernährten das Volk.

Je näher jedoch der Feind heranrückte, desto schwieriger wurde es, die Wirtschaft in Gang zu halten. Manchmal musste ein Ort fluchtartig verlassen werden, ohne vorher ernten zu können. Kurz vor Kriegsende schafften es die Frauen kaum noch, den Bedarf an Lebensmitteln zu decken. Soldaten und Zivilbevölkerung starben in den letzten Monaten weniger durch Gewehrschüsse als an Krankheiten und Hunger.

Paraguay verlor fast die Hälfte seines Territoriums. Bis zu zwei Drittel der Bevölkerung kamen während des Krieges ums Leben. Rund neunzig Prozent der Männer waren gefallen. Zurück blieben Frauen, alte Menschen, Kinder und eine kleine Anzahl Kriegsveteranen. Eine fatale Bilanz.

Aus dieser Zeit stammt denn auch die Bezeichnung »Land der Frauen« für Paraguay. Auf einen Mann kamen durchschnittlich vier Frauen. In manchen Landesteilen gar zehn oder zwanzig. Diese Namensgebung war also keine politische, sondern eine rein demografische. Noch bis in die 1920er-Jahre hinein kann man in Reiseberichten über die weibliche Überzahl in Paraguay lesen.

Das Land brauchte dringend Nachwuchs. So wurde es den Männern erlaubt, ohne ein schlechtes Gewissen haben zu müssen, mehrere Frauen zu schwängern. Heute noch erzählen sich die Landesbewohner die Geschichte eines Veteranen, der im Krieg beide Beine und Arme verloren hatte. Auf einem Karren schob man seinen sonst intakten Körper dorthin, wo es an Männern fehlte: Die Frauen nutzten ihn als Samenbank.

Während der Kriegsjahre bekamen die Frauen politisch eine Stimme

– erstmals wurden sie angehört. Sie versammelten sich in der Hauptstadt Asunción und hielten leidenschaftliche Reden, die in Zeitungen zitiert wurden. Wortgewaltig unterstützten sie die Kriegsabsichten von Präsident Francisco Solano López. Er genoss diesen weiblichen Zuspruch, den er für seine Propaganda zu nutzen wusste. Die Frau erlangte in der Gesellschaft und Politik eine neue Position, die sie jedoch bald wieder verlor. Nach dem Krieg wollten die Männer nichts mehr von der politisch selbstbewussten Frau wissen und schlossen sie von der Politik wieder aus. Die wenigen Männer, darunter jene, die aus dem Exil zurückkehrten, widmeten sich wieder dem Handel und dem politischen Geschehen, die Frauen der Arbeit im Haus und auf dem Feld.

Das Land der Frauen war nie ein Land für Frauen. Obwohl die Geschichte der Frau in Paraguay einzigartig in Südamerika ist, hat sie weder in ihrem Land noch in der Region die Emanzipation vorangebracht. Im Gegenteil: Die Paraguayerinnen waren 1961 die Letzten auf dem Subkontinent, die das Stimmrecht erhielten. Allerdings ist Paraguay jenes Land Südamerikas, das der Frau in seinen Geschichtsbüchern am meisten Platz einräumt. An die Kämpferinnen von damals wird seit 1975 jedes Jahr am »Tag der paraguayischen Frau« gedacht. In Asunción steht auf einer wichtigen Straßenkreuzung die Statue einer Frau, ein Denkmal für die Kämpferinnen des Tripel-Allianz-Krieges. In der einen Hand hält sie ein Kind, in der anderen die paraguayische Flagge. Zu ihren Füßen liegt ein toter Soldat.

In Paraguay sind wie in allen südamerikanischen Ländern die Frauen im Vergleich zu den Männern benachteiligt. Sie haben einen schlechteren Zugang zur Bildung und zur Arbeit, sie verdienen weniger und sind in führenden Positionen untervertreten. Ein größer werdendes Problem ist die häusliche Gewalt, die nach offiziellen Angaben in den letzten Jahren in Paraguay deutlich zugenommen hat.

Die Gesellschaft Südamerikas ist nach wie vor stark von einer Macho-Mentalität geprägt. In den Augen vieler Männer ist die Frau immer noch vorwiegend Mutter, Geliebte und Hausfrau – und Eigentum, was oft auf die Eroberung des neuen Subkontinents zurückgeführt wird. Viele der Überseefahrer waren eroberungssüchtig, besitzergreifend und zeichneten sich durch eine Herschermentalität aus. Zudem darf nicht vergessen werden, dass in den Anfängen der Kolonisation die Menschen ihre Kräfte in erster Linie zum Überleben und für den Aufbau brauchten. Frauenfrage? Die war vorerst kaum ein Thema. Auf dem alten Kontinent Europa hingegen, wo vieles schon erreicht war, wurde die Debatte über die Gleichstellung der Geschlechter viel früher als in Südamerika eröffnet.

Nichtsdestotrotz kann man feststellen, dass sich die Rollenbilder in Südamerika allmählich annähern. Wie sehr, hängt vom Land, der Region, der Kultur und der sozialen Schicht ab. In Ländern wie Peru und Bolivien trifft man auf eine tiefere Verankerung der patriarchalischen Unterdrückung. Das hat unter anderem mit dem großen Anteil der indigenen Bevölkerung zu tun. Denn auch bei vielen Urvölkern ist eine Rollenaufteilung, bei der der Mann letztendlich das Sagen hat, weit verbreitet. In diesen Ländern treffen also gleich zwei Patriarchatsformen aufeinander und bekräftigen sich gegenseitig: die indigene und die spanisch-katholische. Zudem setzen sich die indigenen Frauen oft für andere Dinge ein als die aus Europa abstammenden Frauen. Es existiert also kaum ein einheitlicher Kampf für die Emanzipation.

In europäisierteren Ländern wie Uruguay, Chile und Argentinien ist das Bild der studierten, berufstätigen, selbstbewussten und damit modernen Frau geläufiger. Zumindest in der Mittel- und Oberschicht. Sowohl in der Familie als auch im öffentlichen Leben scheinen Frauen ziemlich emanzipiert zu sein. Was keineswegs heißen will, dass die Männer in diesen Ländern das Macho-Gehabe abgelegt hätten. Sie leben es nur auf einer anderen Ebene aus, eher nach dem Pfau-Prinzip: protzend. Die von Europa stark geprägten oder wirtschaftlich weit entwickelten Länder wie Brasilien unterscheiden sich gegenüber den indigenen auch darin, dass sie in den letzten Jahren Frauen zu Staatsoberhäuptern gewählt haben: Michelle Bachelet in Chile (2006–2010), Cristina Fernandez de Kirchner in Argentinien (2007–2011), Dilma Rousseff (seit 2011) in Brasilien.

In Kolumbien entziehen sich Frauen der Unterordnung unter die Männer gern mit einem Beitritt zur FARC. Dort zwingt sie niemand, die traditionelle Frauenrolle einzunehmen. Im Gegenteil, nicht selten führen sie in der FARC ganze Kompanien an. Etwa ein Drittel der kolumbianischen Rebellen sind Frauen.

Das Land der Frauen? Heute noch nicken die Paraguayer zustimmend, aber auch die Bewohner der Nachbarstaaten. Die einen begründen es damit, dass es das Land mit den fürsorglichen Frauen zum Verlieben sei.

Die anderen beteuern, in Paraguay arbeiten und bestimmen die Frauen. Ansonsten ist die Bezeichnung mittlerweile historisch: Die Männer haben nach der Volkszählung 2002 die Frauen erstmals zahlenmäßig überholt – sie machen 51 Prozent der Bevölkerung aus.

Heute wird Paraguay das »Land der alleinstehenden Mütter« genannt. Über siebzig Prozent der Neugeborenen haben offiziell keinen Vater. Zumindest tragen die Mütter den Namen des Vaters nicht ins nationale Zivilregister ein. Grund dafür sollen in erster Linie die hohen Kosten für einen Unterhaltsprozess und einen Nachweis der Vaterschaft sein. Die Männer halten immer noch am Tripel-Allianz-Mythos fest und glauben, sie können vier Frauen gleichzeitig haben – klagen die Paraguayerinnen.

## Militante Sozialisten und überzeugte Kommunistenhasser

*»Zuerst werden wir alle Subversiven töten, dann ihre Kollaborateure, danach ihre Sympathisanten, dann die Unentschlossenen und schließlich die Ängstlichen.«*
(General Ibérico Saint Jean, Gouverneur der Provinz Buenos Aires von 1976 bis 1981, während der argentinischen Militärdiktatur)

*»Vaterland, Sozialismus oder Tod.«*
(Hugo Chávez, Venezuelas Präsident seit 1999)

*»Die Revolution ist kein Apfel, der herunterfällt, wenn er reif ist. Du musst ihn zum Fallen bringen.«*
(Che Guevara, Argentinier, Revolutionär, Politiker in Kuba, † 1967 in Bolivien)

*»Tötet Kommunisten, ich werde euch belohnen.«*
(Hugo Banzer, Boliviens Diktator von 1971 bis 1978)

Besonders arm, besonders reich, manchmal nur durch eine Mauer getrennt: Auf der einen Seite bestellt ein am Swimmingpool sitzendes Mädchen bei der Hausangestellten eine Limonade, auf der anderen Seite beißt eine zwischen Müll kauernde Gleichaltrige in ein hartes Stück Brot. Optimale ärztliche Versorgung in technologisch bestens ausgestatteten Kliniken, die aber nahezu immer privat sind. Dagegen heruntergekommene öffentliche Krankenstationen, die nicht einmal eine Einwegspritze zur Hand haben. Geduldige Menschen, die Verständnis haben und gesellig sind, ein wenig später zertrümmern dieselben – vom Arbeiter bis zum Geschäftsmann – Fahrkartenschalter, weil einmal mehr die Züge verspätet sind. Moderne Städte und daneben desolate Ortschaften ohne fließendes Wasser, Elektrizität und Kanalisation. Extreme: Das ist Südamerika. Egal, worauf man das Auge richtet, auf Bildung, Gesundheit, Umgangsformen, alles hat in Südamerika seine extremen Auswüchse. Das Pendel schlägt weit aus.

Dasselbe gilt für Ideologien. Nicht selten ist links gleichlautend mit radikal links und rechts mit radikal rechts. Meist wird ein ganzes Land nach einer Ideologie ausgerichtet, von unten bis oben und quer durch. Die Ideologie kann die ganze Gesellschaft dominieren. Eine Regierung oder eine führende Persönlichkeit gibt vor, wie die Welt anzusehen ist. Die Opposition findet sich häufig an den Rand gedrängt. Früher blieb ihr meist nichts anderes übrig, als unterzutauchen und sich aus dem Untergrund für ihre Ideale einzusetzen. Heute sind ihr zuweilen die Hände gebunden, um am politischen Geschehen mitzuwirken. Die für einen gemäßigten Europäer manchmal sonderbar anmutenden südamerikanischen Ideologien prallen gern aufeinander und führen zwischen und innerhalb von Staaten immer wieder zu Machtkämpfen.

Die Geschichte Südamerikas ist geprägt von gewaltsamen Umwälzungen und regelmäßigen Wechseln von Staatssystemen und Weltanschauungen. So überrollten in der Vergangenheit zahlreiche Diktaturen, darunter zivile und militärische, den südamerikanischen Subkontinent. Bolivien etwa ist das Land mit den meisten Staatsstreichen – linken wie rechten. Ein Putsch in Südamerika bedeutet also nicht zwingend einen Rechtsruck. Das Hin und Her macht aber letztlich Südamerikas Geschichte aus, von militärischen zu zivilen Staatschefs, von Diktaturen zu Demokratien, von oligarchischen zu populistischen Regierungen.

Ein linkes Beispiel. Salvador Allende hatte eine Vision: eine neue Gesellschaft, eine gerechtere Welt. Obwohl er ein Bewunderer des kubanischen

Revolutionsführers Fidel Castro und des argentinischen Guerillakämpfers Ernesto Che Guevara war, glaubte er felsenfest daran, dass nur ein friedlicher und demokratischer Prozess wirklich etwas ändern könne. Sein Motto war »Sozialismus und Frieden« und den Sozialismus sah er als eine logische Folge der Demokratie. Der Arzt Allende wurde 1970 zum Präsidenten Chiles gewählt. Er führte Preiskontrollen, Verstaatlichungen und eine Agrarreform durch. Dabei verteilte er Land von Großgrundbesitzern an Familienbetriebe oder Ureinwohner. Wiederholt wies er darauf hin, dass er vom Volk eingesetzt sei und dem Interesse des Volkes diene. Die chilenische Rechte hasste ihn und den USA war er als militanter Sozialist ein Dorn im Auge. 1973 putschte ihn der rechtsgerichtete General Augusto Pinochet.

Ein rechtes Beispiel. Gleich 35 Jahre regierte Diktator Alfredo Stroessner in Paraguay. Bei Scheinwahlen – als Präsidentschaftskandidat war nur er zugelassen – wurde er von 1954 bis 1989 achtmal gewählt. Er konnte stets mit dem Rückhalt des Militärs rechnen. Der Diktator, den alle mit *Mi General*, Mein General, ansprachen, bestimmte über alles und alle. Paraguay war Stroessner und Stroessner war Paraguay. Er brüstete sich, in seinem Land geschehe nichts, ohne dass er davon erfahren würde. Vordergründig herrschten Ruhe und Ordnung. Hinter den Fassaden sah es anders aus: Oppositionelle wurden eingesperrt und gefoltert. Stroessners Ideologie war eindeutig, die Linken mussten ausgemerzt werden. Ein gängiger Satz von damals war: »Wenn ein Kommunist die Nase über unsere Grenze steckt, knallt es.«

Heute sind die Regierungen von Paraguay, Uruguay, Bolivien, Ecuador und Venezuela eher linksorientiert. Im rechten Lager finden sich Peru und Kolumbien. Chile ist ein Sonderfall, es wird von einem konservativen und marktwirtschaftlich orientierten Präsidenten regiert, der einen stark sozialdemokratisch geprägten Staatsapparat übernommen hat, weshalb einer seiner Schwerpunkte soziale Themen sind.

*Made in Südamerika* ist der Populismus. Es ist eine Politströmung, die sich volksnah gibt und die Massen anspricht. In bewegenden Reden voller Emotionen überzeugen charismatische Führungspersönlichkeiten das Volk von ihren Vorhaben und ihren Regierungsplänen. Sie versprechen Reformen, soziale und wirtschaftliche, sichern vor allem den unteren Schichten lebensnotwendige Verbesserungen zu – zum Beispiel die Einführung von Arbeitsrechten, Landreformen, Verstaatlichungen, den

Aufbau von Bildungs- und Gesundheitssystemen. Im Grunde geht es um den Kampf des Volkes gegen die Oligarchie, die soziale Ungleichheit soll verringert werden. Populisten bewegen Massen, wissen sie zu mobilisieren und zu organisieren und versuchen die marginalisierte Bevölkerung gesellschaftlich zu integrieren – was ihnen zum Teil auch gelingt.

In Argentinien regierte von 1946 bis 1955 der charismatische Redner Juan Domingo Perón gemeinsam mit seiner kämpferischen und beliebten Frau Evita. Beide waren für die Arbeiterklasse Helden. Perón führte das Frauenstimmrecht ein, geregelte Arbeitszeiten, Ferien, Rentenansprüche und Weihnachtsgeld. Er baute Schulen, Spitäler und Wohnhäuser und organisierte die Gewerkschaften. Die politische Bewegung des Peronismus führte zur Bildung des *Partido Justicialista* (PJ). Heute noch ist die peronistische Partei die einflussreichste in Argentinien. Ideologisch gesehen ist sie undefinierbar, denn ihre Mitglieder stammen sowohl aus dem linken als auch aus dem rechten Lager – Arbeiter, Gewerkschafter, Studenten, neoliberale Unternehmer. Aber die Partei ist populistisch: mächtig und sich volksnah gebend.

Heute werden die Präsidenten Evo Morales in Bolivien und Hugo Chávez in Venezuela als Populisten bezeichnet. Beide sind zudem Verfechter des Sozialismus des 21. Jahrhunderts – eine weitere politische Strömung der letzten Dekade in Südamerika. Ihr Ziel ist es, soziale Missstände und den Kapitalismus zu bekämpfen. Der Populismus wird immer wieder als eine Gefährdung für »echte« Demokratien angesehen, da seine Regierungen oder Führungspersonen nicht selten die anderen Parteien, das Parlament, unabhängige Gerichte und die Medien bei ihrer Arbeit behindern.

Mitte der 1980er-Jahre kam es in Südamerika zu einer Demokratisierungswelle, die bis zu einem gewissen Grad zu einer Entideologisierung der Gesellschaft und der Regierungen geführt hat. So wollen die Menschen heutzutage kaum noch Diktaturen dulden und die Politiker in der Regel die Demokratien stabilisieren. Die Vereinten Nationen zeigen sich dennoch besorgt über die eher jungen Demokratien Südamerikas. In einem Bericht im Oktober 2010 nannten sie die Drogenkriminalität, schwache Staaten mit korrupten Polizisten und die große Ungleichheit in der Reichtumsverteilung als die Hauptbedrohungen demokratischer Systeme. Die Empfehlung dagegen lautet: die Beteiligung und Macht der Bürger auszuweiten und von starken Präsidenten – von Populisten also – abzukommen.

# MILITÄRDIKTATUREN: EINE DUNKLE ZEIT

# Wie eine Zikade

So viele Male töteten sie mich,
so oft starb ich.
Dennoch bin ich hier
und stehe wieder auf.
Ich danke dem Missgeschick
und der Hand mit dem Dolch,
dass sie mich so schlecht tötete,
und singe weiter.

Wie eine Zikade in der Sonne singe ich,
nach einem Jahr unter der Erde,
wie ein Überlebender,
der aus dem Krieg zurückkehrt.
So viele Male löschten sie mich aus,
so oft verschwand ich,
zu meiner eigenen Beerdigung ging ich,
allein und weinend.
Ich machte einen Knoten ins Taschentuch,
aber danach vergaß ich,
dass es nicht das einzige Mal war,
und sang weiter.

So viele Male töteten sie dich,
so oft wirst du wieder aufstehen,
so viele Nächte wirst du verbringen
in Verzweiflung.
Und in der Stunde des Schiffbruchs
und der Dunkelheit
wird dich jemand retten,
damit du weitersingst.

*María Elena Walsh, argentinische Sängerin, Schriftstellerin und Poetin*
*Gesungen von Mercedes Sosa – »Como la cigarra«*

In den 1970er- und 1980er-Jahren überschatteten Militärdiktaturen in vielen Ländern Südamerikas das Leben der Menschen. Tausende mutmaßliche, vorwiegend linksgerichtete Regimegegner wurden von den Militärs und ihren Handlangern entführt, gefoltert, ermordet und zum »Verschwinden« gebracht. *Los desaparecidos*, die Verschwundenen, werden sie seither genannt. Noch heute suchen viele Familienangehörige nach ihren Überresten.

Damals gingen Zehntausende Südamerikaner ins Exil in Nachbarländer, nach Mittelamerika, in die USA, nach Europa. So auch die berühmte argentinische Sängerin Mercedes Sosa, deren teils revolutionäre Lieder den Militärs ein Dorn im Auge waren. Sosa stand auf deren schwarzer Liste. Die Sängerin lebte erst in Paris, dann in Madrid. 1982, kurz vor dem Ende der argentinischen Diktatur, kehrte sie in ihre Heimat zurück, wo sie 2009 nach einem Leberleiden in Buenos Aires verstarb. Das dreijährige Exil war für sie eine Qual, im Lied »Wie eine Zikade«, *Como la cigarra*, brachte sie das zum Ausdruck.

## Operation Condor: Die Suche nach Regimegegnern

Martín Almada: »Wenn du auf das Kommissariat kamst, rissen sie dir als Erstes die Fingernägel aus. Dann folterten sie dich mit Elektroschocks, *picana electrica*, am ganzen Körper. Einmal hatte der zuständige Folterer Mitleid mit mir, er wusste nicht mehr, wo er die Picana ansetzen sollte, ich war völlig aufgedunsen. Wir waren allein in einem Raum, da sagte er zu mir, ich solle so tun, als ob er mich foltere. Und so schrie ich von Zeit zu Zeit Schmerzen simulierend auf. Sie beschuldigten mich, ein Kommunist zu sein. Tatsache ist, dass ich weder Kommunist noch Antikommunist bin. Ich hatte mich nur dafür eingesetzt, dass sich die Lehrer in einer Kooperative organisieren. Und ich hatte das Buch ›Pädagogik der Unterdrückten‹ des brasilianischen Priesters Paulo Freire im Regal stehen. Als Erstes folterte mich ein chilenischer Oberst. Dann ein argentinischer Militär. Ich wurde von Brasilianern und Uruguayern verhört. Ich fragte mich: Wieso werde ich von ausländischen Militärs gefoltert?«

Der ehemalige Lehrer und Anwalt Almada wurde 1974 in Paraguay verhaftet. Zunächst verbrachte er dreißig Tage in einer Zelle in einem Kommissariat in Asunción. Später verlegten ihn die Schergen der Diktatur in ein Konzentrationslager außerhalb der paraguayischen Hauptstadt. Nach dreieinhalb Jahren Haft wurde er 1977 auf internationalen Druck hin entlassen, er ging ins Exil nach Frankreich.

Während der düsteren Jahre Südamerikas verdrängten nach und nach Militärs die zivilen Regierungen und deklarierten den Kampf in erster Linie gegen den Kommunismus. Seit der Revolution in Kuba 1959 galt er auch in Südamerika als eine große Bedrohung der Menschheit. Etwa gleichzeitig bildeten sich in einigen südamerikanischen Ländern bewaffnete Untergrundbewegungen. Die Land- und Stadtguerillas kämpften gegen die Oligarchien, Militärs und rechte Regime. Sie strebten einen Machtwechsel und eine bessere Gesellschaft an, in der auch für Minderheiten und benachteiligte Menschen Platz wäre. So kam es vielerorts zu gewalttätigen Episoden bis hin zu bürgerkriegsähnlichen Zuständen wie in Argentinien, wo sich die radikale Linke und die Regierung bereits vor dem Militärputsch bekriegten.

Letztendlich verfolgten die Militärs alles, was ihnen links, andersdenkend, subversiv und verdächtig erschien, um »Ordnung« im Staat zu schaffen. Nicht nur bewaffnete Untergrundkämpfer, sondern ebenso harmlose Studenten, Lehrer, Sozialarbeiter, Universitätsprofessoren, Gewerkschafter, Künstler, Politiker, Intellektuelle, Priester und Nonnen wurden festgenommen, gefoltert und viele von ihnen brutal ermordet. Medien wurden zensiert und Gewerkschaften, soziale Organisationen und Parteien verboten. Die führende Wirtschaftsform war der Neoliberalismus.

Um die Kommunisten und andere innere Feinde im Staat effektiv zu liquidieren, riefen die südamerikanischen Militärs 1974 die Operation Condor ins Leben. Dieses über die Grenzen operierende Netzwerk wurde mithilfe der USA aufgebaut, die finanzielle, logistische und technische Mittel wie ein Telekommunikationssystem für den Informationsaustausch zur Verfügung stellten. Argentinische Studenten wurden etwa von brasilianischen Polizisten in São Paulo geortet und festgenommen, an Argentinien ausgeliefert und dort in einem Geheimgefängnis zu Tode gequält. Politiker, die ins Exil in ein Nachbarland gegangen waren, wurden im Zuge einer transnationalen Geheimdienstaktion durch Autobomben in die Luft gesprengt. Bei der Operation Condor arbeiteten in den 1970er- und 1980er-Jahren Chile, Paraguay, Argentinien, Brasilien, Uruguay und Bolivien zusammen. In geringerem Umfang auch Peru und Ecuador. Die USA hatten ihre Finger schon früher im Spiel. Der US-Polizist Daniel Mitrione war unter der Aufsicht des US-Geheimdienstes CIA seit den 1960er-Jahren in Südamerika unterwegs. Sein Auftrag war, Polizei und Militär in Verhör- und Foltermethoden zu schulen. Der erste Einsatzort soll Brasilien gewesen sein, wo bereits ab 1964 Militärs an der Macht standen. Später flog er nach Uruguay weiter und bildete dort die Geheimpolizei aus. Die USA waren Ende der 1950er-Jahre auch in Paraguay aktiv am Aufbau des Terrorapparates von Diktator Alfredo Stroessner beteiligt. Zudem wurden viele südamerikanische Diktatoren und führende Militärs auf der US-Militärschule *School of the Americas* in Panama ausgebildet. Der Unterrichtsstoff umfasste Themen wie Einschüchterung, willkürliche Verhaftungen, Foltermethoden und Exekutionen.

Lange Zeit konnte die Existenz der Operation Condor nicht nachgewiesen werden. Bis 1992 Martín Almada auf einem Kommissariat außerhalb von Asunción ein umfangreiches Archiv aufspürte. In Videoaufnahmen und Tausenden Dokumenten ist festgehalten, wie Menschen gequält und zum Verschwinden gebracht wurden. Zudem stieß man auf das Organigramm der Operation Condor, nach dem sie funktionierte. Das »Archiv des Terrors« hat zu vielen Anklagen und Prozessen gegen Menschenrechtsverbrecher geführt und zum 500-tägigen Hausarrest des chilenischen Ex-Diktators Augusto Pinochet 1998 in London. Auch gegen Stroessner wurde in mehreren Fällen im Rahmen der Operation Condor Anklage erhoben.

Martín Almada erhielt für das Aufspüren des Archivs und für sein unermüdliches Aufarbeiten der Vergangenheit im Jahr 2002 den Alternativen Nobelpreis. Das Archiv befindet sich heute im Justizpalast in Asunción. Almada ist mittlerweile über siebzig Jahre alt, sammelt aber weiterhin Dokumente und Papiere, die dazu beitragen könnten, einen Verschwundenen zu finden oder einen Verbrecher aus jener Zeit dingfest zu machen. Er nennt sich selbst »der Jäger der Archive« und hat in seinem Büro bei sich zu Hause in einem guten Viertel von Asunción ein eigenes kleines Archiv angelegt. Im Wohnzimmer breitet er immer wieder mal einen Ordner oder eine Mappe auf dem Tisch aus und zeigt Beweismaterial. Er ist sich sicher – wahrscheinlich auch deswegen, weil ihm der Schrecken von damals noch tief in den Knochen steckt: »Der Condor fliegt nach wie vor über Südamerika.«

## Brasilien: Zeitungen, Filme und Musik zensiert

»Die Militärs warfen die exekutierten Folteropfer gelegentlich auf die Straße. Es sollte so aussehen, als ob sie bei einem Überfall erschossen worden seien«, berichtet ein Zeitzeuge. 1964, in wirtschaftlich schwierigen Zeiten, putschten die Militärs in Brasilien den linksgerichteten Präsidenten João Goulart. Er hatte unter anderem den Mindestlohn angehoben und weitgehende Umverteilungspläne angekündigt. Die Diktatur in Brasilien war eine der ersten dieser Zeit und Vorbild für andere auf dem Subkontinent. Auch deswegen, weil sie zu Beginn einen Wirtschaftsboom zur Folge hatte.

Bereits vor dem Staatsstreich war es zu einer Polarisierung zwischen linken und rechten Bewegungen gekommen, die danach radikaler wurden. Linksgerichtete, darunter Mitglieder der kommunistischen Partei, gingen in den Untergrund und bildeten Stadt- und Landguerillas. Das Jahr 1968 stand im Zeichen von Studentenunruhen und Streiks. Die Militärs führten politische Säuberungsaktionen durch und zensierten Zeitungen, Filme, Musik und Theaterstücke.

1969 übernahm General Emílio Garrastazu Médici die Macht – die härteste Phase der Diktatur begann. Er verstärkte die Repressionen, dementsprechend nahmen die revolutionären Aktionen der Oppositionellen zu. Die katholische Kirche setzte sich mehr als in anderen südamerikanischen Ländern für die Verfolgten ein. Zahlreiche kirchliche Menschenrechtsaktivisten wurden umgebracht, Geistliche entführt. Ende der 1970er-Jahre leiteten die Militärs eine sanftere Politik ein. Häftlinge wurden freigelassen und Exilierte kehrten massenhaft nach Brasilien zurück.

Mit der Zeit wurden die Forderungen nach einem Ende der Diktatur lauter, schließlich ließen die Generäle demokratische Wahlen zu. José Sarney trat 1985 das Präsidentenamt der Neuen Republik Brasilien an. Insgesamt regierten während der Diktaturjahre fünf Generäle und eine Militärjunta. Wie viele Menschen die Militärs zwischen 1964 und 1985 folterten und ermordeten, ist nicht geklärt. Brasilien hat bisher keine ernsthaften Schritte zu einer Aufarbeitung der Vergangenheit unternommen.

## Chile: Tausende Gefolterte und Exilierte

»An diesem Tag rannte meine Mutter in den Garten und verscharrte alle marxistischen Bücher«, sagt ein Zeitzeuge. Am 11. September 1973 bombardierten Panzer und Flugzeuge den Regierungspalast La Moneda in der Hauptstadt Santiago de Chile. Das Militär putschte den demokratisch gewählten sozialistischen Präsidenten Salvador Allende, der unter anderem Verstaatlichungen durchgeführt hatte. Allende fand man tot in seinem Büro, er hatte sich erschossen. Die Macht übernahm General Augusto Pinochet.

Die Bilder gingen um die Welt: Bis zu 40.000 mutmaßliche Regimegegner wurden im *Estadio Nacional*, dem nationalen Fußballstadion, in Santiago de Chile von den Militärs auf engstem Raum zusammengetrieben. Dort wurden sie hinter verschlossenen Türen gefoltert und zum Teil ermordet. Wochenlang hielt man sie fest. Auch andere öffentliche Gebäude in Chile wurden in den folgenden Jahren zu Konzentrationslagern und Folterzentren umfunktioniert. Pinochets Regierung mit der berüchtigten Geheimpolizei DINA verfolgte Andersdenkende systematisch und brutal.

Mehr als 28.000 politische Gegner wurden gefoltert, fast 3.200 ermordet. Über 250.000 Chilenen trieb es ins Exil, rund 2.000 davon wurden in der DDR aufgenommen – darunter Michelle Bachelet. Die Militärs hatten ihren Vater umgebracht, ihre Mutter und sie selbst wurden in einem Geheimgefängnis festgehalten und gefoltert. Als Bachelet nach Chile zurückkehrte, arbeitete sie zunächst als Kinderärztin, später war sie Gesundheitsministerin, dann Verteidigungsministerin. 2006 wurde sie zur chilenischen Präsidentin gewählt.

Pinochet leitete durch seine neoliberalen Wirtschaftsreformen den bis heute anhaltenden Wirtschaftsboom ein – weswegen viele Chilenen den staatlichen Terror entschuldigten.

In einer Volksabstimmung sprachen sich 1988 Rechte wie Linke gegen eine Fortführung der Regierung Pinochets aus. Nach demokratischen Wahlen trat 1990 eine Mitte-Links-Koalition an. Pinochet blieb bis 1998 Oberbefehlshaber der Streitkräfte, bis 2002 war er Senator. Er starb 2006, bevor ihm wegen Menschenrechtsverletzungen und Korruption der Prozess gemacht werden konnte.

## Argentinien: Todesflüge über den Río de la Plata

»Algo habrá hecho – etwas wird er begangen haben –, diesen Satz sagten die Leute immer, wenn jemand in der Nachbarschaft verschwand«, erinnert sich ein Zeitzeuge. Eine Militärjunta unter der Führung von Jorge Rafael Videla setzte im März 1976 María Estela Martínez Perón ab. Die Staatschefin, Ehefrau und Vizepräsidentin von Juan Domingo Perón, hatte nach dem Tod ihres Mannes 1974 das höchste Amt übernommen. Während der dritten Regierungszeit ihres Mannes (1973/74) bis zum Putsch polarisierte sich die Gesellschaft in Argentinien stark. Es herrschten bürgerkriegsähnliche Zustände. Ein Teil der Studentenbewegung war als Stadtguerilla in den Untergrund gegangen. Von der Regierung ins Leben gerufene paramilitärische Einheiten jagten die linken Oppositionellen und unliebsame Politiker.

Die argentinische Militärdiktatur gilt als die brutalste jener Zeit in Südamerika. Die Militärs richteten landesweit über 600 Geheimgefängnisse ein. Eines der größten war die *Escuela de Mecánica de la Armada* (ESMA), die Technische Marineschule in Buenos Aires. Insgesamt wurden bis zu 5.000 mutmaßliche Regimegegner über die Jahre dort eingesperrt und gefoltert. Mit den berüchtigten *Vuelos de la muerte*, den Flügen des Todes, »entsorgten« die Militärs die Gefangenen, indem sie sie betäubt aus Flugzeugen in den Río de la Plata warfen. Andere verscharrten sie unter Brücken und auf Friedhöfen oder verbrannten sie schlicht. Von 1976 bis 1983 wurden in Argentinien über 30.000 Menschen ermordet oder zum Verschwinden gebracht.

Die wirtschaftliche Lage verschlechterte sich zusehends. 1982 erklärte

Argentinien England den Krieg. Es ging um die Vorherrschaft über die Falklandinseln nahe der Antarktis. Viele junge argentinische Soldaten starben. Die Niederlage läutete endgültig den Übergang zur Demokratie ein, 1983 fanden erstmals wieder Präsidentschaftswahlen statt. Seit 2005 werden in Argentinien Prozesse gegen ehemalige Militärs, Polizisten und andere Diktaturverbrecher geführt.

## Uruguay: Professionelle Stadtguerilla im Gefecht

»Die Militärs drangen in Häuser ein und nahmen die Leute mit. Sie gingen nach Sektoren vor, erst holten sie die Kommunisten, dann Gewerkschafter, Studenten und später Kirchenarbeiter«, erzählt eine Zeitzeugin. General Juan María Bordaberry hatte nach demokratischen Wahlen 1972 das Präsidentenamt in Uruguay angetreten. 1973 löste der General das Parlament auf und riss die Macht an sich. Es kam zu einem zweiwöchigen Generalstreik, Tausende Uruguayer gingen auf die Straßen. Darauf begannen die Repressionen erst recht.

Die wirtschaftliche Lage in Uruguay hatte sich seit den 1960er-Jahren drastisch verschlechtert. Auch die Mittelklasse spürte die Inflation und Stagnation der Wirtschaft – der Lebensstandard sank. Soziale Leistungen wurden abgebaut und die Korruption nahm zu. Es bildeten sich Bewegungen, die die Missstände zu bekämpfen versuchten.

In dieser Zeit entstand die Nationale Befreiungsbewegung der Tupamaros. Sie wurde 1962 aus Solidarität mit den ausgebeuteten Zuckerrohrarbeitern gegründet. Später schlossen sich ihr viele Studenten und Intellektuelle an. Die zusehends gewaltbereite Bewegung war die erste marxistische Stadtguerilla Südamerikas überhaupt. Sie verübte Bombenanschläge, raubte Banken aus, entführte Botschafter und andere ihnen nicht genehme Persönlichkeiten. Die Tupamaros galten als die am besten organisierte und professionellste Stadtguerilla und dienten vielen anderen Untergrundbewegungen – wie der Roten Armee Fraktion (RAF) – als Vorbild.

Bereits vor dem Putsch wurde die komplette Führung der Tupamaros festgenommen, darunter auch der heutige Präsident Uruguays, José »Pepe« Mujica. Die meisten Tupamaros blieben bis zum Ende der Diktatur im Gefängnis, einige bis zu vierzehn Jahre.

General Bordaberry löste Parteien auf, nahm Gewerkschafter und Studenten fest und rief den Ausnahmezustand aus. Er verfolgte die übrig gebliebenen Tupamaros in seinen ersten Amtsjahren systematisch. 1976 wurde er von seinen eigenen Leuten gestürzt. Die Militärjunta setzte vorübergehend den Zivilisten Aparicio Méndez an die Spitze, von 1981 bis zum Ende der Diktatur herrschte General Gregori Álvarez.

Das Militär versuchte sich mit Verfassungsreformen zu legitimieren. Der Druck aus der Gesellschaft nahm aber zu. 1984 verloren die Militärs eine Volksbefragung über eine von ihnen vorgeschlagene Staatsstruktur. Dies war der Beginn der Rückkehr zur Demokratie, die 1985 durch Wahlen wieder eingeführt wurde. Erst 2009 verurteilte ein Gericht Álvarez zu 25 Jahren Haft, ein Jahr später Bordaberry zu dreißig Jahren.

Während der Diktatur wurden Tausende Regimekritiker festgenommen und viele von ihnen gefoltert. Rund 200.000 Uruguayer verließen ihr Land. Die Repressionen waren zwar heftig, aber im Vergleich zu anderen Militärdiktaturen gab es mit schätzungsweise 400 Personen wenige Todesopfer.

## Paraguay: Kultur der Angst unter Hitlerverehrern

»Während der Zeit von Stroessner gab es kaum Kriminalität, das Leben war sicher. An einem Tag hielt er neben meiner Mutter und mir an und nahm uns im Auto ein Stück mit. Meine Mutter arbeitete als Friseurin bei seiner Frau. Stroessner war ein anständiger, korrekter Mensch«, erinnert sich eine Zeitzeugin. Im Mai 1954 stürzten Militärs die eher sozial eingestellte Regierung von Federico Chávez. Kurz darauf wurde der Oberbefehlshaber der Streitkräfte Alfredo Stroessner als einziger Kandidat vom Kongress zum Präsidenten gewählt. Der autoritäre deutschstämmige General blieb mithilfe von Scheinwahlen und der Unterstützung der Colorado-Partei, der stärksten politischen Kraft im Land, 35 Jahre an der

Macht und förderte eine Kultur der Angst. Bereits ein Viehdieb konnte für immer verschwinden.

Als Stroessner das Amt übernahm, befand sich das Land in einer wirtschaftlichen Krise. Unter seiner Regierung ging es allmählich aufwärts, was ihm vorerst Rückhalt in der Bevölkerung verschaffte. Er investierte vorrangig in Infrastrukturprojekte, etwa in neue Straßen. Der Bau des Itaipú-Staudamms an der Grenze zu Brasilien brachte mit dem Verkauf von Elektrizität ins Ausland einen wirtschaftlichen Aufschwung mit sich.

Stroessner errichtete in Paraguay einen regelrechten Terrorapparat. Der Hitlerverehrer hatte eine Aversion gegen Kommunisten, verfolgte letztendlich aber alle, die ihm verdächtig erschienen. Augenzeugenberichten zufolge soll er mehrmals bei Folteraktionen anwesend gewesen sein. Während der Diktatur flüchteten rund eine halbe Million Menschen ins Ausland, über tausend mutmaßliche Regimegegner wurden ermordet.

Wie Stroessner an die Macht kam, so verlor er sie: durch einen Putsch. 1989 stürzte ihn der Oberbefehlshaber Andrés Rodríguez. Noch im selben Jahr ging Stroessner ins Exil, um einer möglichen Verhaftung wegen Menschenrechtsverletzungen zu entkommen. In Brasilien lebte er unbehelligt bis zu seinem Tod 2006.

# Bolivien: Weltweit geächtete »Narko-Diktatur«

»Regimegegner haben zwanzig Tage Zeit, das Land zu verlassen, nachher können sie mit ihrem Testament unter dem Arm herumlaufen«, stellte Innenminister Luis Arce Gómez 1980 in Bolivien klar. Der Kokainminister, wie ihn die Medien damals nannten, war eine besonders dunkle Gestalt der kurzweiligen Militärdiktatur von 1980 bis 1981 und die rechte Hand von Diktator Luis García Meza. Gemeinsam hatten sie die demokratisch eingesetzte Übergangspräsidentin Lydia Gueiler Tejada geputscht. Ein paar Hundert Regimegegner wurden ermordet. Viele flüchteten ins Exil.

Das Regime war durch und durch korrupt und sehr eng mit dem Drogenhandel verbunden. Auf diese Weise finanzierte sich die Regierung. Während jener Zeit gewannen die Drogenkartelle an Macht und die Kokaanbauflächen im Land weiteten sich aus. Nicht einmal die USA, die damals Diktaturen in Südamerika unterstützten, waren Bolivien freundlich gesinnt und zogen ihren Botschafter ab. International war das Regime geächtet. García Meza und Arce Gómez wurden 1993 für ihre Verbrechen zu lebenslanger Haft verurteilt.

García Mezas »Narko-Diktatur« ist nur eine von vielen in der bolivianischen Geschichte. Mit wenigen demokratischen Unterbrechungen herrschten im Andenland von 1964 bis 1982 mehrere kürzere und längere Diktaturen.

Oberst Hugo Banzer stürzte 1971 den linksgerichteten Präsidenten General Juan José Torres. Schwere Panzer rollten in die Andenstadt La Paz, Militärs drangen in die Universität ein, zahlreiche Studenten wurden festgenommen und erschossen. Der deutschstämmige Diktator, der »Ordnung, Frieden und Arbeit« anstrebte, regierte in den ersten Jahren mit besonders harter Hand. Ein paar Hundert Ermordete werden ihm angelastet. 1978, als der Druck in der Gesellschaft zunahm, rief er demokratische Wahlen aus. Banzer wurde für seine Verbrechen nie bestraft. Er starb 2002 an Krebs.

# Peru: Diktaturähnliche Zustände und Tausende Tote

»Die Guerilla war besonders gewalttätig, sie brachte viele unschuldige Menschen um«, berichtet ein Zeitzeuge. Von 1980 bis 2000 widerfuhr dem peruanischen Volk viel Leid. Militärs und Guerilleros verbreiteten Angst und Schrecken. Besonders grausam waren die blutigen Übergriffe auf *Campesinos*, Bauern, die in den Konfliktgebieten zwischen den beiden Fronten lebten. Im Unterschied zu anderen Ländern Südamerikas ermordete in Peru nicht nur das rechte Militär, sondern auch die linke Guerilla Tausende Menschen. Polizisten und Militärs vergewaltigten Frauen, Guerilleros köpften Campesinos. Fast 70.000 Menschen kamen ums Leben.

Von 1968 bis 1980 hatte in Peru eine Militärdiktatur geherrscht. In den ersten Jahren führte General Velasco Alvarado viele soziale Reformen durch. Besonders die benachteiligte Bevölkerung profitierte davon. Als

1975 durch einen unblutigen Sturz General Francisco Morales Bermúdez die Führung übernahm, machte dieser viele Reformen rückgängig. Es bildete sich Widerstand in der Bevölkerung.

So fanden die kommunistischen Ideen des Philosophieprofessors Abimael Guzmán viel Anklang. In den 1970er-Jahren gründete er aus einer Studentenbewegung im Süden Perus die maoistische Gruppierung *Sendero Luminoso*, Leuchtender Pfad. Ihr Ziel war es, die Lebensbedingungen der armen Bevölkerung zu verbessern und dazu zunächst einmal die bestehende Gesellschaftsordnung zu zerstören.

Ab 1978 wurde die Forderung im Volk nach einer Rückkehr zur Demokratie lauter. Zwei Jahre später setzten schließlich die Militärs Präsidentschaftswahlen an. Bevor Professor Guzmán in den Untergrund ging, rief er 1980 zum Wahlboykott und zum bewaffneten Widerstand auf. Der Leuchtende Pfad wurde daraufhin zu einer der stärksten Guerillabewegungen in Südamerika.

Als der aus Japan stammende Alberto Fujimori 1990 die Präsidentschaftswahlen gewann, war der Leuchtende Pfad in der Hälfte des Landes aktiv. Unter dem diktatorischen Staatschef Fujimori wurde Guzmán 1992 in Lima gefasst. Ein Jahr später rief der Guerillaführer zum Frieden zwischen dem Leuchtenden Pfad und der Regierung auf, doch nur ein Teil der Rebellen legte die Waffen nieder. Mit der Absetzung Fujimoris endete 2000 die gewalttätige Zeit. Fujimori wurde 2009 zu 25 Jahren, Guzmán bereits 2006 zu lebenslanger Haft verurteilt.

Der Leuchtende Pfad ist bis heute aktiv. Nach wie vor operieren ein paar Hundert Mitglieder im Süden des Landes, wo sie mit der Drogenmafia zusammenarbeiten. Seit 2009 verüben sie wieder vermehrt Anschläge. 2010 beschloss die peruanische Regierung, gegen die Rebellen erneut aggressiver vorzugehen.

# Es gibt kein Morgen ohne Gestern

*Mein Vater wollte in die nächste Stadt, zu einer Sitzung mit seinen Universitätskollegen. Es war eine Studentengruppe, die über Politik und Soziales diskutierte und kleinere Veränderungen herbeiführen wollte. An jenem*

*Vormittag im Jahr 1973 aber hatte das Militär in Santiago de Chile den Präsidenten geputscht. So sagte seine Mutter zu ihm:* »*Nein, du gehst nicht aus dem Haus.*« *Es war ungewöhnlich, nie hatte sie ihm auf diese Weise etwas verboten. Sie blieb aber stur, er hatte keine andere Wahl, als zu Hause zu bleiben. Am Tag darauf erfuhr mein Vater, dass alle seine Freunde festgenommen worden waren. Keiner von ihnen überlebte. Meine Großmutter hatte eine Vorahnung gehabt.*

*1974, an einem Tag um sechs Uhr morgens, klopften sie an meine Tür. Ich öffnete und sah einen Uniformierten vor mir. Sie nahmen mich gleich mit. Ich war 26 Jahre alt und Dozent an der Universität in Montevideo. Und, ja, ich war ein Tupamaro. Ich gehörte der Stadtguerilla an, trug den Decknamen Luis und führte ein Doppelleben. Drei Monate hielten sie mich auf einem Kommissariat in Montevideo fest und folterten mich. Niemand wusste, wo ich war. Den ganzen Tag hatte ich eine Kapuze über den Kopf gezogen, ich sah nichts. Sie versuchten mich unter anderem mit dem Submarino zum Reden zu bringen, das ist das simulierte Ertrinken. Schließlich wurde ich vors Militärgericht gestellt und zu sechseinhalb Jahren Haft verurteilt. Man überführte mich ins Gefängnis Libertad. 1980 ließen sie mich frei.*

*Ich war noch ein Kind. Mit meinem Vater und meiner Mutter lebte ich zurückgezogen in der Provinz Buenos Aires. Halbwegs versteckt. Mein Vater war Journalist und kannte viele Leute, die bereits verschleppt worden waren. Eines Nachts 1979 tauchte überraschend eine sehr gute Freundin meiner Eltern bei uns auf. Schluchzend setzte sie sich in der Küche an den Tisch. Ich war aufgewacht und hörte hinter der Tür heimlich zu. Sie war eine Kinderbuchautorin. Man hatte sie über Monate in einem Geheimgefängnis festgehalten. Erst versuchte man sie mit Stromschlägen am Körper zum Reden zu bringen. Die Militärs wollten Namen von anderen* »*Kommunisten*«. *Dann vergewaltigten sie sie. Und führten eine Maus in ihre Vagina ein, die darin herumtapste.*

Die Menschen in Südamerika reden heute noch über die dunkle Zeit von damals. Die Militärdiktaturen haben einen bleibenden Eindruck und tiefe Wunden in der Gesellschaft hinterlassen. Wenn es sie selbst nicht direkt betraf, so erinnern sie sich daran, dass der Nachbar oder der Universitätskollege plötzlich von einem Tag auf den anderen verschwand. Am lautesten sind bis heute die Stimmen jener, die ihren Folterer immer noch auf freiem Fuß sehen oder die weiterhin nach einem verschwundenen Familienangehörigen suchen. Der Sohn, die Schwägerin oder die Mutter wurden während der Militärdiktatur auf der Straße, in der Universität, zu Hause oder bei Freunden, bei der Arbeit oder auf der Flucht festgenommen. Seither sind sie verschwunden. Wo sind die Überreste?

Nahezu in jedem Land haben sich die Militärs vor ihrem Abtreten mit einem Amnestiegesetz vor späteren Strafverfolgungen geschützt. In Ländern, wo das nicht geschah, wie in Argentinien, führten ein paar Jahre später Politiker Amnestien ein oder begnadigten bereits verurteilte Generäle. Unruhen in den Kasernen und die Drohungen der Militärs, wieder zuzuschlagen, wenn sie weiterhin verfolgt würden, hatten dazu geführt. So fanden es in Argentinien nicht nur viele Politiker, sondern auch ein großer Teil der Bevölkerung klüger, die Militärdiktatur zu vergessen und einen Schlussstrich zu ziehen. Hunderte von Militärs, Polizisten und anderen involvierten Kriminellen entgingen damit einem Prozess gegen Menschenrechtsverbrechen. Was für viele Opfer und Familienangehörige äußerst schmerzhaft war.

Lange überzog ein Mantel des Schweigens die Gesellschaften der südamerikanischen Länder. Erst ab den 1990er-Jahren kam dort und da ernsthaft ein wenig Bewegung ins Ganze: So wurden in Bolivien zwei Hauptverantwortliche einer Diktatur verurteilt, in anderen Ländern wurden militärische und polizeiliche Zeitdokumente gefunden und veröffentlicht. Und es kam zu Menschenrechtsklagen gegen bedeutende Diktatoren. Viele der Anklagen reichte Spanien ein, dessen Gesetzgebung für Menschenrechtsverletzungen universell ist und somit grenzübergreifend wirken kann. Spaniens Eintreten ermutigte südamerikanische Anwälte, Richter und Opfer dazu, Zeugenberichte abzulegen, neue Klagen zu formulieren und die brutale Wahrheit schrittweise ans Licht zu zerren.

In Argentinien gingen bereits 1977, ein Jahr nach dem Putsch, mutige Frauen auf die Straße und forderten Aufklärung über das Verschwinden ihrer Kinder. Auf dem Platz vor dem Regierungsgebäude mitten in Buenos Aires drehten sie demonstrativ ihre Runden und hielten Bilder ihrer vermissten Familienangehörigen hoch. Die *Madres de Plaza de Mayo*, Mütter des Mai-Platzes, hörten mit den Protestaktionen nie auf – auch nicht, als die eine oder andere von ihnen festgenommen oder ermordet wurde. Bis heute setzt sich die Organisation für die Aufklärung über die Verschwundenen der Diktatur und für eine Bestrafung der Täter ein.

1995 schlossen sich auch die Kinder der Verschwundenen in Argentinien zusammen und gründeten die Organisation *Hijos* – Kinder. Viele von ihnen wissen nach rund dreißig Jahren immer noch nicht, wo sich die Leichen ihrer Eltern befinden. Die Militärs hatten den Vater oder die Mutter mitgenommen und umgebracht. Sie, die Kinder, waren bei der Verschleppung nicht dabei gewesen oder von den Militärs zurückgelassen worden.

Eine weitere Organisation, die *Abuelas de Plaza de Mayo*, die Großmütter des Mai-Platzes, sucht nach Kindern der ermordeten Regimegegner. Während der Diktatur gebaren viele verschleppte schwangere Frauen ihre Kinder in Geheimgefängnissen. Die Militärs entrissen ihnen die Neugeborenen und brachten die jungen Mütter um. Die Babys wurden den Militärs oder ihren Helfershelfern zur Adoption übergeben. Rund 500 solcher Kinder wuchsen in fremden Familien auf, ohne zu wissen, dass ihre wahren Eltern Verschwundene der Militärdiktatur sind. Die Großmütter haben jedoch nie aufgehört, nach ihren Enkelkindern zu suchen. Die Organisation *Abuelas de Plaza de Mayo* hat mithilfe von DNA-Tests bis Ende 2010 bereits 102 verlorenen Kindern ihre Identität zurückgegeben und Familien wieder zusammengeführt.

Generell kann man sagen, dass sich seit ein paar Jahren alle Länder Südamerikas verstärkt mit der Militärdiktatur-Vergangenheit auseinandersetzen. Argentinien gilt diesbezüglich als Vorbild. 2003 erklärte das Parlament die Amnestiegesetze als nichtig, 2005 wurde dies vom Obersten Gerichtshof bestätigt. Seither werden zahlreiche Prozesse gegen Diktaturverbrecher geführt. In Chile fasste 2003 eine Wahrheitskommission alle Gräueltaten zusammen, hörte sich Tausende Opferberichte an und eröffnete Gerichtsverfahren gegen Schergen der Diktatur.

In Uruguay und Brasilien hingegen bestehen nach wie vor Amnestiegesetze. In Uruguay sprach sich die Bevölkerung bei einem Referendum Ende 2009 für das Fortbestehen des Gesetzes aus. Dennoch konnte der eine oder andere General verurteilt werden, weil das uruguayische Oberste Gericht die Anwendung des Amnestiegesetzes in einigen Mordfällen für verfassungswidrig erklärte. Brasilien sträubt sich völlig gegen eine Aufarbeitung. Das große Land hat bisher niemanden aus der Zeit der

Diktatur für Mord oder Folter verurteilt. Ende 2009 kündigte Präsident Luiz Inácio Lula da Silva die Schaffung einer Wahrheitskommission an. Führende Militärs drohten daraufhin mit einem Rücktritt. 2010 lehnte das Oberste Gericht Brasiliens eine Revision des Amnestiegesetzes ab. Viele Verbrechen aus jener Zeit sind noch immer ungesühnt. Die Aufarbeitung gestaltet sich nicht einfach, denn das kollektive Schweigen der Militärs behindert eine effektive Aufklärung. Es ist ein Kodex, an den sich beinahe alle Militärs halten: Niemand redet, niemand verrät etwas oder jemanden. Wer Anzeichen macht zu reden, befindet sich in Lebensgefahr. 2007 fand man den argentinischen Folterer Héctor Febres vor der Urteilsverkündung tot in seiner Zelle in Buenos Aires, vergiftet mit Zyankali. Die einen sprachen von Selbstmord, eine Richterin versicherte, er sei von den Militärs umgebracht worden, weil er den Kodex brechen wollte. Er habe sich von seinen Leuten allein gelassen gefühlt und Bereitschaft gezeigt auszupacken. Febres hatte in einem privilegierten Militärgefängnis auf sein Urteil gewartet, wo ihn Kollegen besuchen durften.

Allmählich sickert zudem eine weitere Wahrheit durch – im Lager der Täter. Unter den Militärangehörigen finden sich ebenso Opfer, worüber in kaum einem Land gesprochen wird. In Chile jedoch gründeten Rekruten aus der Zeit der Pinochet-Diktatur die »Vereinigung ehemaliger Wehrpflichtiger«. Sie fordern eine Wiedergutmachung für erlittene psychische Schäden. Als sie nach dem Putsch 1973 als Achtzehnjährige zum Militärdienst verpflichtet wurden, hätten sie ihre Vorgesetzten zur Folterung und Ermordung von Regimegegnern gezwungen, sagen sie heute. Und wenn sie die Befehle nicht ausführten, seien sie selbst geschlagen oder gefoltert worden – einige sollen sogar umgebracht worden sein. Ähnliche Geschichten kennt man aus Argentinien.

Die Aufarbeitung der Militärzeit ist unerlässlich. Die Situation in Brasilien stellt dies nachdrücklich unter Beweis. Zahlreiche Menschenrechtsverletzungen wie Schläge, Folter und Erschießungen geschehen bei regulären Verhaftungen selbst heute noch. Wie sollte es auch anders sein, arbeiten bei der Polizei doch die Folterer von damals. Niemand hat ihnen je zu verstehen gegeben, dass die Methoden, die sie während der Diktatur angewandt haben, falsch und strafbar sind. Und auf der Opferseite können die Wunden nicht heilen, wenn keine Wiedergutmachung stattfindet, wenn die Täter in der Gesellschaft nicht offiziell als Täter identifiziert werden. So weiß ein Opfer nicht, ob der ältere Mann, der im Supermarkt in der Schlange vor ihm steht, vielleicht ein Folterer oder Mörder war. Im Juli 2010 kritisierten die Vereinten Nationen die immer noch bestehenden Amnestiegesetze in Südamerika, diese würden »die Wahrheit begraben«, und im Dezember 2010 trat die UN-Konvention gegen das Verschwindenlassen von Personen in Kraft. Als im Jahr 2003 der chilenische Präsident Ricardo Lagos in einer Fernsehansprache die Schaffung der Kommission zur Untersuchung der Verbrechen während der Militärdiktatur ankündigte, sagte er treffend: »Es gibt kein Morgen ohne Gestern.«

# DIE RÜCKKEHR DER INDIGENEN BEVÖLKERUNG

# »Meine Tochter soll nicht dein Dienstmädchen sein«

*Aufbegehren:* »200 Jahre lang hat man uns vergessen, seit Argentiniens Unabhängigkeit von Spanien. Über 500 Jahre hat man uns mit Füßen getreten und überrollt, seit Amerika entdeckt wurde.« Die Worte des Indígena aus dem Volk der Colla in Argentinien stehen für alle Urvölker Südamerikas. Er fordert mehr Rechte, Land und vor allem Wiedergutmachung. Er ist einer der rund 20.000 protestierenden Ureinwohner, die im April 2010 in die Hauptstadt Buenos Aires einmarschierten – kurz bevor Argentinien 200 Jahre Unabhängigkeit feierte. Mit Tanz und Musik, traditionell gekleidet mit Federn und bestickten Gewändern, verwandelten sie das Hochhäusermeer und die sonst dicht befahrenen Straßen der Metropole in ein lebendiges Farbenmeer. Es war ein Aufmarsch, wie ihn Argentinien bis zu diesem Zeitpunkt noch nicht erlebt hatte.

*Sieg:* Ein lachender Evo Morales winkt aus dem Regierungspalast in La Paz in die jubelnde Menge. Der Indígena ist seit 2006 Präsident von Bolivien. Mithilfe zahlreicher sozialer und indigener Bewegungen schaffte er es an die Staatsspitze.

*Kleine Revolution:* Die Tehuelche-Indianerin Rosa Chiquichano wird 2007 in Buenos Aires vereidigt. Sie ist die erste Indígena, die in den Kongress von Argentinien einzieht.

*Neue Kraft:* Urvölker des peruanischen Amazonas kündigen im Juni 2010 die Gründung der umweltbewussten Partei Aphu an. Sie wollen 2011 in Peru zu den Wahlen antreten – mit einem indigenen Präsidentschaftskandidaten.

Es scheint, dass die indigenen Völker Südamerikas neues Selbstbewusstsein erlangt und im politischen Leben neues Gewicht bekommen haben. Dass sie auf dem Vormarsch sind, sich selbst eine Stimme geben und aus dem Abseits aufsteigen. Ist dem so? Erobern sie nach Jahrhunderten der Unterdrückung ihren Platz auf dem Subkontinent, in der Gesellschaft zurück?

Wie viele Menschen vor der Ankunft von Christoph Kolumbus 1492 in Lateinamerika lebten, ist schwer zu sagen. Führende Anthropologen schätzen die Gesamtbevölkerung auf 75 bis 110 Millionen. Sicher ist, dass die Urbevölkerung in schwindelerregendem Tempo dezimiert wurde. Millionen fanden den Tod. Zum einen, weil die spanischen und portugiesischen Kolonisatoren neue Krankheiten einschleppten, die die Ureinwohner dahinrafften. Zum anderen, weil sie die Ureinwohner in ihren Eroberungszügen niedermetzelten oder sie in Silber- und Goldminen versklavten und ihre Arbeitskraft bis zum körperlichen Tod ausbeuteten. Heute gibt es noch zwischen dreißig und vierzig Millionen Indigene in Lateinamerika. Sie machen zwischen acht und zwölf Prozent der Gesamtbevölkerung aus. Die Zahlen variieren je nach Statistik. Das hat damit zu tun, dass keine einheitlichen Erhebungsstandards existieren. Die einen Umfragen lassen nur jene als Indigene gelten, die nach wie vor ihre Sitten und Bräuche im ursprünglichen Umfeld pflegen. Anderen genügt die Selbsteinschätzung, ob sich jemand indigen fühlt, egal wie und wo er oder sie lebt. Einig sind sich die Demografen darin, dass der Anteil der indigenen Bevölkerung zunimmt und dass rund neunzig Prozent von ihnen in Bolivien, Guatemala, Ecuador, Mexiko und Peru beheimatet sind.

Die Urvölker leben in der kalten Welt der Anden, in den feuchtheißen Regenwäldern, in Steppen, an den Küsten, immer häufiger auch in Städten. Insgesamt gibt es in Lateinamerika über 400 ethnische Gruppen und Völker. Welche Bedeutung die Indígenas und ihre Kulturen haben, muss von Land zu Land, von Region zu Region gesondert betrachtet werden. Allein die Vielfalt der Völker kann maßgeblich sein, wie einheitlich sie in einem Gebiet auftreten. So leben in Brasilien über 200 verschiedene Völker, die aber verschwindend geringe 0,43 Prozent der brasilianischen Bevölkerung ausmachen.

In Bolivien und Peru sind Indígenas sowohl auf dem Land als auch in den Städten stark präsent. Ihre Kleidung, ihre Musik, ihr Tanz, ihre Sprache, ihr Kunsthandwerk, ihre Speisen und religiösen Rituale sind Bestandteil des Alltagslebens und prägen die Identität des Landes. Auch die Medizin stützt sich oft auf das Wissen der Ureinwohner über Naturheilpflanzen. Und in Peru, Bolivien, Ecuador und Paraguay sind indigene Sprachen neben Spanisch Amtssprache.

Ja, die Indígenas machen seit rund dreißig Jahren ihre Rechte geltend. Schritt für Schritt sind sie aus dem Schatten der Machthaber und Unterdrücker hervorgetreten und haben sich organisiert. In vielen Ländern bildeten sich bedeutende indigene Bewegungen, wie die ONIC in Kolumbien, die CONAIE in Ecuador oder die CONAMAQ in Bolivien. Seit den 1990er-Jahren wird das Amt von Bürgermeistern, Parlamentariern und Ministern da und dort schon einmal indigen besetzt. Mithilfe von Protestmärschen und Streiks setzten Indígenas unliebsame Politiker ab, stießen Regierungsentscheide um und bewirkten Verfassungsänderungen. In Bolivien brachte die indigen besetzte Regierung im Oktober 2010 einen Gesetzesentwurf durchs Parlament, wonach Rassisten, die Indígenas öffentlich mit gängigen Schimpfwörtern wie »dreckiger Indio« oder »Tier« belegen, künftig rechtlich belangt werden können.

Woher rührt die zunehmende Beteiligung der Urvölker? Hier die Kehrseite: Die Invasion in die Lebensräume der Indígenas nimmt ständig zu. Sie werden von ihrem Territorium verdrängt und von lebensnotwendigen Naturressourcen wie Wasser abgeschnitten. An der kolumbianischen Pazifikküste etwa vertreiben Paramilitärs indigene Gemeinschaften, Palmölfirmen rücken nach. Im brasilianischen Amazonas roden Farmer den Regenwald und bauen Soja an. Im Süden Argentiniens grasen auf riesigen umzäunten Weiden Schafe des italienischen Modekonzerns Benetton, die Mapuche mussten das Land räumen. In Tarija in Südbolivien entnehmen internationale Konzerne erneut Proben aus dem Boden. Bald schon könnten neue Erdgasgebiete erschlossen werden und indigene Gemeinschaften wie die Guaraní gefährdet sein.

Wieso interveniert der Staat nicht? Die Frage muss anders gestellt werden: Kann ein südamerikanischer Staat ohne die Ausbeutung und den Export von Bodenschätzen überhaupt bestehen? Hier liegt der beinahe unüberwindbare Konflikt. Zum einen wollen die Länder ihre Urbevölkerung schützen und ihre Rechte respektieren. Zum anderen müssen einige Länder nach Rohstoffen graben, meist mithilfe von ausländischem Know-how und Kapital, um die Staatskassen zu füllen. Je mehr die Globalisierung voranschreitet und je mehr Drittwelt- und Schwellenländer sich entwickeln wollen, desto mehr werden Land- und Ressourcenkonflikte zwischen der indigenen Bevölkerung und den jeweiligen Regierungen zunehmen.

Weiterhin gehören Indígenas zu den Ärmsten der Armen. Dabei wird nicht nur das Einkommen gemessen, sondern unter anderem auch die mangelnde Schulbildung und Gesundheitsversorgung. 2010 kritisierten die Vereinten Nationen erneut, dass der Großteil der Indígenas extrem arm sei. Unterernährung, Kinder- und Müttersterblichkeit seien unter ihnen besonders hoch. Die durchschnittliche Lebenserwartung, so der Bericht, betrage für die Indigenen auf der Welt rund zwanzig Jahre weniger als bei der übrigen Bevölkerung.

1989 verabschiedete die Internationale Organisation für Arbeit (ILO) die »Konvention 169 zum Schutz der indigenen Völker«. Sie gilt als das verbindlichste Abkommen, das die Vereinten Nationen erarbeitet haben. Die wohl wichtigsten Punkte darin sind: das Recht auf Selbstbestimmung, auf Land und Ressourcen sowie die Gewährleistung der Menschenrechte, der Grundfreiheiten und kulturellen Identität. Viele südamerikanische Länder haben die ILO-Konvention, die rechtlich verbindlich ist, bereits ratifiziert. Seit 1994 wird am 9. August der »Internationale Tag der indigenen Völker« begangen. 2007 nahm die UN-Vollversammlung eine Deklaration über die Rechte indigener Völker an, die ihnen Landrechte und Schutz für ihre Kulturen und Sprachen zugesteht.

Auch ideologisch findet ein Wandel statt: Bisher versuchten die südamerikanischen Länder ethnisch und kulturell homogene Nationalstaaten zu bilden. Die Indígenas sollten in die vorherrschende Kultur des jeweiligen Landes »integriert« werden. Heute rückt man zusehends davon ab und strebt Staatskonzepte an, in denen verschiedene Ethnien und Kulturen miteinander und nebeneinander gleichwertig existieren. Die sogenannten Vielvölkerstaaten werden zum Teil in Verfassungen festgehalten. So heißt Bolivien seit Januar 2010 offiziell »Plurinationaler Staat Bolivien«.

Es ist ein ewiger Kampf. Verbessert sich die Lage der Indígenas an einem Ort, verschlechtert sie sich anderswo. Auch wenn vielerorts Fortschritte etwa in der Rechtslage oder beim Zugang zu Bildung und Gesundheitsdiensten zu verzeichnen sind, das eigentliche Problem liegt tiefer: in den Menschen. Für viele nicht-indigene Südamerikaner gelten die Ureinwohner nach wie vor als ungebildet und rückständig. Was die Integration in Gesellschaft und Politik erschwert. Dies erklärt auch, wieso heute noch viele Indígenas im Dienst der Weißen und Wohlhabenden stehen. Der bolivianische Indígena-Anführer Felipe Quispe, *El Mallku* genannt, brachte in den 1990er-Jahren den eigentlichen Kampf der Urbevölkerung auf den Punkt: »Ich will nicht, dass meine Tochter dein Dienstmädchen ist.«

# Bolivien: Wir werden Millionen sein

Als der Mann mit den bis zu den Augen reichenden Stirnfransen und den indigenen Gesichtszügen für die Präsidentschaftswahlen im Dezember 2005 kandidierte, winkten viele in Bolivien lächelnd ab. Keine Gefahr, sagten vor allem Weiße, Reiche und Konservative. Dieser Indio, dieser Kokabauer gewinnt niemals. Das tat er aber, gleich im ersten Wahlgang mit rund 54 Prozent der Stimmen. Erstmals in der Geschichte Boliviens stand ein Ureinwohner an der Spitze des Landes. Nach dem ersten Schock meinten seine Gegner, der hält sich als Staatschef höchstens drei bis sechs Monate, bis seine Regierung scheitert. Und wieder irrten sie sich: Evo Morales trat 2010 seine zweite Amtszeit an. Böse Zungen nennen ihn heute noch Affe oder Fötus eines Lamas.

Túpac Katari behielt also recht, als er sagte: *Volveré y seremos millones*, ich komme wieder und wir werden Millionen sein. Dies waren die letzten Worte des großen bolivianischen Indígenaführers, bevor ihn die Spanier 1781 vierteilten. Mit einer eigenen Armee hatte er gegen die Kolonisatoren gekämpft. Evo Morales machte sich den Satz von Túpac Katari zu eigen.

Zu Tausenden strömten die Menschen vorwiegend indigener Abstammung 2003 durch die Gassen der Andenstadt La Paz. Sie polterten an Türen, riefen die Bevölkerung dazu auf, sich ihnen anzuschließen. Einige schlugen Fenster ein, legten Feuer, plünderten. Sie forderten eine neue Regierung und dass die geplanten billigen Gasexporte über Chile in die USA abgesagt würden. Dem vorangegangen waren tagelange Straßenblockaden in der angrenzenden Armenstadt El Alto, wo die urbanisierten Indígenas leben. Sie verhinderten jeglichen Zugang zu La Paz. Kein Gas zum Kochen, keine Lebensmittel gelangten mehr in die Stadt.

Zu Tausenden stiegen sie von der Ein-Millionen-Armenstadt hinunter. Die Demonstrationen griffen auf das ganze Land über. Der sogenannte Gaskrieg war der Anfang der Wende. Der damalige Staatschef Boliviens Gonzalo Sánchez de Lozada trat zurück, und wegen erneuter Proteste legte ein paar Monate später auch sein Nachfolger Carlos Mesa das Amt nieder. Der Groll der erstarkten Urbevölkerung auf die Regierung, die immer in den Händen von Weißen gelegen war, ließ nicht nach. Der Weg für Evo Morales war bereitet.

In ärmsten Verhältnissen in einem Dörfchen in den bolivianischen Anden geboren, wuchs Morales vom Aymara-Volk in einer Familie von Kleinbauern auf. Vier seiner Geschwister starben aufgrund der schwierigen Umstände bereits im Kindesalter. Als Jugendlicher verdiente sich Morales sein Geld mit Eisverkauf, Ziegelsteinbrennen, Brotbacken oder als Trompeter in einer Musikgruppe. Später zog seine Familie in das tiefer gelegene tropische Chaparé, wo das Leben mehr zu bieten hat, vor allem mehr Arbeit. Es ist jenes Gebiet, wo der Kokastrauch in großen Mengen illegal angepflanzt wird. Hier begann in den 1980er-Jahren sein politischer Aufstieg. Erst als Kokagewerkschafter, dann als ihr Anführer. 1997 schaffte er schließlich den Einzug ins Parlament.

Morales trat sein Amt als Staatschef 2006 mit einem sozialistischen Programm an. Er versprach, das Land neu zu gründen, 500 Jahre Kolonialismus und Rassismus zu beenden und den Großgrundbesitz abzuschaffen. »Es braucht eine tiefe Veränderung in der Gesellschaft«, sagte der ehemalige Kokabauer. Zahlreiche Indígenas zogen in höchste Staats- und Regierungsämter ein. Die Urbevölkerung, die den Staatschef einen ihrer Söhne nennt, war begeistert über den »Prozess des Wandels« von Morales. Nicht aber die alte Oligarchie, die sich nach wie vor an die Macht klammert. Im Jahr 2008 mündeten die Konflikte zwischen dem populistischen Sozialisten und der Opposition beinahe in einen Bürgerkrieg. In mehreren Städten kam es zu gewaltsamen Auseinandersetzungen. Morales' Gegner wollten etwa die Umverteilung des Reichtums verhindern und sein Projekt einer neuen Verfassung boykottieren. Aber der »Indio« blieb standhaft.

Nach den Unruhen folgten weitere Erfolge für Morales' Partei Bewegung zum Sozialismus (MAS): Anfang 2009 stimmte das Volk für die Verfassungsreform und Ende desselben Jahres gewann der Aymara mit einem überwältigenden Ergebnis von rund 64 Prozent der Wählerstimmen die Präsidentschaftswahlen erneut.

Die neue Verfassung definiert Bolivien heute als »plurinationalen Staat«. Sie erkennt die indigenen Volksgruppen an und lässt auch viele Elemente ihres kulturellen, politischen und sozialen Denkens in die Verfassung einfließen. Die traditionelle Rechtsprechung der Ureinwohner etwa ist der üblichen Justiz gleichgestellt. Weiters wird den Indígenas auf ihrem Territorium das Recht auf Selbstverwaltung zugesprochen. Bei größeren Eingriffen auf ihrem Gebiet, etwa Großbauprojekten, müssen sie vorab konsultiert werden.

In Bolivien leben 36 offiziell anerkannte indigene »Nationen«. Die größten sind die Quechua, Aymara, Guaraní und Chiquitano. Ihre Lebensformen sind zum Teil völlig unterschiedlich, bedingt allein schon durch geografische und klimatische Gegensätze. Denn Bolivien teilt sich in zwei Welten: im Westen das eher kühlere Hochland, im Osten das subtropische und tropische Tiefland. Die Quechua und Aymara bewohnen die kargen Anden, wo sie Lamas und Schafe züchten oder Getreide wie Quinua und Gemüse wie Kartoffeln anbauen. Im tropischen Urwald im Nordosten jagen und fischen die Moxo-Indianer. Im trockenen Gran Chaco im Südosten des Landes trifft man etwa auf Guaraní, die einfachen Ackerbau betreiben und nicht selten ihre Arbeitskraft Großgrundbesitzern anbieten. Viele sind allerdings in sklavenähnlichen Verhältnissen angestellt. Besonders ausländische Organisationen versuchen diesbezüglich einzugreifen.

In den feuchtwarmen Tälern der Yungas stößt man auf eine besondere Bevölkerungsgruppe, die den Ausländer nicht selten überrascht. Eine Gemeinschaft schwarzafrikanischer Menschen hat sich hier angesiedelt; das subtropische Klima entspricht den Afrobolivianern. Es sind ehemalige Sklaven, die von den Spaniern im Zuge der Eroberung nach Südamerika verschleppt wurden. Über die Jahre haben sich die Kulturen gegenseitig beeinflusst. So sieht man heute schwarze Frauen mit weit gefächerten Röcken und steilen Hüten, wie sie die Indígenas der Anden tragen. Im Gegenzug kommt einer der nationalen Tänze, der überall und von allen Bolivianern gerne getanzt wird, die rhythmische *Saya*, aus den Yungas.

Immer häufiger suchen Indígenas ihr Glück in Großstädten, siedeln sich in deren Peripherien an und widmen sich dem Kleinhandel; ein Phänomen, das in allen südamerikanischen Ländern zu beobachten ist. In La Paz etwa putzen viele junge Männer indigener Herkunft für ein paar Pesos auf Plätzen und Straßen die Schuhe der Geschäftsleute. Manche finanzieren sich damit ihr Studium.

Gemäß der Volkszählung 2001 sollen im Andenstaat rund 62 Prozent der Bevölkerung indigen sein. Südamerikaweit gilt Bolivien als das Land mit dem größten indigenen Bevölkerungsanteil. Allerdings ließ die Befragung damals nur zwei Antwortmöglichkeiten zu: weiß oder indigen. Mestizen, Mischlinge, die einen großen Teil der Stadtbevölkerungen ausmachen, konnten sich mit keiner der beiden Gruppen identifizieren, weswegen sie sich entweder weigerten zu antworten oder letztendlich »indigen« vorzogen. Eine von den Vereinten Nationen 2009 veröffentlichte Studie fügte in ihrer Umfrage »Mestize« hinzu. Das Resultat ist überraschend: 68 Prozent der Bevölkerung verstehen sich als Mestizen, lediglich zwanzig Prozent als indigen.

Zweifelsohne wurde unter Evo Morales ein neues Kapitel in der Geschichte Boliviens aufgeschlagen. Ein großer Bevölkerungsteil, der lange Zeit ausgeschlossen war, ist jetzt in das politische Leben integriert. Nichtsdestotrotz macht sich langsam Unmut unter den Indígenas breit. Sie fühlen sich zunehmend von ihrem Staatschef übergangen. Der in der ganzen Welt als Verteidiger von Mutter Erde bekannte Morales lässt in letzter Zeit Großprojekte auf indigenen Territorien und in Naturschutzparks zu. Und dies ohne vorherige Absprache mit den Betroffenen. Im bolivianischen Amazonasgebiet etwa wird mit brasilianischer Hilfe eine Überlandstraße mitten durch ein indigenes Gebiet gebaut. Auch beklagen sich heute nicht nur mehr Weiße und Mestizen, dass sie seit Morales' Amtsantritt vernachlässigt werden. Verschiedene Gruppen innerhalb der Urbevölkerung werfen dem Präsidenten vor, seine Regierung vertrete nicht alle »Nationen« des Landes, sondern bevorzuge das Volk der Aymara.

Ob die Machtbasis von Morales, die vor allem aus indigenen und sozialen Bewegungen besteht, in den kommenden Jahren weiter bröckeln wird, wird sich zeigen. Bedeutende Veränderungen hat der indigene Präsident auf jeden Fall herbeigeführt. Die Aymara etwa gehen heute mit einem neuen Selbstbewusstsein und nicht wie früher mit gesenktem Haupt durch die Gassen von La Paz. Die Zeiten, wie Morales selbst einmal beschrieben hat, in denen Indígenas von Weißen mit Stöcken vom Bürgersteig heruntergeschlagen wurden, sind definitiv vorbei.

# Ecuador: Wandel in Richtung einer neuen Ära

Indianischen Widerstand hat es in Südamerika im Lauf der Geschichte in den verschiedensten Formen immer wieder gegeben. Doch es ist vor allem die indigene Bewegung Ecuadors, der es erstmals gelang, in den 1990er-Jahren politischen Einfluss zu erringen. Sie legte den Grundstein für die später folgenden südamerikanischen indigenen Bewegungen. Heute leben in Ecuador über drei Millionen Indígenas – ein Viertel der Bevölkerung.

Unter den Eroberungsfeldzügen der Inkas und später der spanischen Kolonialherrschaft litten vor allem die Völker der Andenregion. Erst durch die Missionierung wurden auch die Bewohner des Amazonasgebiets in ihrem Leben und ihren Traditionen beeinflusst. Die oft rücksichtslose Ausbeutung des Erdöls bedrohte sogar ihre Existenz. Dies bewog sie dazu, Territorialrechte einzufordern.

Doch es sollte noch bis Mitte des 20. Jahrhunderts dauern, bis die Ureinwohner Ecuadors ihre passive Rolle aufgaben und sich in verschiedenen Organisationen zusammenschlossen, um gegen die herrschende Ordnung anzukämpfen. Durch ihre Forderung nach Autonomie nahm die indigene Bewegung schließlich einen politischen Charakter an. Auf lokaler und regionaler Ebene konnte sie große Erfolge verbuchen, doch auf nationaler Ebene fielen die Erfolge lange Zeit gering aus. Dies lässt sich unter anderem dadurch erklären, dass die Indígenas durch eine neoliberale Politik immer mehr marginalisiert wurden – ein noch immer andauerndes Szenario, das sich nur allmählich verändert. Mittlerweile hat sich die Urbevölkerung Ecuadors auf Lokal-, Provinz- und Regionalebene organisiert und strukturiert. Maßgeblich dazu beigetragen hat 1986 die Gründung der indigenen Organisation *Confederación de Nacionalidades Indígenas del Ecuador* (CONAIE) als Dachorganisation aller politisch organisierten Indio-Gruppen des Landes. Es handelt sich dabei um eine nationale Bewegung, die autonom ist und weder einer politischen Partei noch religiösen, staatlichen oder internationalen Institutionen angehört. Sie gilt als die am besten organisierte indigene Bewegung Südamerikas.

Den ersten großen Erfolg verzeichnete die CONAIE im Jahr 1990. Über Monate hinweg hatte die Organisation einen Indio-Aufstand in Ecuador geplant und organisiert. Indigene anderer südamerikanischer Länder nahmen sich diesen Aufstand zum Vorbild. Eine Woche lang marschierten Tausende Demonstranten friedlich in die Hauptstadt Quito und ließen sich auf Plätzen und in Regierungsgebäuden nieder, ohne dass von offizieller Seite eingeschritten wurde. Mit dieser Aktion machten die Indigenen des Landes – erstmals für alle Ecuadorianer sichtbar – auf sich aufmerksam. Die Mittelschicht der Weißen und Mestizen wurde sich der Probleme der Ureinwohner bewusst und befürwortete zum Teil deren Protest – es entstand eine Welle der Empathie.

Ausgelöst wurde der Konflikt unter anderem, weil die Indígenas Landrechte und uneingeschränkten Zugang zu Wasser einforderten sowie durch die Deklarierung Ecuadors zum plurinationalen Staat. Als Folge dieses Aufstandes wurde 1995 die Bewegung Pachakutik, *Movimiento de Unidad Plurinacional Pachakutik Nuevo Pais*, gegründet, ein politischer Arm der CONAIE. Pachakutik heißt auf Quechua »gewaltsamer Wandel in Richtung einer neuen Ära«. Um bei den Wahlen 1996 eine Alternative zum Neoliberalismus bieten zu können, wandelte sich Pachakutik in eine politische Partei um. Auf Kommunal- und Provinzebene erzielten ihre Kandidaten Erfolge, auf nationaler Ebene gelang der Partei jedoch kein einheitliches Auftreten. Unterschiedliche Interessen der Indigenen des Andenraums und jener des Amazonasgebiets ließen sich nicht vereinbaren.

Der politische Erfolg der indigenen Partei fällt seit 1996 bescheiden aus, aber immerhin ist sie mittlerweile ein fester Bestandteil der ecuadorianischen Parteienlandschaft geworden. Erstmals erhielt Pachakutik 1996 acht der achtzig Sitze im Nationalkongress. Es gelang der Partei jedoch nicht, ihre Vertretung im Parlament kontinuierlich zu festigen. Nach den Wahlen 2006 stellte sie von hundert Abgeordneten nur noch sechs.

1998 verabschiedete die ecuadorianische Regierung eine neue Verfassung, die die Rechte der indigenen und afro-ecuadorianischen Völker anerkennt und die Plurinationalität des Staates festschreibt. Im selben Jahr ratifizierte die Regierung die Konvention 169 der ILO.

Der volksnahe Präsident Luís Gutiérrez (2003–2005) bildete eine Koalition mit der Packakutik. Als erster Staatschef Ecuadors nahm er mehrere Indigene in sein Kabinett auf, unter ihnen die erste Außenministerin des Landes, Nina Pacari. Die Koalition zerbrach nach knapp sechs Monaten.

Mit dem linken Staatschef Rafael Correa, der seit 2007 im Amt ist, stehen die Zeichen immer mehr auf Konfrontation. Doch dies war nicht von Anfang an so. Ende 2006 gewann Correa die Präsidentschaftswahlen unter anderem dank der zahlreichen Stimmen der Indígenas. Die CONAIE hatte damals ihre Mitglieder aufgerufen, Correa zu wählen, weil sie hoffte, er werde sich für ihre Rechte einsetzen. Eine Hoffnung, die unerfüllt bleiben sollte.

Im Oktober 2009 kündigte die CONAIE schließlich ihr Bündnis mit der Regierung auf. Streitpunkt war ein geplantes Gesetz, das die Gründung einer zentralen Behörde für die Wasserversorgung mit einem vom Präsidenten ernannten Sekretär vorsah, der die öffentliche Wasserversorgung überwachen sollte. Die Indios reagierten auf dieses Vorhaben im Mai 2010 mit massiven Demonstrationen und Straßenblockaden. Sie empfanden die Gesetzesvorlage als Privatisierung und verlangten ein Mitspracherecht. Zudem forderten sie, dass die Behörde keine Entscheidungsgewalt, sondern nur beratende Funktion haben sollte. Der Protest war erfolgreich: Das Projekt wurde auf Eis gelegt. Der erzürnte Präsident Correa entzog daraufhin der CONAIE die Kontrolle über das zweisprachige Bildungssystem und beschuldigte die Verbandsvorsitzenden der Korruption. Bis dahin hatte die CONAIE erfolgreich ein bilinguales Schulwesen aufgebaut, das die Sprachen der jeweiligen Stämme berücksichtigte.

Durch die Migration in die Städte bekamen indigene Führungspersonen erstmals Zugang zu Bildung, die es ihnen unter anderem ermöglichte, Schlüsselfunktionen auf lokaler Ebene auszuüben. 2004 eröffneten die Indios Ecuadors ihre eigene Universität, die *Universidad intercultural de los Pueblos y Nacionalidades Indígenas Amawtay Wasi* (UIAW). Diese spielt eine bedeutende Rolle in der indigenen Bewegung des Landes, denn gerade für die Indígenas ist es wichtig, ihre eigenen intellektuellen Führer hervorzubringen.

## Peru: Von Ollantay zu Ollanta

Der Name Ollantay steht für eine Liebesgeschichte, die erfolgreichen Feldzüge eines Inka-Generals und es ist ein Name, der in der gegenwärtigen Politik Perus wieder öfter fällt.

Ollantay war ein General, der Mitte des 15. Jahrhunderts unter dem Herrscher Pachakutiq die östlichen Gebiete des Inkareichs befehligte. Der General führte zahlreiche Eroberungsfeldzüge an und genoss bei Pachakutiq und dem Inka-Volk hohes Ansehen – bis zu dem Tag, als er um die Hand von Cusi Ccuyllur, der Tochter von Pachakutiq, anhielt. Empört über den Antrag, führte Pachakutiq Ollantay seine niedere Geburt vor Augen und lehnte den Antrag ab, worauf der Zurückgewiesene desertierte und sich im Osten des Reiches verschanzte. Dort errichtete er auf rund 2.750 Metern die Festung Ollantaytambo und begann einen Putsch und die Übernahme des Reiches zu planen. Derweilen stellte sich heraus, dass Cusi Ccuyllur von Ollantay schwanger war. Wütend ließ Pachakutiq seine Tochter in einem Frauenhaus einsperren, wo sie Ollantays Kind bekam, das ihr sogleich weggenommen wurde. Zehn Jahre später wurden der Inka-General und seine Gefährten von einem Überläufer verraten, von Pachakutiq gefangen genommen und zum Tode verurteilt. Inzwischen regierte Pachakutiqs Sohn Tupaq Yupanqui. Der neue Herrscher begnadigte kurz vor der Hinrichtung Ollantay und seine Männer und erlaubte die Hochzeit zwischen dem Inka-General und seiner Schwester Cusi Ccuyllur. Wurde General Ollantay zunächst aufgrund seiner Herkunft diskriminiert, trug er am Ende doch den Sieg davon.

Über 500 Jahre später ist es ein Mann mit dem ähnlichen Namen Ollanta, der erneut eine Vielzahl von Anhängern findet und die Macht erringen will – Ollanta Humala. In der Sprache der Aymara bedeutet Ollanta: »Ort, von dem aus alles sichtbar ist«. Der nationalistische Politiker Ollanta Humala gehört allerdings nicht zum Volk der Aymara, sondern stammt aus einer wohlhabenden Mestizen-Familie. Und seine Dienstjahre im peruanischen Militär haben aus ihm auch keinen Krieger im klassischen Sinn gemacht, wie es Ollantay war. Dennoch symbolisiert der Präsidentschaftskandidat mit indigenen Gesichtszügen für viele indigene Einwohner des Landes die Hoffnung auf größeres politisches Mitspracherecht. Nachdem er 2006 die Präsidentschaftswahlen verloren hat, tritt Ollanta Humala 2011 erneut als Kandidat der Nationalistischen Partei Perus, der *Partido Nacionalista,* an.

Laut der letzten Volkszählung im Jahr 2007 leben in Peru 1.786 indigene Gemeinschaften. Zu den zahlenmäßig größten Völkern gehören die im Hochland lebenden Aymara und Quechua. Im Amazonasgebiet wurden etwa siebzig verschiedene indigene Voksstämme mit über 300.000 Menschen registriert. Jedes Volk hat seine eigene Sprache, Tradition, Kultur und Lebensphilosophie. Diese Vielfalt an Sprachen und Traditionen geht zurück auf die von den spanischen Eroberern geschaffene politische

Ordnung. Die Konquistadoren siedelten sich in größeren Ortschaften oder Städten entlang der Küste an und hielten ihre afrikanischen Sklaven von der indigenen Bevölkerung getrennt. Die Indígenas lebten vor allem im Hinterland und im Amazonasgebiet. Aufgrund dieser geografischen Trennung entwickelten sich Kreolen, Afrikaner und die indigenen Volksgruppen unabhängig voneinander, ohne eine gemeinsame Identität auszubilden.

Obwohl 1821 mit der Ausrufung der Republik Peru die Gleichheit aller Bürger proklamiert wurde, bestand die aus der Kolonialzeit übernommene soziale und wirtschaftliche Hierarchie weiter fort. So sah zum Beispiel die Verfassung bis 1979 kein Wahlrecht für Analphabeten vor. Dies hatte zur Folge, dass nahezu die gesamte indigene Bevölkerung von den Wahlen und somit von der politischen Mitsprache ausgeschlossen war. Zahlreiche Menschen vor allem in abgelegenen Regionen sind nach wie vor nicht in der Lage, ihre vollständigen Bürgerrechte wahrzunehmen, da sie weder über eine Geburtsurkunde noch über einen Personalausweis verfügen und keinen oder nur eingeschränkten Zugang zu Bildung und Information haben.

Die Marginalisierung der einheimischen Völker formte ihre ethnische Identität und bildete die Grundlage für die Entstehung indigener Bewegungen. 1980 wurde die indigene Vereinigung zur Entwicklung im peruanischen Regenwald (AIDESEP) gegründet, in der 53 regionale und lokale Organisationen des Amazonasgebiets zusammengeschlossen sind. Eine weitere wichtige staatliche Institution wurde im Dezember 2004 gegründet, das Nationale Institut für indigene Völker in Peru (INDEPA), dem seit 2010 mit Mayta Cápac Alatrista Herrera erstmals ein Mitglied des Volksstamms der Apu vorsitzt.

Im Gegensatz zu anderen südamerikanischen Ländern gibt es in Peru seit einer Agrarreform im Jahr 1969 weder in den Anden noch im Amazonasgebiet privaten Großgrundbesitz. Das Land verfügt jedoch über viel Gold, Silber, Erdöl und andere Bodenschätze, deren Förderung zahlreiche ausländische Unternehmen angezogen hat. Die Erdölvorkommen befinden sich zum Großteil im peruanischen Amazonasgebiet, wo zahlreiche indigene Stämme leben, von denen einige bis heute vermutlich noch keinen Kontakt zur Außenwelt hatten. Die indigenen Völker kämpfen um den Erhalt ihrer kulturellen Identität, aber vor allem um den Schutz ihrer

Territorien. Sie fordern mehr Recht auf Selbstbestimmung im Rahmen des peruanischen und des internationalen Rechts sowie ein politisches Mitspracherecht, um über den Ressourcenabbau mitbestimmen zu können.

Im Juni 2009 eskalierte in der Provinz Bagua – rund tausend Kilometer nördlich der Hauptstadt Lima – ein seit Monaten andauernder Protest indigener Gruppen. Diese demonstrierten gegen die Enteignung und Nutzung eines Gebiets, das die Regierung per Dekret an internationale Konzerne für den Abbau von Erdöl freigegeben hatte. Sie kritisierten, dass der Staat nicht mit ihnen zuvor über die Verträge gesprochen habe, obwohl Peru bereits 1994 die Übereinkunft der Internationalen Organisation für Arbeit ratifiziert hatte. Die Regierung hätte die Meinung der Ureinwohner berücksichtigen müssen. Bei den Auseinandersetzungen kamen über dreißig Menschen ums Leben. Knapp ein Jahr nach der blutigen Eskalation verabschiedete die Regierung im Mai 2010 ein Gesetz, das staatliche Stellen dazu zwingt, bei Gesetzesvorhaben und Projekten vorab zu untersuchen, ob die geplanten Maßnahmen die kollektiven Rechte von indigenen Völkern betreffen – ein erster bedeutender Schritt für die indigenen Völker Perus, die damit nach mehr als 500 Jahren erstmals wieder über das Gebiet ihrer Vorfahren mitbestimmen können.

## Paraguay: Eine süße Sprache, in der sich gut schimpft

Man sagt, es waren 400 Spanier, die die Stadt Asunción gründeten. Anno 1537. Vielleicht waren es ein paar mehr, vielleicht ein paar weniger. Es ist unwichtig im Vergleich zum verschwindend geringen Prozentsatz an Frauen, die dabei waren. Zwei Prozent sollen es gewesen sein, um die acht Spanierinnen. Sie kamen jedoch entweder verheiratet oder verlobt. Die Zahl der Junggesellen, die sich am Ufer des Flusses Paraguay niederließen, war dementsprechend groß. Völlig verständlich also, dass die Männer ihren Blick auf die eingeborenen Frauen der Gegend richteten.

Bis zu sechzig Guaraní-Frauen sollen manche Spanier »besessen« haben. Sehr wahrscheinlich ist das eine Übertreibung. Aber wenn auch nur ein Zehntel davon der Realität entspricht – viel war auch das. Im Jahr 1545 lebten bereits 500 schulpflichtige Kinder in Asunción, fast nur Mestizen. Paraguay ist ein Sonderfall. In keinem anderen Land Südamerikas haben sich Eroberer und Urbevölkerung von Anfang an so sehr vermischt wie in Paraguay. Die Durchmischung wurde so sehr befürwortet, dass Anfang des 19. Jahrhunderts, kurz nach der Unabhängigkeit Paraguays von Spanien, ein Gesetz zur Bildung einer »Einheitsrasse« erlassen wurde: Weißen Siedlern war es verboten, eine weiße Frau zu ehelichen, sie mussten sich mit einer Guaraní verheiraten. Heute sind von den rund 6,5 Millionen Einwohnern des Landes über neunzig Prozent Mestizen. »Echte« Guaraní findet man nur noch wenige.

Die Mütter wurden zwar christianisiert, aber sie vermittelten ihren Kindern vor allem die indigene Kultur. Sie erzählten ihnen Fabeln und Legenden, sangen ihnen Lieder vor und brachten ihnen die Sprache Guaraní bei. Einen wesentlichen Beitrag für den Erhalt der Guaraní-Kultur leisteten die Jesuiten. Zwischen 1604 und 1767 errichteten die Patres zahlreiche Siedlungen, Reduktionen genannt. Dort lebten zum Teil bis zu tausend Guaraní und verrichteten handwerkliche Arbeiten. Die Jesuiten schützten die Urbevölkerung vor den blutrünstigen Sklaventreibern und Goldsuchern. Sie hielten die Sprache Guaraní schriftlich fest, schrieben die Grammatik nieder und legten Wörterbücher an.

In Paraguay leben derzeit rund 100.000 Indigene, sie machen lediglich zwei Prozent der Bevölkerung aus. Die Guaraní gelten dabei als das größte Urvolk. Weitere indigene Gruppen sind die Enlhet, die Lengua-Indianer, die Nivaklé, die Enxet und die Guaná, um nur einige zu nennen. Die Verfassung räumte 1992 den indigenen Völkern weitreichende Rechte ein und erhob Guaraní zur zweiten Amtssprache. Das staatliche Indigene Institut INDI ist zuständig für die Anliegen der zwanzig ethnischen Gruppen im Land.

Heute sprechen in Paraguay mehr Menschen Guaraní als Spanisch. Rund neunzig Prozent reden oder verstehen die »süße Sprache«, wie sie genannt wird. Diese indigene Sprache zu sprechen, bedeutet nicht wie in anderen südamerikanischen Ländern einen Prestigeverlust – im Gegenteil. Wenn ein Politiker in ländlichen Regionen verstanden werden will, zieht er normalerweise das Guaraní vor. Und wenn er beschimpft werden soll, dann vorzugsweise ebenfalls auf Guaraní. Denn es verletzt viel tiefer, sagen die Bewohner.

## Brasilien: Der Kampf der Kayapó-Indianer gegen das Wasser

Sie werden nicht aufgeben. Seit über zehn Jahren kämpfen achtzehn indigene Völker unermüdlich für den Erhalt ihres Lebensraums, den ihnen der 2.000 Kilometer lange Amazonas-Nebenfluss Rio Xingú bietet. Doch jetzt will die Regierung den Fluss mehrfach aufstauen, um in Belo Monte im Bundesstaat Pará den Bau des drittgrößten Staudamms der Welt zu ermöglichen. Die Kayapó-Indianer, die am Ufer des Flusses leben, sind erzürnt über diesen neuen Versuch der Regierung, den Staudamm nun doch zu bauen. Bereits Ende der 1980er-Jahre gelang es den Kayapó-Indianern aufgrund zahlreicher Proteste und der Unterstützung unter anderem der Weltbank, die einen hohen Kredit zurückzog, das Projekt zu verhindern. Doch mittlerweile boomt Brasiliens Wirtschaft und das Land ist nicht mehr auf internationale Geldgeber angewiesen.

Etwa 20.000 Menschen müssen umgesiedelt werden – wohin, ist nicht geklärt. Rund 500 Quadratkilometer Regenwald und landwirtschaftliche Nutzflächen müssen überflutet werden, rund hundert Kilometer des Rio Xingú werden zum Rinnsal; nur so kann das Kraftwerk wie geplant entstehen. Einbezogen in die Planungsphasen wurden die indigenen Volksstämme nicht, obwohl die brasilianische Verfassung ihnen ein Mitentscheidungsrecht bei Projekten, die ihr Leben direkt betreffen, einräumt.

Der Staudamm ist Teil eines ambitionierten Programms mit dem Ziel, erneuerbare Energien zu fördern und Emissionen zu reduzieren. Bis 2020 will Brasilien seinen Kohlendioxidausstoß um 38 Prozent verringern. Das rund fünfzehn Milliarden Euro teure Projekt soll ab 2015 sechs Prozent des landesweiten Strombedarfs decken – sollten Gerichte den Bau nicht doch noch stoppen.

Doch der Bau von Staudämmen ist nicht die einzige Bedrohung für die indigene Bevölkerung Brasiliens. Die Rechte zur Nutzung der Rohstoffe des Amazonasgebiets wie zum Beispiel von Tropenholz, Gold, Erdöl und

Uran führen immer wieder zu Auseinandersetzungen zwischen den Ureinwohnern und der Regierung. Diese hat bisher nur wenig Interesse für die Anliegen der vielen Ethnien des Landes gezeigt, die weniger als ein Prozent der Gesamtbevölkerung ausmachen. Die brasilianische Verfassung von 1988 spricht den indigenen Völkern das ursprüngliche Recht auf das traditionell von ihnen besiedelte Land zu. Sie erkennt 325 Territorien rechtlich als indigene Gebiete an. Die Ureinwohner behaupten jedoch, es gebe insgesamt über 800 solcher Gebiete.

In Brasilien hat nur eine relativ geringe Zahl indigener Völker überlebt. Waren es Schätzungen zufolge vor der portugiesischen Eroberung rund 2.000, so sind es heute nur noch 235. Dennoch ist Brasilien das Land in Südamerika mit der größten Anzahl an verschiedenen Stämmen. Vor der Ankunft der Europäer lebten in Brasilien rund fünf Millionen Ureinwohner, heute bezeichnen sich nur noch rund 734.000 als Indigene.

Im Vergleich zu Bolivien, Peru oder Ecuador erkennt die Verfassung Brasiliens die Pluriethnizität nicht an. Sie garantiert jedoch allen Bürgern, dass sie ihre Sitten und Bräuche ausüben können, und schreibt vor, dass die indigene Kultur verteidigt werden muss. Angehörige indigener Völker haben das Recht auf Schulunterricht auch in ihrer eigenen Sprache. Allerdings ist allein Portugiesisch offizielle Landessprache.

Die Rechte der indigenen Völker zu vertreten, haben sich in Brasilien verschiedene Institutionen zur Aufgabe gemacht. Die älteste von ihnen ist die *Fundação Nacional do Índio* (FUNAI) – Nationale Stiftung für Indios. Sie ist heute die staatliche Organisation zum Schutz der Ureinwohner. Gegründet hat sie 1910 der brasilianische Ingenieur und Militär Cândido Rondon, dessen Mutter vom Volk der Terena abstammte. Er hatte die Vision, einen Nationalpark zum Schutz der indigenen Völker zu errichten. Drei Jahre nach seinem Tod wurde diese Vision Wirklichkeit. 1961 entstand entlang des Rio Xingú der Xingú-Nationalpark, das erste offizielle Schutzgebiet für die Ureinwohner Brasiliens. Hier leben unter anderem die Kayapó-Indianer, die nicht aufhören, für ihren Lebensraum und gegen den Belo-Monte-Staudamm zu kämpfen.

# Kolumbien: Bienvenido a Macondo

Eine Fahrt in das kolumbianische Städtchen Aracataca – auch bekannt unter dem Namen Macondo, Schauplatz des Romans »Hundert Jahre Einsamkeit« von Gabriel García Márquez – ist wie eine Reise nach Afrika. Am Straßenrand drängelt sich der Obstverkäufer an einer Schwarzen mit ihren Kindern vorbei, die von ein paar Jugendlichen auf lärmenden Motorrädern gegrüßt wird. Der abgemagerte Straßenhund springt unter den Obstwagen, als ein überfüllter Bus nur knapp an ihm vorbeirast. Kunstvoll aufgestapelt präsentiert der Obstverkäufer seine Ware. Lautstark preist er seine Mangos, Papayas, Ananas und Avocados an, die ein farbenfrohes Stillleben ergeben. Unzählige Gerüche verführen den Gaumen. Unter freiem Himmel rühren über dem offenen Feuer Frauen in großen schwarzen Töpfen.

Doch Afrika ist weit entfernt und auf einem großen Schild steht: *Bienvenido a Macondo* – Willkommen in Macondo. Der Ursprung des Wortes *Macondo* liegt in der Sprache der Bantú. Ein Großteil der Sklaven, die nach Kolumbien gebracht wurden, gehörte dieser afrikanischen Volksgruppe an.

Kolumbien hat bis heute einen bedeutenden Anteil an Afro-Kolumbianern, die sich vor allem an der Karibik- und Pazifikküste angesiedelt haben. Von dort hofften sie eines Tages wieder nach Afrika zurückzukehren. Doch das Meer versperrte ihnen die ersehnte Rückkehr. Die Nachfahren der Sklaven zählen zwar nicht zu den Ureinwohnern Südamerikas, doch seit über 500 Jahren haben sie die Sitten und Bräuche der südamerikanischen Länder maßgeblich geprägt. Kaum jemand weiß zum Beispiel, dass die rhythmischen Wurzeln des argentinischen Tangos in Afrika liegen. In Kolumbien erinnern nicht nur die Rhythmen an den afrikanischen Kontinent, auch das Essen ist stark von den kulinarischen Einflüssen Afrikas geprägt.

Gemeinsam mit achtzig anderen Indio-Gruppen kämpfen die Afro-Kolumbianer um ihre Rechte. Erstmals erkannte die kolumbianische Verfassung 1991 die Existenz dieser ethnischen Gruppen an und sicherte ihnen eine ganze Reihe von Rechten zu, unter anderem die Einberufung von autonomen Gebietsräten mit eigenständigen Regierungsfunktionen sowie die Anerkennung der indigenen Sprachen als Amtssprachen. 1996 unterzeichnete die Regierung ein Abkommen mit allen indigenen Völkern des Landes, in dem sie ihnen ausdrücklich ein Mitspracherecht bei der Gewinnung von Bodenschätzen und anderen natürlichen Ressourcen einräumte. Dieses Abkommen wird jedoch immer wieder verletzt. Der bewaffnete Kampf der Guerilla FARC, der Abbau von Rohstoffen sowie Infrastrukturprojekte, die den Lebensraum der Indios beeinträchtigen, sind die Hauptursachen dafür, dass es immer wieder zu Protesten der indigenen Bevölkerung kommt.

Anschauliches Beispiel hierfür ist der Kampf des Volksstamms der U'wa im Jahr 1997 gegen den Ölkonzern Occidental Petroleum Company (OXY). Trotz eines Urteils des Obersten Gerichtshofs, wonach die U'wa nicht wie vorgeschrieben konsultiert worden waren, entschied das Verfassungsgericht, dass die Konzessionsvergabe an OXY rechtens war. Die U'wa drohten mit einem kollektiven Selbstmord. Dennoch nahm der Konzern 2002 Probebohrungen auf und zog sich erst aus dem Gebiet zurück, als diese erfolglos blieben.

Während rund 21 Prozent der Bevölkerung Kolumbiens afrikanischstämmig sind, bilden die Ureinwohner Kolumbiens – Paéz, Guajiro, Emberá und Zenú – mit vier Prozent eine viel kleinere Minderheit. Ein Großteil dieser Völker hat sich 1982 zusammengeschlossen und die erste Nationale Indigenenorganisation (ONIC) gegründet. Sie vertritt neunzig Prozent der indigenen Bevölkerung und umfasst vierzig lokale und regionale Mitgliedsorganisationen. Die Ureinwohner des Amazonasgebiets haben sich ihrerseits 1995 in der Organisation der indigenen Völker des kolumbianischen Amazonasgebiets (OPIAC) vereint. Alle diese Organisationen kämpfen vor allem um eines – Mitspracherecht.

## Chile/Argentinien: Raubtiere, die man anketten muss

Frauendiebe, Anarchisten, ein Volk ohne Schrift und Geschichte – über die Mapuche wird vieles gesagt, heute wie gestern. 1857 war in einer chilenischen Zeitung zu lesen: »Eine Horde Raubtiere, die man dringendst anketten oder vernichten muss, im Interesse der Menschheit und für das

Wohl der Zivilisation.« Gegenwärtig wirft man den Mapuche gern vor, Terroristen zu sein. Wer nämlich in Chile als Terrorist gilt, kann für längere Zeit weggesperrt werden. Was für die sehr freiheitsliebenden Mapuche schwer zu ertragen ist.

*Mapuche*, Menschen der Erde, wie sie sich in ihrer Sprache Mapudungun nennen, sind ein Volk, das in Familienverbänden in Wäldern und Steppen lebt. Sie züchten Pferde, Schafe, Ziegen und Kühe. Unschlagbar sind sie auf dem Rücken der Pferde, mit denen sie über die Weiden galoppieren und bei Wettkämpfen Kunststücke aller Art vorführen. Die Sprache, die Geschichten und Lieder werden nur mündlich weitergegeben, die Mapuche kennen keine Schrift. Offiziell gibt es keine Anführer. Wer sich durch eine besondere Gabe hervortut, der Meister einer Kunst, kann in einer bestimmten Situation eine führende Rolle übernehmen.

In Chile leben nach Schätzungen von Nichtregierungs-Organisationen rund eine Million Mapuche, die sechs Prozent der Bevölkerung ausmachen. Die Mapuche selbst geben ihre Zahl mit 1,5 Millionen an. Rund sechzig Prozent haben ihr natürliches Umfeld verlassen und sich in Städten wie Santiago de Chile und deren Peripherien angesiedelt – angestellt etwa als Hausmädchen oder Bauarbeiter. Die wenigen, die ihren Sitten und Bräuchen im Süden des Landes noch folgen, müssen als Kleinbauern ums Überleben kämpfen. Seit eh und je werden sie von ihren Ländern vertrieben und enteignet. Den Eindringlingen – erst den Spaniern, dann dem chilenischen Staat – haben sie es aber nie einfach gemacht.

Wenn die Spanier auf ihren Eroberungszügen in Südamerika auf heftigen Widerstand stießen, so im heutigen Chile. Im 16. und 17. Jahrhundert lieferten die Mapuche den Spaniern immer wieder blutige Schlachten. Die Indianer schafften es, den Kampfeswillen der Eindringlinge zu brechen und als einziges südamerikanisches Urvolk ein Abkommen mit der spanischen Krone zu erzwingen: Den Mapuche wurden 1641 Autonomie und das Gebiet unterhalb des Flusses Bío Bío südlich von Santiago de Chile zugesprochen. Nach der Gründung Chiles im Jahr 1810 drehte sich der Wind wieder. Das Abkommen interessierte die junge Regierung nicht mehr, sie besetzte ab der zweiten Hälfte des 19. Jahrhunderts die Territorien der Mapuche und erklärte sie zu Staatseigentum. Die beschlagnahmten Länder wurden vorzüglich an europäische Immigranten verteilt, die Mapuche an den Rand gedrängt.

Heute verdrängen Forstwirtschaften, Bergwerke und Erdölkonzerne die Urbevölkerung. Die wichtigste Mapuche-Organisation *Consejo Todas las Tierras* fordert ihre Länder und politisch-territoriale Autonomie zurück. Dasselbe reklamiert die radikale *Coordinadora de Comunidades en Conflicto de Arauco-Malleco*, die für ihre Ziele auch auf Konfrontation mit dem Staat setzt. In den letzten Jahren kam es zwischen Mapuche und Polizei sowie Sicherheitsleuten von Großgrundbesitzern zu gewaltsamen Auseinandersetzungen. Vermummte Mapuche-Anhänger besetzten Ländereien oder legten Feuer. Die Regierung stellte die Verhafteten unter Anwendung des Antiterrorgesetzes vor Gericht. Menschenrechtsorganisationen und die Vereinten Nationen verurteilen die Anwendung dieses Gesetzes scharf. Es stammt aus Zeiten der Pinochet-Diktatur und ermöglicht es, Angeklagte nicht nur von zivilen, sondern auch von Militärgerichten zu verurteilen. Eine lange Untersuchungshaft und unverhältnismäßig hohe Strafen können die Folge sein. 2010 traten 34 Mapuche-Häftlinge in einen dreimonatigen Hungerstreik, der wegen ihres kritischen Gesundheitszustands weltweit Schlagzeilen machte. Sie beendeten ihn nach einigen Zugeständnissen der Regierung, die unter anderem versprach, das Antiterrorgesetz zu überarbeiten.

Chile erkennt nach dem Gesetz *Ley Indígena* seit 1993 acht ethnische Minderheiten an. Dazu gehören neben den Mapuche die Yámana, Kolla, Quechua, Atacameños, Rapa Nui, Aymara und Alacalufe. Das Gesetz schrieb zudem die Gründung der staatlichen Indígena-Behörde *Corporación Nacional de Desarrollo Indígena* (CONADI) vor. Unter ihrer Leitung wurden bereits verschiedene Ländereien erworben und den indigenen Völkern zurückgegeben. Die Indígena-Politik weist dennoch Lücken auf, so unterschrieb Chile zum Beispiel die ILO-Konvention erst 2008.

So viel zu *Ngulu Mapu*, in der Mapuche-Sprache heißt dies »Land des Westens«. Das weite Mapuche-Reich, *Wallmapu*, erstreckt sich jedoch über die Anden und umfasst auch Argentinien: *Puel Mapu*, das Land im Osten, weiß eine ähnliche Geschichte zu erzählen.

Ende des 19. Jahrhunderts massakrierte und unterwarf die Armee des Generals Julio Argentino Roca die indigene Bevölkerung in Argentinien. Rocas Vernichtungskrieg reichte bis nach Patagonien. Die eroberten Länder wurden an Großgrundbesitzer und Militärs verteilt. Vor allem in den Provinzen Neuquén, Río Negro und Chubut kämpfen die Mapuche bis heute für eine Rückgabe ihrer Ländereien und gegen ein Vorrücken der großen Unternehmen wie Erdöl- und Minenkonzerne.

Bis in die 1980er-Jahre gab es in Argentinien offiziell keine Indígenas, nicht einmal in den Statistiken. Erst 1994 wurden die Urvölker in der Verfassung anerkannt und ihre Rechte festgeschrieben. Mittlerweile gibt es auf staatlicher Ebene das Nationale Institut für indigene Angelegenheiten (INAI). Die Ureinwohner haben sich in Organisationen wie der *Asociación de Indígenas de la República Argentina* (AIRA) zusammengeschlossen, um ihre Rechte zu verteidigen.

In Argentinien bezeichnen sich rund 600.000 Personen als indigen, davon sind um die 110.000 Mapuche. Insgesamt gibt es 32 Urvölker. Besonders groß ist ihr Anteil im Norden und Nordwesten des Landes, wo unter anderem Wichi, Toba, Chiriguano und Kolla leben. Sie widmen sich der Jagd, dem Fischfang und dem Ackerbau.

Die Indígenas werden in Argentinien mehr als in anderen Ländern Südamerikas übersehen und an den Rand der Gesellschaft gedrängt. So empfanden es die Mapuche als eine besondere Ehre, als im Jahr 2007 Papst Benedikt XVI. einen aus ihrem Volk selig sprach. Nachdem ein junges Mädchen zu Ceferino Namuncurá gebetet hatte, wurde es vom Krebs geheilt – ein Wunder. Ceferino war der Sohn des »Herrn der Pampa«, eines berühmten Indianer-Häuptlings. Auf Anraten katholischer Geistlicher hatte das Mapuche-Oberhaupt Ende des 19. Jahrhunderts den jahrelangen Krieg gegen den argentinischen Staat beendet, worauf die Mönche seinen Sohn Ceferino tauften. Als dieser an Tuberkulose erkrankte, brachten sie ihn Anfang des 20. Jahrhunderts nach Rom, wo er zum Priester ausgebildet wurde. Ceferino verstarb jedoch mit achtzehn Jahren an der Infektionskrankheit und seine Überreste wurden 1924 nach Argentinien zurückgeführt. Die Zeitungen in Rom berichteten mit Trauer über den Tod Ceferinos, den sie bewundernd den »Prinzen der Pampa« nannten.

## Uruguay: Die wilden Charrúa

Wer nach Indígenas in Uruguay fragt, bekommt meist zur Antwort: »Da gibt es keine.« Einmal habe es sie gegeben, sie seien aber alle umgebracht worden. Selbst die Einwohner Uruguays pflegten das über Jahre zu sagen – nicht ohne Stolz.

Bevor die Spanier in dem kleinen Land am Río de la Plata vor Anker gingen, lebten dort verschiedene Urvölker, zum Beispiel die Guaraní und die Charrúa. Die Guaraní passten sich den Spaniern schnell an. Die Charrúa hingegen, bekannt als mutige Kämpfer und verschrien als Antichristen und Wilde, setzten sich unerbittlich gegen die Landenteignungen und Vertreibungen durch die Spanier zur Wehr. Nach drei Jahrhunderten nahm das Dasein der Charrúa ein tragisches und abruptes Ende. Das 1825 unabhängig gewordene Uruguay ging systematisch gegen das rebellische Urvolk vor. Beim größten Massaker, dem von Salsipuedes 1831, wurden die Ureinwohner mit dem Versprechen von Verhandlungen in eine Falle gelockt. Beinahe alle Charrúa wurden niedergemetzelt, einige als Zirkusattraktion nach Frankreich verschifft.

Jahrelang tauchte die Urbevölkerung in Statistiken lediglich unter »nicht existent« oder »unbedeutend kleiner Anteil« auf. Sogar die Indígenas selbst verleugneten sich. Erst ein Aufruf der Regierung Ende der 1980er-Jahre zur Feststellung, wie viele Menschen sich als indigen verstanden, brachte den Stein ins Rollen. 1989 gründeten Charrúa-Abkömmlinge die »Vereinigung der Nachfahren der Nation Charrúa«. 2006 bezeichneten sich 4,5 Prozent der Bevölkerung als indigen. Seit 2010 wird jährlich der »Tag des Widerstands der Nation Charrúa und der indigenen Identität« zum Gedenken an die Salsipuedes-Schlacht begangen.

Wenn die Uruguayer ihrer Urbevölkerung auch distanziert gegenüberstehen, eine gewisse Zuneigung oder zumindest Hochachtung für ihren unbändigen Kampfeswillen ist sehr wohl erkennbar: Ihre nationale Fußballmannschaft nennen sie liebevoll »Los Charrúas«.

## Venezuela: Die Asche des Onkels verspeisen

Die Yanomami-Indianer mögen es überhaupt nicht, wenn man sie öffentlich bei ihrem Namen nennt. Das gilt als Beleidigung. Deswegen werden im Alltag Verwandtschaftsbezeichnungen verwendet, etwa »Schwager, komm mal!« oder »Meine Schwester, kochst du?«. Vorsicht ist geboten:

Wenn die mit der Natur in friedlichem Einklang lebenden Yanomami sich bedroht oder beleidigt fühlen, können sie auch sehr aggressiv werden. Und der europäische Eindringling landet im Kochtopf. Das ist ein Mythos. Zwar verzehren die kriegerischen Yanomami in Venezuela tatsächlich menschliche Überreste, aber in Form eines rituellen Kannibalismus. Bei Begräbnissen verspeisen sie die Asche der Knochen ihrer verstorbenen Verwandten mit Bananensuppe oder mit der Palmenfrucht Pijuayo, weil sie glauben, dass in den Knochen die Lebensenergie der Familienangehörigen weiterlebt. Ansonsten ziehen die Dschungelindianer als Nahrung Maniok, Affen, Gürteltiere und Frösche der Menschenasche vor. Heute gibt es im Süden des Landes in einem Nationalpark im Amazonasgebiet noch knapp über 12.000 Yanomami.

Insgesamt leben in Venezuela rund 500.000 Ureinwohner, die sich auf 35 Ethnien verteilen, darunter etwa die Guajibo, Yaruro, Bari, Yupka und Pemón. Viele der indigenen Völker sind heute in schwer zugänglichen Gebieten im Süden des Landes angesiedelt und haben wenig Kontakt mit der Außenwelt. So konnten sie auch zum Teil ihre Kultur und Sprache sowie ihre Rituale bewahren. Die venezolanische Verfassung von 1999 sichert der indigenen Bevölkerung umfassende Rechte zu. Seither gehören stets drei indigene Abgeordnete der Nationalversammlung an.

# ROHSTOFFE: FLUCH ODER SEGEN?

# Grüne Wüsten, trockene Brunnen

Pfeilgerade ragen die dünnen Stämme der Eukalyptusbäume in den Himmel. Wie Zinnsoldaten eng aneinandergereiht bedecken sie eine nicht unbedeutende Fläche auf der weitläufigen Ebene. Es ist kein ungewöhnliches Bild in Uruguay, mittlerweile gehören die dunkelgrünen Wälder zur Landschaft wie die Wiesen und Felder. Ein Bauer erzählt, egal in welche Richtung er gehe, wenn er seinen Hof verlässt, stößt er immer auf eine Eukalyptusplantage. Er ist umzingelt.

Vor über 25 Jahren wuchsen in Uruguay nur natürliche Wälder, heute sind rund eine Million Hektar Land mit Eukalyptusbäumen und Kiefern bepflanzt. Auf den Überlandstraßen begegnet man regelmäßig Lastwagen voll beladen mit Holzstämmen, die in Richtung Hafen oder Zellulosefabrik unterwegs sind. Holz ist in den letzten Jahrzehnten im kleinen Uruguay zu einem großen Geschäft geworden.

Da sei nichts mehr zu machen, sagt ein anderer Bauer und hebt hilflos die Schultern. Er steht auf seinem Gut im Gebiet Paraje Pence im Westen Uruguays und lehnt sich über seinen ausgetrockneten Brunnen. Früher habe es in der Gegend Wasser für alle Bewohner gegeben, nun, seit Eukalyptusbäume in der Umgebung wachsen, müsse alle zwei Wochen Wasser mit Lastwagen angeliefert werden. Die Wassertanks bezahlt die Regierung.

Viele der Nachbarn sind bereits weggezogen, in die Städte. Es sind zum Teil Familien, die ihr ganzes Leben lang in Paraje Pence gelebt und gewirtschaftet haben. Heute wird das Gebiet von drei großen Monokulturen umringt. Andere hingegen profitieren von den Baumplantagen und erleben einen wirtschaftlichen Aufschwung. Nationale und internationale Großunternehmen vermarkten das Holz, aus dem beispielsweise Zellulose hergestellt wird und später Papier. Die uruguayische Regierung öffnete mit dem Forstgesetz Ende der 1980er-Jahre ausländischen Investoren aus Finnland, Schweden oder Spanien die Tür für umfangreiche Anpflanzungen. Damit wollte Uruguay Wohlstand und Wirtschaftswachstum ins Land bringen. So die Idee. Die Realität sieht anders aus, von den großen Gewinnen bleibt wenig im Land.

Es ist ein typischer Mechanismus, den man in ganz Südamerika wiederfindet: Wo es natürlichen Reichtum gibt, zum Beispiel fruchtbaren Boden, Wasser oder Mineralien, tauchen Investoren, Unternehmer, multinationale Konzerne auf. Sie schließen mit den Regierungen privilegierte Verträge, die sie oft steuerlich massiv begünstigen. Sie versprechen der Region, den Gemeinden, den Anwohnern Fortschritt, schaffen dann aber Bodenschätze und Devisen aus dem Land – und nicht selten bleiben zerstörte Landschaften zurück.

Rund ein Viertel der Produktion für den weltweiten Zellulosebedarf kam 2010 aus Südamerika. Von den rund fünfzehn Millionen Tonnen Zellulose blieben lediglich 1,2 Millionen für den Eigengebrauch auf dem Subkontinent, der Rest wurde in die Industrieländer exportiert.

In Uruguay sehen sich viele, vor allem Landwirte, mit ökologischen, finanziellen und sozialen Problemen konfrontiert. Sie nennen die Baumplantagen die »grünen Wüsten«, weil sie alles andere verdrängen: Flora, Fauna und Mensch. Der schnell heranwachsende Eukalyptus wird auch als »egoistische Pflanze« bezeichnet, da er allen anderen Lebewesen das Wasser entzieht.

»Immer wenn ein neuer Arzt in der Gegend seine Arbeit aufnimmt, versuche ich während seiner ersten Arbeitstage bei den Sprechstunden anwesend zu sein«, sagt eine Krankenschwester aus Paraje Pence. So könne sie ihm erklären, wieso einige der Patienten dreckig zum Arzttermin erscheinen oder andere nicht einmal auftauchen. »Es gibt manchmal einfach kein Wasser, um sich zu waschen, die Wasserlieferungen treffen zeitweise verspätet ein.«

Nach Angaben von Experten verbraucht ein Eukalyptusbaum ungefähr zwanzig Liter Wasser pro Tag. Jeder Hektar mit rund tausend Bäumen bedeutet einen täglichen Wasserverbrauch von 20.000 Litern. Rechnet man das auf die rund eine Million Hektar in Uruguay hoch, benötigen diese Monokulturen zwanzig Milliarden Liter pro Tag. Die Zahl ist immens, wenn man bedenkt, dass heute schon Menschen an Wasserknappheit leiden und in Zukunft gerade Wasser Grund für Kriege sein könnte.

Nicht nur in Uruguay entziehen Eukalyptusplantagen der Umgebung das Wasser. In Brasilien berichten Frauen, dass sie ihre Kleider nicht mehr in den Flüssen waschen könnten, wie sie es seit Menschengedenken getan hätten. Höchstens ein Bächlein rinne da heute noch.

Monokulturen als solches sind ein Problem. Egal ob Eukalyptus oder

Mais, Zuckerrohr oder Soja, alle Plantagen, auf denen nur eine Pflanze bestellt wird, führen zu denselben negativen Folgen: Abholzung der Wälder, Vernichtung der lokalen Wirtschaft und Kultur sowie Zerstörung der natürlichen Ökosysteme. Die Baumplantagen bieten weder Tieren noch anderen Pflanzen Lebensraum, noch verschaffen sie den Menschen Arbeitsplätze und Einkommen. Die Unternehmen, die die Monokulturen betreiben oder andere Großprojekte realisieren, sichern der lokalen Bevölkerung zwar eine Vielzahl neuer Arbeitsstellen zu. Oft sind das allerdings nur leere Versprechungen.

Ein uruguayischer Bauer vergleicht: Während die Bäume wachsen, bewacht eine einzige Person die Plantage. Auf demselben Stück Land stand früher ein landwirtschaftlicher Betrieb, auf dem mindestens fünf Personen täglich arbeiteten. Das Anpflanzen der Bäume, das Ernten und den Abtransport erledigen größtenteils Traktoren und vollautomatische Erntemaschinen.

Das transnationale Unternehmen UPM – vormals Botnia – in Fray Bentos am Río Uruguay versprach ein paar Tausend Arbeitsplätze. Die Bilanz ist enttäuschend: Seit Inbetriebnahme der riesigen Papierfabrik im Jahr 2007 sind lediglich rund 300 Personen fest angestellt, die übrige Arbeit verrichten Maschinen. UPM produziert jährlich rund eine Million Tonnen Zellulose.

Arbeiter, die Beschäftigung auf Eukalyptusplantagen gefunden haben, klagen oft über schlechte Bedingungen. Rund um die Uhr leben sie auf den Feldern in Zelten, schlafen am Boden, haben keine sanitären Anlagen, das Essen müssen sie zum Teil selbst mitbringen. Die Sicherheitsvorkehrungen, wenn sie giftige Pestizide spritzen oder Maschinen bedienen, sind fragwürdig. Da sie ihre Arbeit nicht verlieren wollen, protestieren sie beim Arbeitgeber nicht.

Die Anwohner dürfen nur mit Signalweste in die grünen Wüsten hineingehen. Zudem ist es ihnen nicht erlaubt, in den Baumplantagen zu jagen, Holz für den Heimofen zu suchen oder ihre Schafe und Rinder grasen zu lassen. Und wenn die Unternehmen den Tieren den Zutritt genehmigen, dann meistens nur, wenn die Landwirte dafür einen entsprechenden Beitrag bezahlen. Ebenso ergeht es den Imkern, die Eukalyptushonig produzieren und ihr Bienenhäuschen nahe einer Eukalyptusplantage aufstellen möchten.

Südamerika, der Rohstoffkontinent, der Garten der westlichen Welt. Gewinn, Fortschritt und Ausbeutung stehen Natur, Mensch und Erhalt der Lebensräume gegenüber. Ein *Indígena*, ein Ureinwohner, hat einmal gesagt:»Fortschritt? Dieses Wort existiert in unserer Sprache nicht, wir gebrauchen das Wort Gleichgewicht – Gleichgewicht mit uns selber, der Erde, dem Kosmos und Gott.«

## Argentinien: Wo früher Rinder weideten, wächst heute Soja

Das erste Steak in Argentinien ist für einen Fleischliebhaber wie der erste Biss in eine Schweizer Schokolade für einen Schokonarren: einfach fantastisch. Die saftige, dicke Scheibe Fleisch ist äußerst geschmackvoll und zergeht regelrecht im Mund. Einmal wird man darüber hinaus satt, denn in Argentinien wird mit der Menge nicht gespart. Bisher. Ob das noch lang so bleibt, ist ungewiss.

Wo früher in der argentinischen Pampa Rinder frei weideten, wiegen sich heute vielerorts grüne Pflanzen mit gelben Bohnen im Wind – und das über riesige Flächen. Es ist Soja. Die eiweißhaltige Hülsenfrucht erobert seit einigen Jahren die Felder des südamerikanischen Landes. Der Anteil der Sojafelder macht heute knapp 65 Prozent der gesamten landwirtschaftlichen Nutzfläche aus. Erste Äcker wurden bereits Ende der 1960er-Jahre mit Soja bepflanzt, doch erst ab 1996 wurde in Argentinien gentechnisch verändertes Soja aus den USA zugelassen. Schon bald explodierte der Anbau geradezu. Viele Landwirte sagen:»Wir müssen Soja kultivieren, ob es uns gefällt oder nicht, obwohl wir Rinderzüchter sind.«

Wieso? Die Dürre 2008 und 2009 in Argentinien war verheerend. Sie hatte nicht nur karge Ernten zur Folge, ihr fielen auch rund 850.000 Tiere zum Opfer. Auf dem Viehmarkt von Buenos Aires, *Mataderos*, kam es zu zahlreichen Notverkäufen. Der argentinische Viehbestand nimmt seit ein paar Jahren aber keineswegs nur wegen unvorteilhafter Klimabedingungen ab, die Regierung greift immer wieder in den Fleischmarkt ein. So beschränkt sie etwa den Export, damit es für die Argentinier genügend Steaks gibt, und legt bei alledem die Inlandspreise fest. Der Viehzüchter muss sein Fleisch in Argentinien zu tieferen Preisen als den internationalen verkaufen. Dies macht eine rentable Viehzucht für viele Bauern unmöglich.

Exporteinschränkungen hin oder her, lukrativer ist heutzutage ohnehin etwas anderes: Soja. Wer die gelbe Bohne anpflanzt, verdient mehr. Die internationalen Sojapreise schnellten in den vergangenen Jahren in die Höhe, sodass ein Landwirt in Argentinien mit dem Anbau von Soja deutlich mehr einnimmt als mit der Viehzucht. Allein schon deswegen, weil der Argentinier kein Soja isst und somit rund neunzig Prozent für den Export freigegeben werden. Auch die Bedingungen für den Sojaanbau sind für den Landwirt nur von Vorteil: Das Aussäen und Ernten mit den neuesten Maschinen ist unkompliziert und zeitsparend, man braucht kaum Personal, spart Löhne ein und die Schädlingsbekämpfungsmittel sind effizient. Soja ist widerstandsfähig, vermag Trockenperioden besser zu trotzen und wirft alle sechs Monate eine Ernte ab. Bei der Viehzucht hingegen dauert es drei bis vier Jahre, bis ein Tier in den Schlachthof gebracht werden kann.

In Uruguay, Paraguay, Brasilien und Bolivien vervielfachen sich die Sojafelder ebenso rasant und machen einen immer größeren Teil der Exportgüter, vor allem der Exportgewinne aus. In Ölmühlen wird die Sojaernte zu Öl verarbeitet, das vorwiegend in Lebensmitteln, aber auch für Biodiesel verwendet wird. Was von der Bohne übrig bleibt, das Sojamehl, wird als Futtermittel exportiert. Die Hühner, Schweine und Rinder in Europa, China und Indien werden mit Soja aus Südamerika gefüttert.

Des einen finanzielles Glück, des anderen Leid. Wer kein Geld für moderne Maschinen hat, kann mit der Konkurrenz kaum mithalten. Kleinbauern verlieren immer mehr Land, weil sie unter dem Strich bessere Einkünfte erwirtschaften, wenn sie ihre Felder an einen Großgrundbesitzer verpachten oder verkaufen. Zudem steigt die Zahl der Arbeitslosen: Landarbeiter, Tagelöhner sind auf den Monokulturen nicht mehr gefragt, sie werden durch Maschinen ersetzt. Und die Folgen der Herbizide, die jährlich zu Millionen Litern von Kleinflugzeugen aus auf die Sojafelder gespritzt werden, sind noch unklar. Die Ärzte stellen in der Nähe von Sojafeldern jedenfalls einen enormen Anstieg von Hautkrankheiten und Störungen der Atemwege fest. Offiziell werden die Statistiken aber nicht gestützt. Überall, wo sich Soja breit macht, fällt außerdem ein Rückgang des Waldbestandes auf. Im Norden Argentiniens etwa wurden bereits massenhaft Naturwälder abgeholzt. Was wäre aber Argentinien heute ohne Soja?

Seit den Anfängen Argentiniens sind Landwirtschaft und Viehzucht die wichtigsten Einnahmequellen des Landes. In den ersten Jahrzehnten des 20. Jahrhunderts gehörte das südamerikanische Land zu den reichsten der Welt. Seine Bewohner konnten es sich sogar leisten, mit dem Schiff nach Europa in die Ferien zu reisen. Bis nach dem Zweiten Weltkrieg war Argentinien die Kornkammer und das Steakhaus der Welt. Dann ging es allmählich bergab. Die Rohstoffpreise sanken, Staatsunternehmen wurden ins Ausland verscherbelt, eine Inflation holte die nächste ein. Der Kollaps erfolgte 2001: Das schwer verschuldete Land erklärte den Staatsbankrott. Argentinien sah sich gezwungen, die Dollarbindung aufzugeben. Der Peso verlor daraufhin drastisch an Wert.

Nach der Wirtschaftskrise konnte das Land relativ schnell wieder Fuß fassen. Einer der Gründe dafür ist zweifelsohne der Sojaanbau. Politische Analysten sprechen gar davon, dass Soja die Rettung von Argentinien war und ist. Maßgeblich waren die rapid ansteigenden internationalen Preise für Soja. Die Regierung reagierte schnell und begann 2002, die Ausfuhr von Soja zu besteuern. Seit 2008 betragen die Exportzölle beachtliche 35 Prozent. Im Jahr 2010 nahm der Staat damit rund zwanzig Milliarden Dollar ein. Ein Teil davon fließt in soziale Dienstleistungen, mit einem anderen Teil werden Schulden bezahlt.

Für die geselligen Argentinier gehören die *Asados*, das Grillen, einfach zum Leben. Bei jeder Gelegenheit legen sie Steaks, Rippchen und Innereien auf den Rost und sammeln sich drum herum zu lebhaften Gesprächen. 2005 aß jeder Argentinier siebzig Kilogramm Fleisch pro Jahr, das Land war damit auf der Fleischesserliste die Nummer eins weltweit. Die jüngsten offiziellen Zahlen aus dem Jahr 2010 zeigen, dass heute nur noch 57 Kilogramm Fleisch pro Kopf und Jahr verzehrt werden. Es reicht einfach nicht mehr aus und der Preis hat sich innerhalb eines Jahres verdoppelt. Nimmt der Rinderbestand weiter ab, muss Argentinien gar die Ausfuhr einstellen. Impoertiert der Rindfleischexporteur in wenigen Jahren etwa Fleisch?

# Brasilien: Natürliche Schatzkammer der Welt

Es gibt in Brasilien kaum einen Rohstoff, der nicht wirtschaftlich interessant wäre: Gold, alle möglichen Mineralien und Erze, Wasser, Erdöl und Erdgas. Auch der Reichtum an Tropenholz oder fruchtbarem Land lockt Investoren aus der ganzen Welt an. Und womöglich birgt Brasilien noch zahlreiche weitere wertvolle Bodenschätze, denn es sind noch längst nicht alle Rohstoffe, über die das Land verfügt, erschlossen. Erst 2007 entdeckte das größte Erdölunternehmen des Landes, Petrobras, vor der Küste im Atlantik in 6.000 Metern Tiefe gewaltige Ölfelder. Seither befindet sich Brasilien im Ölrausch. Mehr als dreißig Milliarden Fass Öl schlummern vor Brasiliens Haustür. Dieses zu erschließen, wird aufwendig und teuer werden – doch das sollte kein Problem für die seit einigen Jahren boomende Wirtschaft des Landes sein.

Brasiliens Wirtschaft blüht wie noch nie und zu verdanken ist dies der weltweiten Nachfrage nach seinen Rohstoffen und dem ansteigenden Konsum von Biokraftstoffen. Auf großen Flächen im Süden des Landes wachsen Zuckerrohr und Soja. Aus Zuckerrohr entsteht Ethanol und aus Soja Biodiesel. Während sich in Europa der Biokraftstoff nur zögerlich durchsetzt, gehört er in Brasilien seit 2002 zur Normalität. Kaum ein Auto fährt heute auf Brasiliens Straßen, das nicht ein Flex-Fuel-Auto ist, angetrieben von einem Motor, der Benzin und Ethanol in jeder beliebigen Mischung verbrennt.

Not macht erfinderisch – das muss sich vor 35 Jahren die brasilianische Regierung gesagt haben, als die Ölkrise 1975 die Welt erschütterte. Brasilien rief ein Ethanol-Programm ins Leben, welches das Land zum gegenwärtig größten Ethanol-Produzenten weltweit aufsteigen ließ.

Doch wie sieht die Kehrseite der Medaille aus? Seit einigen Jahren weisen Wissenschaftler darauf hin, dass der Durst nach umweltfreundlichen Kraftstoffen die Natur bedroht, genauer gesagt: die Regenwälder. Durch die Forcierung des Anbaus von Zuckerrohr und Sojabohnen im Süden des Landes werden die Rinderzüchter an den Rand des Amazonas gedrängt. Um Land für ihr Vieh zu gewinnen, roden sie den Urwald. Momentan wächst auf einer Fläche von rund 8.000 Quadratkilometern Zuckerrohr, das auch für den landestypischen Cachaça, den Zuckerrohrschnaps, verwendet wird.

Offiziellen Angaben zufolge könnte sich diese Fläche bis 2020 verachtfachen, mit der Konsequenz, dass über 120.000 Quadratkilometer Amazonasurwald für neue Weideflächen gerodet würden. 7.000 Pflanzenarten sind aufgrund des Zuckerrohranbaus vom Aussterben bedroht. Angesichts eines solchen Szenarios stellt sich die Frage, wie die Regierung erreichen will, dass bis 2020 die Abholzung um achtzig Prozent reduziert wird.

Wegen der Entwaldung zählt Brasilien mittlerweile zum viertgrößten $CO_2$-Erzeuger weltweit; siebzig Prozent seiner $CO_2$-Emissionen gehen auf Brandrodung und Abholzung zurück. Untersuchungen haben ergeben, dass 250 Jahre notwendig wären, um das durch die Regenwaldabholzung verursachte Kohlendioxid durch den Vorteil der Biospritnutzung auszugleichen.

Die Erfolgsgeschichte des Biosprits bringt aber noch weitere Schattenseiten mit sich: Menschenrechtsverletzungen und die Verseuchung des Grundwassers durch Pestizide. Rund eine Million Menschen beschäftigt die brasilianische Ethanol-Industrie, davon sind etwa 400.000 Zuckerrohrschneider. Im Zuge der Ausdehnung der Zuckerrohrplantagen haben zahlreiche Kleinbauern ihr Land, zum Teil unter Druck, an Großgrundbesitzer verkauft und arbeiten heute unter widrigen Umständen auf den Zuckerrohrfeldern. Auch wenn Brasiliens Gesetze die Sklaverei verbieten, so werden viele dieser Arbeiter doch wie Sklaven gehalten. Sie erhalten keinen festen Lohn, sondern werden nach der Menge geschlagenen Zuckerrohrs bezahlt. Im Bundesstaat São Paulo liegt die Zielvorgabe für die Arbeiter zwischen zwölf und fünfzehn Tonnen pro Tag. Auf diese Menge kommen sie nur, wenn sie dreißig Machetenschläge pro Minute schaffen und dies acht Stunden am Tag. Der durchschnittliche Monatslohn beträgt dann 180 Euro. Es gibt weder eine offizielle Arbeitsregistrierung noch eine angemessene Schutzausrüstung für die Zuckerrohrschneider. So gibt es immer wieder Todesfälle unter den Plantagenarbeitern. Sie sterben an Erschöpfung, bei Arbeitsunfällen oder an den Folgen ihrer Tätigkeit, zum Beispiel an Pestizidvergiftung.

Seit Jahrzehnten steht auf der politischen Agenda der Regierung eine Landreform, die ungenutztes Land für Kleinbauern freigeben soll. Doch der weltweite Ethanol-Boom führt dazu, dass das Land immer wertvoller wird und die sozialen Rechte der Kleinbauern wieder ans Ende der Prioritätenliste der brasilianischen Regierung rutschen.

Der Amazonasurwald ist die natürliche Schatzkammer Brasiliens. In keinem anderen Land der Welt wachsen so viele verschiedene Pflanzenarten wie hier – ihre Zahl wird auf 170.000 geschätzt. Rund ein Viertel der auf der Welt bekannten Arten ist hier beheimatet. Ebenso vielfältig ist die Tierwelt des Amazonasurwalds, von der bisher nur ein Bruchteil erforscht ist. Die Regierung des ehemaligen Präsidenten Inácio Lula da Silva erklärte, dass die wirtschaftliche Nutzung der Artenvielfalt zu den wichtigen Antriebsmotoren für künftiges Wachstum zähle. Vor allem bei der internationalen Pharmaindustrie hat die Pflanzenvielfalt des Amazonas großes Interesse geweckt, sie sieht hier ein Reservoir für natürliche Wirkstoffe und eine Quelle für neue Medikamente. So stammt zum Beispiel die Pflanze *Jarobandí* aus dem Amazonasgebiet. Die Tupi-Indianer setzen ihre Blätter gegen Asthmabeschwerden ein. Forschern ist es gelungen, aus diesen den Wirkstoff Pilocarpin zu isolieren, der den Grünen Star bekämpft. Um diese Entdeckung zu schützen, hat die brasilianische Regierung den Export der *Jaborandí*-Blätter verboten und sichergestellt, dass die Augentropfen im eigenen Land hergestellt werden und der Gewinn nicht ins Ausland abfließt. Das Interesse internationaler Ethnobotaniker, die Heilkräfte der Regenwaldpflanzen systematisch zu studieren, um sie der modernen Medizin zugänglich zu machen, wächst. Keiner kann sie in diese Geheimnisse besser einweihen als die Medizinmänner und Schamanen der Indianer. Doch zu oft haben diese erlebt, wie ausländische Forscher ihr Wissen mitnahmen und sie nicht in die gewinnbringenden Projekte einbezogen. So zum Beispiel in den 1950er-Jahren, als die amerikanische Firma Eli Lilly – heute einer der weltweit führenden Pharmakonzerne – die Präparate Vinblastin und Vincristin aus einer Pflanze des Amazonasgebiets entwickelte. Beide Medikamente wurden in der Schulmedizin gegen Hodenkrebs und Kinderleukämie eingesetzt. Eli Lilly war mit dieser Entdeckung auf eine Goldmine gestoßen, während Brasilien leer ausging.

Welche wirtschaftliche Bedeutung die Flora für Brasilien hat, erlebte das Land Anfang des 20. Jahrhunderts. Lange Zeit verfügte es über ein Kautschukmonopol. Dieses verlor es jedoch abrupt, als der britische Abenteurer Henry Wickham Kautschuksamen aus dem Land schmuggelte. Kurze Zeit später entstanden in Malaysia und Ceylon Kautschukplantagen. Manaus – eine der einst reichsten Städte der Welt, die auch »Paris des tropischen Regenwalds« genannt wurde verlor seine Monopolstellung als Kautschuk-Hauptstadt und erlitt einen wirtschaftlichen Zusammenbruch. Auf dem Wege der Biopiraterie gelangte auch die Kaffeepflanze nach Brasilien. Einst wurde sie im benachbarten Französisch-Guyana angebaut und der Export der Pflanze und ihrer Samen war strengstens verboten. Heute ist Kaffee eines der Exportgüter Brasiliens.

Mittlerweile sind die genetischen und biologischen Ressourcen des Landes gesetzlich geschützt. Geforscht werden darf, aber die Erkenntnisse können nicht ohne Bewilligung der Indianer genutzt werden. Grundlage der brasilianischen Gesetzgebung gegen Biopiraterie ist die 1992 auf dem UN-Umweltgipfel in Rio de Janeiro verabschiedete »Konvention zum Schutz der Artenvielfalt«. Demnach sind Pflanzen, Tiere und Rohstoffe nicht als Erbe der Menschheit anzusehen, sondern als nationales Eigentum. Dies bedeutet, dass Landbesitzer – Staat oder Private – an den Gewinnen aus der kommerziellen Nutzung der Artenvielfalt beteiligt werden müssen. Die Pharmakonzerne haben nur dann Zugang zur Fauna und Flora, wenn der Landbesitzer weiß, auf welches Geschäft er sich einlässt. Die brasilianische Zulassungsbehörde stützt sich zwar auf diese Grundsätze, doch bisher sind die wichtigsten Leitlinien der Konvention noch nicht nationales Gesetz geworden.

## Ecuador: Exkremente des Teufels

Der *Jipi-Japa* war viele Jahre lang eines der erfolgreichsten Exportprodukte Ecuadors. Ihn trugen Persönlichkeiten wie Napoleon III., Theodore Roosevelt, Ernest Hemingway und Mustafa Kemal Atatürk. Der *Jipi-Japa* ist der wohl bekannteste Strohhut der Welt – der Panama-Hut.

Erfunden und hergestellt wurde er in Ecuador, doch die Welt eroberte er über Panama, die Haupthandelsniederlassung für südamerikanische Waren im 19. und frühen 20. Jahrhundert. Tüchtige Geschäftsmänner waren wohl der Ansicht, ein Panama-Hut lasse sich besser vermarkten als ein Ecuador-Hut.

Bis 1860 waren der Panama-Hut und die Chinarinde, die zu Heilzwecken genutzt wurde, die wichtigsten Exportgüter Ecuadors. Bald darauf dominierte der Kakao über sechzig Jahre lang den Markt. Doch zu weltweitem Ruhm gelangte Ecuador durch seine Bananen. Innerhalb kürzester Zeit entwickelt sich das Land in den 1960er-Jahren zum weltweit größten Bananenexporteur – eine Position, die ihm bis heute keiner streitig macht.

Zu großem Wohlstand hoffte Ecuador jedoch dank der »Exkremente des Teufels« zu kommen, wie einige Indios das Erdöl bezeichnen. Seit den 1960er-Jahren blüht das Geschäft mit dem schwarzen Gold aus dem grünen Regenwald. Ecuador ist der fünftgrößte Erdölproduzent Lateinamerikas. Der Erdölsektor macht rund ein Fünftel der gesamten Wirtschaft des Landes aus und über neunzig Prozent der Auslandsinvestitionen fließen in diesen Sektor. Die rasch steigenden Erdöleinnahmen waren der Motor eines imposanten Wirtschaftsbooms, von dem die einheimische Bevölkerung jedoch nur wenig profitierte.

Die Proteste gegen die Erdölförderung in Ecuador haben deutlich zugenommen. So haben 30.000 Einwohner, unter ihnen Indios aus fünf Ethnien, offiziell Klage gegen das US-Unternehmen Texaco erhoben. Texaco ist heute Teil der Chevron Corporation und hat von 1964 bis 1990 in Ecuador Erdöl gefördert. Die Kläger werfen dem Konzern vor, Böden und Wasser verseucht zu haben. Die Umwelt- und Gesundheitsgefahren sind bis heute für Mensch, Tier und Pflanzen nicht gebannt. In den rund achtzig betroffenen Dörfern mehren sich die Fälle von Krebs, Hautkrankheiten und Fehlgeburten. Untersuchungen zufolge haben Texaco und Chevron siebzig Milliarden Liter giftiges Abwasser in ungesicherte Abfallgruben, Flüsse und Böden eingeleitet. Darüber hinaus sickerten 65 Millionen Liter Rohöl ins Erdreich ein. Obwohl Chevron darauf beharrt, die Schäden beseitigt zu haben, gibt es bis heute 627 offene Abfallgruben. Die Verseuchung gilt als »Tschernobyl des Regenwalds«. Mittlerweile hat das Unternehmen das Land verlassen und wartet den Ausgang des Verfahrens ab. Dabei könnte das ecuadorianische Gericht Chevron zu einer Schadenersatzzahlung zwischen sechs und sechzehn Milliarden Dollar verurteilen.

Um das herkömmliche Geschäft mit der Erdölförderung etwas einzubremsen, hat die Regierung einen Plan vorgelegt, die größten Erdölreserven des Landes im Gebiet Ishpingo-Tambococha-Tiputini (ITT) im Nationalpark Yasuní nicht auszubeuten. Der Nationalpark im Nordosten Ecuadors liegt im Einzugsgebiet des Amazonasbeckens und birgt ein Fünftel der Ölvorkommen Ecuadors. Nach Schätzungen von Umweltorganisationen leben hier mehr Tier- und Pflanzenarten als in irgendeinem anderen Gebiet vergleichbarer Größe. Viele der Arten sind vom Aussterben bedroht. Doch der Verzicht hat auch seinen Preis: Ecuadors Präsident Rafael Correa hat der internationalen Staatengemeinschaft vorgeschlagen, von der Förderung der Bodenschätze unter dem Nationalpark abzusehen, wenn sie ihm über einen Zeitraum von zwanzig Jahren die Hälfte der dadurch entgangenen Einnahmen ersetzt – die Rede ist von 5,2 Milliarden Euro.

Die deutsche Bundesregierung erklärte sich im Juli 2009 bereit, 75 Millionen Dollar jährlich zu zahlen, machte im November 2010 allerdings wieder einen Rückzieher. Auch aus der Schweiz, aus Spanien, Belgien, Großbritannien und Schweden gab es ein positives Echo. Mit dem Geld würden dann etwa Naturschutzgebiete erhalten, gerodete Wälder wieder aufgeforstet sowie Energiesparprogramme und Sozialprojekte lanciert. Die internationale Staatengemeinschaft ist sich einig darüber, dass die Erhaltung dieses Randgebiets des Amazonasbeckens für das globale Klima sowie für die Rechte der indigenen Bevölkerung und die Erhaltung der einzigartigen Artenvielfalt eine bedeutende Rolle spielt. In Ecuador wird derzeit jedoch wieder heftig um das Projekt gerungen. Präsident Correa kritisiert vor allem, dass die Entschädigungszahlungen nicht von Ecuador, sondern von einem Treuhandfonds unter dem Dach des UN-Entwicklungsprogramms verwaltet werden sollen. Dort hätten die Geldgeber die Mehrheit und könnten so bestimmen, wo investiert wird. Correa hat deutlich gemacht, dass er nicht zögern würde, mit der Erdölförderung zu beginnen, sollte sich die internationale Staatengemeinschaft nicht auf die Zahlung der 5,2 Milliarden Euro einigen können.

## Bolivien: Wird ein armes Land reich?

Blauer Himmel, einsame ockerfarbene Ebenen, auf denen Lamas weiden, dazwischen ragen schneebedeckte Gipfel empor. Das ist der Altiplano, die karge Hochebene in den Anden, die sich nicht nur durch Bolivien, sondern auch durch Peru, Chile und Argentinien zieht. Auf dieser Hochebene liegt zwischen Peru und Bolivien der bekannte Titicacasee, der höchstgelegene schiffbare See der Welt.

Im Süden Boliviens findet sich auf dem Altiplano eine weitere Naturpracht: der Salar de Uyuni, der Salzsee von Uyuni. Über Kilometer hinweg breitet sich die weiße, kristalline Kruste aus, über die der Wind unablässig streicht. Man wähnt sich auf einem anderen Planeten. Das Licht ist so grell, dass man die Augen mit einer Sonnenbrille schützen muss. Hier und dort türmen sich nebeneinander weiße Häufchen, aus denen Salz gewonnen wird. Der Salar de Uyuni auf 3.700 Metern ist eine der Touristenattraktionen schlechthin, für Bolivien hat er unterdessen eine weitere Bedeutung bekommen. Hier unter der Salzkruste liegt der Schatz vergraben, mit dem das arme Land reich werden will: Lithium.

Wie viel Lithium im 10.000 Quadratkilometer großen *Salar* genau vergraben liegt, ist noch unklar. In Bolivien wird regierungsintern bereits von zwanzig bis dreißig Millionen Tonnen geredet. Mehr noch: Es bestehe die Möglichkeit, dass Bolivien rund hundert Millionen Tonnen Lithium besitze. Das würde bedeuten, dass im Land achtzig Prozent des weltweiten Lithiumvorkommens schlummern, und nicht wie bisher angenommen zwischen vierzig und fünfzig Prozent. Die neuen Zahlen gehen auf tiefere Bohrungen im Salzsee zurück. Bisher hatte man den Lithiumgehalt aufgrund von Probeentnahmen nur bis zu 130 Meter unter der Salzkruste berechnet. Letztendlich ist es egal, von welcher Zahl ausgegangen wird, der Reichtum im *Salar* ist immens. Bolivien kann Hunderte von Jahren liefern.

Was ist an Lithium so besonders? Ohne das silbrig glänzende Leichtmetall ist das gegenwärtige Leben kaum noch denkbar. Lihtium wird zu Lithiumkarbonat verarbeitet und daraus werden Lithiumbatterien hergestellt. Mit dieser leistungsstarken Batterie funktionieren Computer und Mobiltelefone. In ein paar Jahren soll die Lithiumbatterie zudem Teil einer außerordentlichen Revolution sein.

Die Vergangenheit ist ein Auto, das Benzin verbrennt. Die Zukunft soll ein Elektroauto sein, das mit einer Lithiumbatterie durch die Städte flitzt. Soll. Denn einige wichtige Fragen konnte die Autoindustrie bisher noch nicht vollends lösen, etwa die Produktionskosten der Zukunftsmobile so weit zu senken, dass sie wettbewerbsfähig sind, oder Lithiumbatterien herzustellen, mit denen ein Elektroauto ohne aufzuladen mehr als 150 Kilometer fahren kann. Weltweit arbeiten Ingenieure fieberhaft an den Elektroautos. Erste Fahrzeuge sind bereits auf dem Markt, sie kosten rund

34.000 Euro. Ein japanischer Automobilkonzern will jedoch ab 2012 die Produktion auf jährlich 30.000 Elektroautos erhöhen, um dann den Preis auf 15.000 Euro senken zu können. Derweil arbeiten die Unternehmen weiter, um Produktionskosten und Fahrtdauer zu optimieren. Sie sind zuversichtlich, dass die benzinfreien Fahrzeuge ab 2020 in Massenproduktion gefertigt werden können. Millionen von Litihiumbatterien könnten schon bald nötig sein.

Boliviens Präsident Evo Morales hat 2007 Lithium zum »nationalen Rohstoff« deklariert und der Förderung höchste Priorität eingeräumt. Am Rande des Salzsees steht seit 2011 die fertige Pilotanlage für die Herstellung von Lithiumkarbonat. In die dicke Salzkruste wurde ein großes Naturbecken gegraben, ungefähr in der Größe von siebzehn Fußballfeldern. Das aus dem See gepumpte Wasser wird darin gesammelt, um es dann in der Sonne verdunsten zu lassen. Zurück bleibt Lithium.

In der Pilotphase untersucht die bolivianische Regierung technische und chemische Prozesse, damit aus dem Lithium hochkonzentriertes Lithiumkarbonat hergestellt werden kann. Das Land könne nach zweijähriger Forschungsarbeit bereits mit eigenen Experten rechnen, so die Regierung. Endet die Pilotphase erfolgreich, beginnt der Bau der großen endgültigen Lithiumkarbonat-Anlage, die aus kilometerlangen Becken bestehen wird. Start der industriellen Verarbeitung soll 2014 sein. Die Kosten, die Bolivien ohne ausländische Hilfe tragen will, belaufen sich auf 500 Millionen Dollar. Dank der hohen internationalen Rohstoffpreise in den letzten Jahren konnte das Land Devisen sparen.

Unterdessen scharen sich zahlreiche Geschäftsleute internationaler Unternehmen vor den Türen Boliviens. Aus Frankreich, Russland, Finnland, Japan oder Korea reisen sie an, um mit dem Andenstaat Verträge abzuschließen. Sie alle wollen an der Gewinnung des Lithiums beteiligt sein. Bolivien bleibt aber eisern. Das Land will das Leichtmetall aus eigener Kraft fördern und erst das gewonnene Lithiumkarbonat etwa an Autokonzerne verkaufen. Über Jahrhunderte wurden unter anderem Silber und Zinn abgebaut – erst von spanischen Kolonialherren, später von ausländischen Konzernen – und dann Rohstoffe sowie Gewinne aus dem Land gebracht.

Das soll sich nun ändern. Bolivien will nicht mehr Rohstofflieferant für den Rest der Welt sein, sondern selbst Industrienation werden. Für alles, was nach dem Lithiumkarbonat kommt, ist Bolivien offen für Verträge mit ausländischen Investoren. Was dem Andenstaat am ehesten vorschwebt, ist der Bau einer Elektroautofabrik auf dem Altiplano. Aber wie bereits Staatschef Morales zu Beginn seiner zweiten Amtszeit deutlich machte: »Wir suchen Partner, keine neuen Herren.«

Auch andere Minenprojekte, die sich zurzeit im Aufbau befinden, verheißen dem Land schon bald kräftige Einnahmen. So sollen ab 2013 etwa Eisenerz und Kupfer viel Geld bringen. Allerdings finanziert sich der Staat jetzt schon zu einem großen Teil aus dem Minensektor, der rund dreißig Prozent zu den Exportgewinnen beiträgt. Abgebaut werden unter anderem Zink, Silber, Zinn, Blei, Gold und Wolfram.

Im Süden und Südosten pumpt das Land Gas und Erdöl aus dem Boden. Mit diesen Rohstoffen hat Bolivien seit der Teilverstaatlichung der Förder- und Transportanlagen im Jahr 2006 die Staatskassen gefüllt. Aus diesem Sektor kommen rund vierzig Prozent der Exportgewinne. Bolivien verfügt nach Venezuela über die größten Erdgasreserven und ist der wichtigste Gaslieferant von Argentinien und Brasilien.

Trotz Rohstoffreichtums gehört Bolivien zu den ärmsten Ländern Südamerikas, mit einem der niedrigsten Pro-Kopf-Einkommen. Nach einem Bericht der UN-Organisation für Ernährung und Landwirtschaft (FAO) aus dem Jahr 2010 leiden von den rund zehn Millionen Einwohnern 2,9 Millionen unter »schwerem Hunger«. Die Hoffnung gegen diese Ungerechtigkeit liegt zweifelsohne im größten Salzsee der Welt, im Salar de Uyuni. Das weiße Gold, das Lithium, soll künftig bessere Lebensbedingungen für alle Bolivianer bringen.

## Chile: Kupfer bringt Wohlstand und Feinstaub

Die Größe ist gigantisch. Sogar die haushohen Trucks, die Felsbrocken über die unbefestigten Straßen transportieren, wirken in der offenen Mine klein. Chuquicamata ist die größte Kupfer-Tagebaumine der Welt. Sie liegt in den Bergen der trockenen Atacamawüste im Norden Chiles. Eine riesige gräuliche Wolke zieht über die Grube, es ist Mineralstaub, der überall in der Luft liegt. Das gesprengte Gestein wird auf den Trucks zur Steinmühle gefahren, die rund drei Kilometer außerhalb der Mine liegt. Dort werden die Felsstücke erst schrittweise zerkleinert und die zermahlene Masse dann mit Wasser und Chemikalien gemischt. Nach einigen weiteren chemischen Schritten und der Verarbeitung in Hochöfen bleibt am Ende Kupfer zurück. Das Metall, von dem Chile lebt.

Chiles gesamte Wirtschaft ist vom Kupfer abhängig. 2009 trug das Metall über zwanzig Prozent zum Bruttoinlandsprodukt bei und machte rund die Hälfte der Exporte aus. Es war unter dem chilenischen Präsidenten Salvador Allende 1971, als alle Kupferminen im Land verstaatlicht wurden, und viele sind es bis heute geblieben. So gehört auch Chuquicamata der staatlichen Minenbaugesellschaft Codelco. Sie ist der größte Kupferproduzent der Welt. Kupfer ist ein sehr guter Strom- und Wärmeleiter. Aus diesem Metall bestehen beispielsweise Drähte und Kabel in elektrischen Geräten und es wird für die Herstellung von Kühlschränken, Klimaanlagen und Autos benötigt. Rund ein Drittel der weltweiten Kupfervorkommen liegen in Chile.

Das Kupfer von Chuiquicamata wird auf Züge verladen und zum nächsten Hafen an der Pazifikküste in Antofagasta gefahren. Von hier bringen Frachter das Metall in die USA, nach Europa, Indien und in riesigen Mengen nach China – dem Motor von Südamerika.

Ohne einen Blick auf China zu werfen, kann man Südamerika heute kaum verstehen. Die seit Jahren aufstrebende Wirtschaftsmacht in Asien ist der wichtigste Rohstoffkäufer des Subkontinents. Während Europa und die USA 2008 die größte Wirtschaftskrise seit Jahrzehnten durchlebten, war Südamerika wenig betroffen, weil es weiterhin Chinas Rohstoffhunger stillen durfte. Die 1,3 Milliarden Chinesen brauchen immer mehr Soja, Zucker, Zink, Baumwolle, Kaffee und Kupfer. Südamerika hat dies alles und China das nötige Kapital. Als Folge der unersättlichen Nachfrage sind die Weltmarktpreise für Rohstoffe in den letzten Jahren enorm gestiegen, was vielen Ländern Südamerikas einen wirtschaftlichen Aufschwung beschert hat. Auch mit Codelco strebt China eine noch engere und längerfristigere Zusammenarbeit an.

Die schnell wachsende chinesische Wirtschaft beschert zwar Südamerika Gewinne, gleichzeitig übt sie aber auch Druck aus. Aber auch Kupfer will immer schneller abgebaut werden. So fräsen sich die Bergarbeiter mit

Maschinen tiefer und tiefer in die Minen und bauen Stockwerk um Stockwerk nach unten. Die Sicherheitsvorkehrungen können damit oft nicht Schritt halten. Codelco und große private Minen funktionieren zwar nach internationalen Standards, viele mittlere und kleine Bergwerke jedoch nicht.

Die unsichere Situation in Minen wurde 2010 auf der ganzen Welt thematisiert. Wochenlang berichteten Zeitungen und Fernsehsender über ein Grubenunglück in Chile, das später als Wunder gefeiert werden sollte. Im August waren in der privaten Mine San José in der Atacamawüste 33 Bergleute verschüttet worden. Nach siebzehn Tagen fand man sie in 700 Meter Tiefe eingeschlossen in einem Rettungsraum – lebend. Die von der chilenischen Regierung geleiteten Bergungsarbeiten dauerten fast zehn Wochen. Für die Rettung musste zunächst ein sechzig Zentimeter breiter Schacht bis zu den Minenarbeitern gebohrt werden. Durch diesen wurde eine Kapsel hinuntergelassen, in der jeder Bergmann einzeln an die Oberfläche gezogen wurde. Ganz Chile, die gesamte Welt litt und feierte mit. Der Unfall hatte sich ereignet, weil in der Mine die Sicherheitsbestimmungen nicht eingehalten worden waren. Die Unternehmer wussten, dass sich die alte Mine in einem unverantwortlichen Zustand befand, 2007 war sie deswegen bereits vorübergehend geschlossen worden.

Während der rund zwei Monate, in denen das »Wunder von San José« von der Öffentlichkeit verfolgt wurde, starben in Chile im Schatten der überlebenden Bergleute sieben Arbeiter in anderen Minen. Insgesamt verloren 2010 bis Mitte November bei 28 Arbeitsunfällen 33 Minenarbeiter im Pazifikstaat ihr Leben.

Wieso kehren viele Männer immer wieder in die gefährlichen Minen zurück? Denn nicht nur Explosionen und Einsturz gefährden ihr Leben, auch der Feinstaub ist Ursache für viele Krankheiten wie Staublungen, Asthma und Krebs. Die Lebenserwartung eines Minenarbeiters liegt im Vergleich zu vielen anderen Arbeitern nachweislich niedriger. Tatsache ist, dass die Bergleute sehr gute Gehälter bekommen. Und die großen Unternehmen bieten ihren Angestellten und deren Familien in nahe gelegenen Wohnsiedlungen oft günstige Häuser, Freizeitanlagen und eine Gesundheitsversorgung an.

Minen sind in ganz Südamerika ein Segen und ein Fluch. Sie sorgen für den Lebensunterhalt von vielen Familien und in den vergangenen Jahren verhalfen sie dem Subkontinent zu steigendem Wohlstand. Gleichzeitig belasten sie die Umwelt. Die negativen Folgen des Feinstaubs bekommen nicht nur die Arbeiter zu spüren, sondern auch die Natur. In Chile beteuern Experten, dass der Staub in den Minengebieten ebenso wie die Klimaerwärmung für den Rückgang der Gletscher verantwortlich ist. Auch giftige Chemikalien wie Arsen, das zum Beispiel bei der Kupferproduktion verwendet wird, verseuchen die Umgebung. So leiteten die Unternehmen in Chile die Abwässer jahrelang direkt in die Wüste.

Eine weitere Belastung für die Umwelt stellt der immense Wasserverbrauch dar. Ein paar Millionen Liter pro Tag benötigt eine Mine, egal ob Kupfer, Silber oder Gold gefördert wird, um die Metalle zu extrahieren. In Chile wie in Argentinien bildeten sich in den letzten Jahren Bürgerbewegungen und Organisationen, die sich gegen neu geplante und bereits bestehende Minen auflehnen. Die Anwohner und Vertreter verschiedener nationaler und internationaler Organisationen berichten von Wassermangel und Wasserverschmutzung in der Umgebung der Minen.

In den Anden zwischen Argentinien und Chile ist ein neues Riesenprojekt im Aufbau begriffen. Das kanadische Unternehmen Barrick Gold errichtet seit mehreren Jahren die binationale Goldmine Pascua-Lama in einem Gletschergebiet. An diesem Beispiel wird deutlich, wie weit die Gier nach Rohstoffen gehen kann: In ihrer Projektplanung zog Barrick Gold sogar in Erwägung, Gletscher zu sprengen oder zu versetzen – denn Gold, Silber und Kupfer liegen zum Teil genau darunter.

# Peru: Das ewige Gold

Zu Zeiten des Inkareichs war Gold Ebenbild der Sonne und galt als Gabe der Götter. Zu Zeiten der spanischen Eroberer wurde Gold zum profanen Zeichen von Reichtum und Macht. Zu Zeiten der internationalen Minengesellschaften ist Gold manchmal protziger Luxus und gilt als krisensichere Anlage.

Vor knapp 500 Jahren erreichte der Spanier Francisco Pizarro mit seinen Männern die Stadt Cajamarca im Nordwesten Perus. Sie besiegten den Inka-Herrscher Atahualpa und deckten sich mit dem begehrten Gold ein. Heute bahnen sich zahlreiche Lastwagen eines internationalen Konzerns ihren Weg nach Cajamarca – sie müssen niemanden mehr besiegen, um sich an der größten Goldmine Perus, Yanacocha, zu bedienen. Das Geschäft mit dem edlen Metall blüht in Peru seit Jahrhunderten. Das Land zählt zu den größten Goldproduzenten in Südamerika. Doch der Andenstaat birgt noch weitere Bodenschätze, etwa Silber, Zink oder Kupfer. Der Rohstoffreichtum zieht Investoren aus aller Welt an: Kanada, Australien, Großbritannien, Brasilien und China, um nur einige zu nennen. Sechzig Prozent der Exportgüter Perus sind Bergbauprodukte. Damit ist das Land eine der wichtigsten Bergbaunationen der Welt. Erdöl und Erdgas sind ein weiteres wichtiges Exportgut Perus. Textilien, Fischprodukte und Agrarerzeugnisse wie Spargel und Kartoffeln machen zusammen lediglich achtzehn Prozent der Exporte aus.

Peru erlebt derzeit nicht nur einen Boom bei der Erschließung seiner Minen, sondern aufgrund der weltweit steigenden Nachfrage nach Erdöl auch eine Zunahme der Förderung von Erdöl und Erdgas. Die Anteile des Staates am Geschäft mit den Bodenschätzen sind jedoch begrenzt und die lokale Bevölkerung profitiert nur in sehr geringem Ausmaß davon. Rund 45 Prozent der Peruaner, die im Hochland nahe der Bergminen leben, gelten als extrem arm und nur 0,5 Prozent der arbeitsfähigen Bevölkerung sind im Bergbau beschäftigt.

Besonders kritisch beobachten die Landbevölkerung und die Indios die Auswirkungen des Übertagebaus. Die expandierende Bergbauindustrie sowie die Erdöl- und Gasförderung sehen sie als eine immer größer werdende Bedrohung für ihre Lebensräume. Nicht selten fühlen sich die Dorfgemeinschaften zum Verkauf ihrer Länder gezwungen, weil ihnen unterschwellig mit der Enteignung gedroht wird. Mittlerweile ist bereits ein Sechstel der Fläche Perus in Konzessionen an internationale Minengesellschaften vergeben und rund siebzig Prozent des peruanischen Amazonasregenwalds befinden sich in der Hand von Ölfirmen – ein Trend, dessen Ende nicht absehbar ist. Der Verlust von Land ist für die betroffene Bevölkerung in zweierlei Hinsicht problematisch, weil es zur Landwirtschaft wenige Alternativen gibt, die ihnen ihren Lebensunterhalt garantieren, und weil sie damit auch ihre kulturellen Bindungen verlieren.

Nach Einschätzung von Marco Arana, Priester und Kandidat für die Präsidentschaftswahlen 2011 in Peru, muss ein Kompromiss zwischen der

Kayapó-Junge im Amazonasgebiet Brasiliens

Kriegerische Yanomami im venezolanischen Dschungel

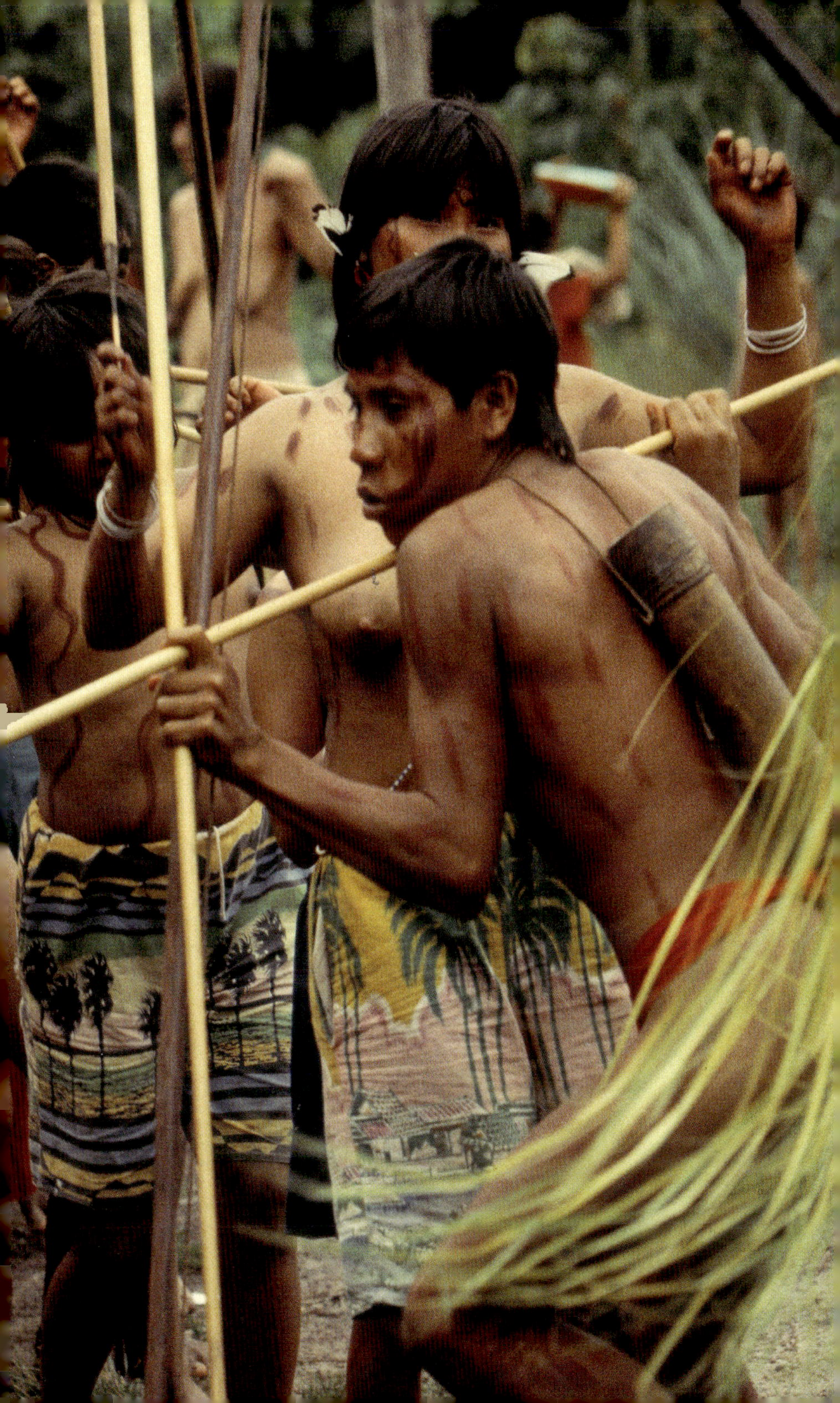

Bunte Last – Blumenfestival in Medellín,
Kolumbien

Indigene Bauern fordern Land – Protestmarsch im Jahr 2006
in La Paz, Bolivien.

Evo Morales tanzt - Vergnügen während der Kampagne für die Präsidentschaftswahlen 2005, Bolivien.

Unsterblich: Juan Domingo Perón und Evita. Eine Kundgebung von Anhängern der Peronistischen Partei in Buenos Aires, Argentinien.

Karg und endlose Weite – der Altiplano, die Hochebene in Bolivien

Der Amazonas-Urwald, die natürliche Schatzkammer Perus

Rechts: Der haushohe Truck wirkt klein in Chuquicamata, Chile, der größten Tagebau-Kupfermine der Welt.

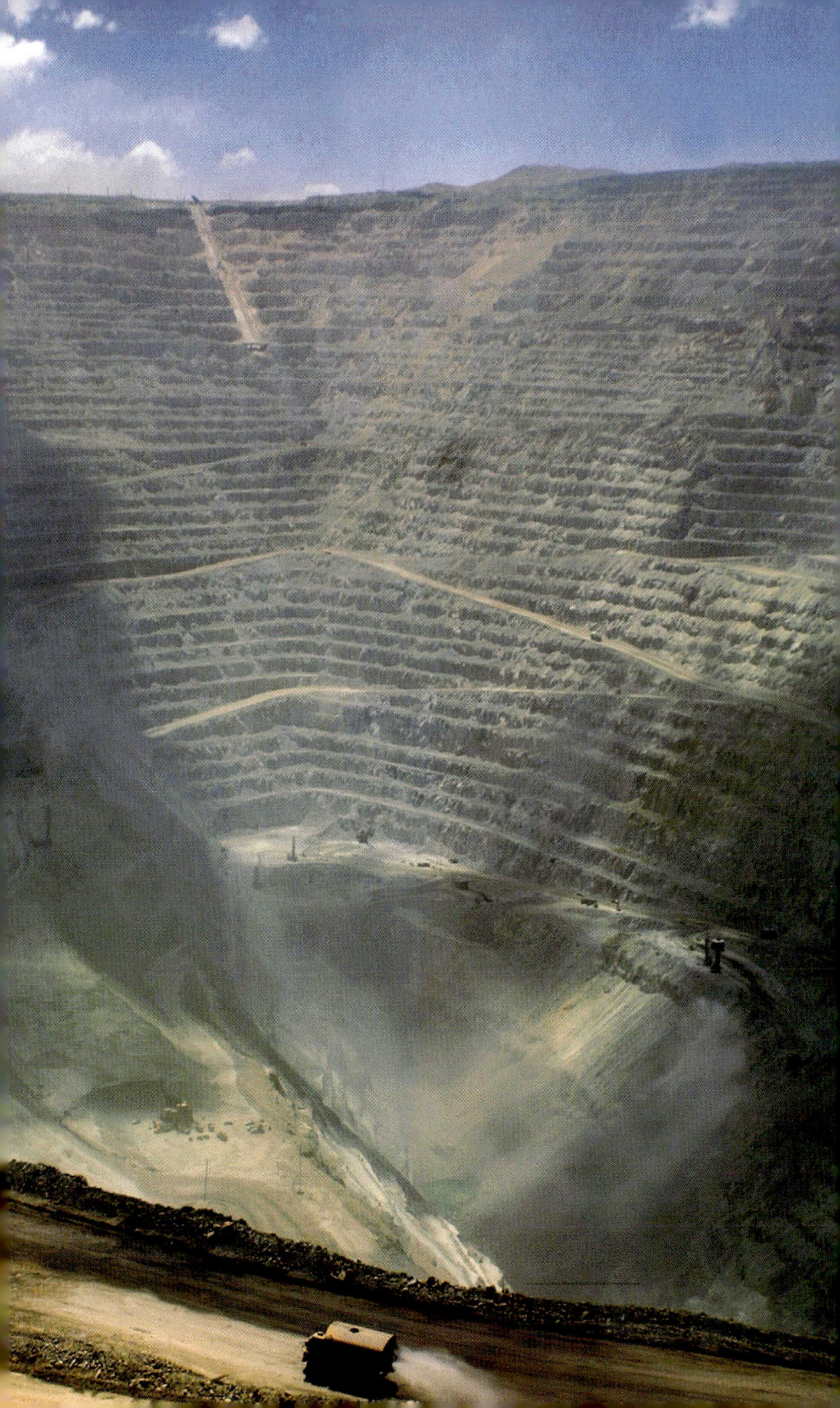

„Wir wählen die einzige Art und Weise, Chávez zum Schweigen zu bringen" – Wahlspruch der Opposition in Venezuela.

An der Macht – Chàvez im Konfettiregen nach einer Rede vor Studenten im November 2007, Venezuela

Gefallen im Kampf gegen die FARC-Guerilla,
Kolumbien

Bilder ermordeter Argentinier der letzten Militärdiktatur vor dem
Regierungspalast in Buenos Aires

Ball im Müll gefunden – ein kleines Erfolgserlebnis im Elendsviertel in der Guanabarabucht in Río de Janeiro, Brasilien

Ein Zuhause mit Blechdach – Armenviertel in der Provinz Buenos Aires, Argentinien

Mühsame Arbeit – Indígena-Frauen ernten an den Hängen der Yunga-Täler von Hand Kokablätter, Bolivien.

Dreißig Machetenschläge pro Stunde – ein Arbeitstag einer Zuckerrohrarbeiterin im Bundesstaat São Paulo, Brasilien

Energie im Überfluss – der größte Staudamm Südamerikas: Itaipú, Grenze Brasilien–Parag

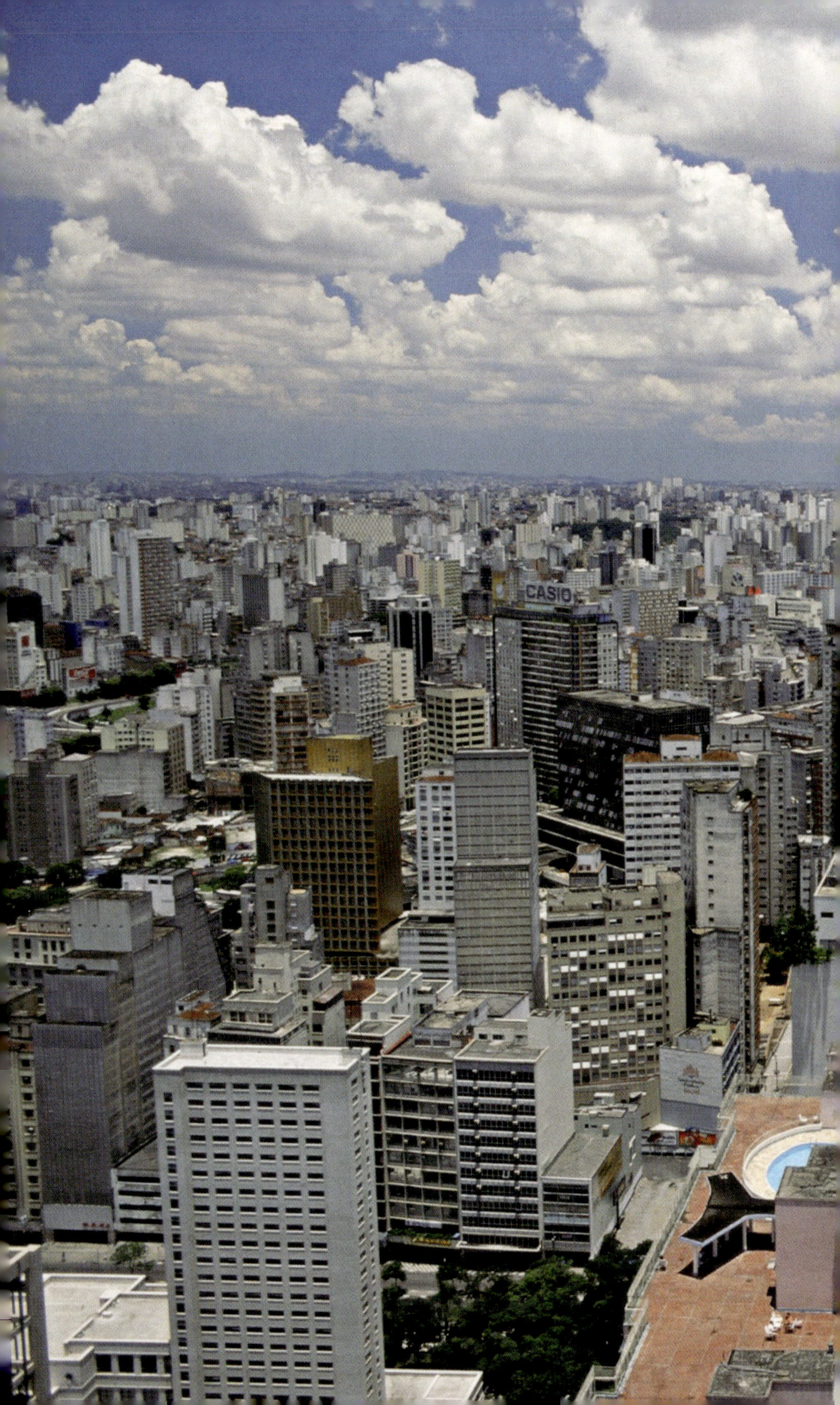
CASIO

Weiße Glitzerpracht – der kilometerweite Salar de Uyuni verbirgt unter seiner Salzkruste ein riesiges Vorkommen an Lithium, Bolivien.

Ausbeutung der Bodenschätze und dem Naturschutz gefunden werden. Die Folgen des Abbaus von Gold in seiner Heimatregion Cajamarca scheinen zwar auf den ersten Blick, so Arana, vor allem ein Problem für die Ureinwohner zu sein. Doch schon der zweite Blick zeigt, dass die Folgen der Goldgewinnung zu einem regionalen Umweltproblem werden könnten. Das Edelmetall wird mithilfe von giftigem Zyanid aus dem Gestein gewaschen, das später ins Grundwasser gelangt. Marco Arana, der 2010 mit dem Aachener Friedenspreis ausgezeichnet wurde, kritisiert die Regierung des amtierenden Präsidenten Alan García. Die Regierung sehe die Ureinwohner als Hindernis auf dem Weg zur Ausbeutung der Bodenschätze und wolle zuerst Wohlstand schaffen und dann die Natur wiederherstellen. Allerdings, so Arana, sei es schwierig, auf ausgetrockneten Böden einen Wald zu pflanzen. Peru könne jedoch nicht auf seine wichtigste Devisenquelle – die Minen – verzichten; umso notwendiger sei es daher, eine strengere Umweltgesetzgebung zu schaffen.

Die Regierung entgegnet den Kritikern, dass die Bodenschätze in Peru nach modernsten internationalen Richtlinien abgebaut werden. Alle bestehenden Rechtsvorschriften würden ständig überprüft und eingehalten. Da der Schwerpunkt der Regierung aber auf der Ausbeutung der Bodenschätze liegt, zeigt sie wenig Interesse, die ökologische Landwirtschaft zu fördern. Diese könnte jedoch ein zweites lukratives Wirtschaftsstandbein für das Land werden, von dem auch die Bauern und die Ureinwohner profitieren würden.

In den peruanischen Anden entspringt der Amazonas, der Titicacasee fasziniert zahlreiche Touristen, vor der Küste des Landes erstreckt sich der Humboldtstrom, das fischreichste Gebiet der Welt – Peru hat noch mehr als das gelbe und schwarze Gold zu bieten. Die Vielfalt der Exportgüter und der Tourismus würden die Gefahr vermindern, dass Peru völlig vom Erdöl abhängig wird. Für den Staat symbolisieren Gold und Erdöl Devisen, Wirtschaftswachstum, Reichtum, internationale Investoren und Anerkennung. Doch auch nach siebzig Jahren der Erdölförderung ist es Peru – ähnlich wie Ecuador und Bolivien – nicht gelungen, diesen Reichtum für eine nachhaltige Entwicklung zu nutzen.

# Paraguay: Mit dem Glauben zu einer Wirtschaftskraft

Lange, staubige Straßen ziehen sich schnurgerade, im Schachbrettmuster angelegt, durch die Stadt. Nur ein paar wenige Hauptachsen sind zementiert. Die Häuser sind niedrig, der Himmel nah. Ruhe. Trockenheit. Einsame Wege. Die Gegend ist öde. Es fallen die schmucken Bauten, tadellos gehaltene Gärten, lückenlose Zäune und blank geputzte Werbetafeln auf. Der lokale Radiosender spielt einen deutschen Schlager. An einer Ecke grüßen sich zwei blonde junge Männer. In der Obst- und Gemüseabteilung im Supermarkt steht auf Schildern auf Deutsch »Äpfel«, »Mandarinen«, »Kohl«, »Zwiebeln«, »Salat«. Und in der öffentlichen Bibliothek liegen die Zeitschriften *Glückspost* und *Schöner Wohnen* auf.

Das ist Filadelfia. Eine Stadt mitten im kargen paraguayischen Chaco, die deutschsprachige Mennoniten 1931 aus dem Nichts erbaut haben. Eine Stadt, die im wilden Paraguay wie eine andere Welt wirkt, die wenig mit Südamerika zu tun hat. Heute ist Filadelfia nicht nur die Hauptstadt des Departements Boquerón, sondern auch das regional wichtigste wirtschaftliche Zentrum. Sie zählt knapp 13.000 Einwohner, von denen die Mennoniten nur noch ein Drittel ausmachen. Die Zügel haben sie dennoch fest in der Hand. Die restlichen Bewohner sind Latino-Paraguayer, wie die zugezogenen »echten« Paraguayer genannt werden. Heute leben in Filadelfia auch viele Indígenas. Sie verrichten die einfacheren Arbeiten, die die Mennoniten nicht mehr machen.

Ganz Paraguay besteht aus unterschiedlichen Welten. Der gleichnamige Strom Paraguay, der von Nord nach Süd mitten durchs Land fließt, teilt das Land in zwei Regionen: geografisch, klimatisch, kulturell, demografisch und historisch. Auf der einen Seite liegt der Oriente, der fruchtbare Ostteil. Dort leben 98 Prozent der rund 6,5 Millionen Einwohner des Landes – dazu laden zahlreiche Flüsse und Bäche, regelmäßige Regenschauer, artenreiche Wälder, fruchtbare Böden und ein erträgliches Klima ein. Auf der anderen Seite liegt der Chaco, der trockene und dünn besiedelte Westteil, der auch als die Grüne Hölle bezeichnet wird. Der immergrüne Dornbusch bedeckt weite Teile der Ebene, das Thermometer klettert am Tag regelmäßig über vierzig Grad, Wasser ist absolute Mangelware und es wimmelt von Insekten. Früher bewohnten ausschließlich ein paar Urvölker die Grüne Hölle. Die Regierung hatte daher ein großes Interesse, dass sich in dieser trostlosen Gegend mehr Menschen ansiedelten. Die Mennoniten waren dazu bereit. Wieso?

Während der Reformation in Europa im 16. Jahrhundert entstand in Zürich die Täuferbewegung. Ihre Anhänger führten die Erwachsenentaufe ein, überzeugt davon, dass jeder selbst entscheiden muss, wann er sich taufen lassen will. Nicht nur die katholische Kirche, auch führende Reformatoren wie der Schweizer Ulrich Zwingli stellten sich entschieden dagegen. Die Täufer wurden gejagt, ermordet, viele flohen nach Deutschland und Holland. 1536 gelang es dem holländischen Prediger Menno Simons, die vertriebenen und in alle Richtungen verstreuten Täufer zusammenzubringen. Nach ihm nannten sie sich später Mennoniten. Die Verfolgungen gingen weiter, die evangelische Glaubensgemeinschaft flüchtete nach Preußen und später nach Russland, wo sie eine Zeit lang in Ruhe leben konnte. Heute sind die Mennoniten in der ganzen Welt verstreut. Zum Beispiel in der Schweiz, in Kanada, Mexiko, Bolivien und in Paraguay.

Paraguay räumte den Mennoniten in einem Vertrag Privilegien ein, worauf sich Ende der 1920er-Jahre ein paar Tausend Mennoniten aus Kanada und Russland mit Ochsenkarren und Macheten den Weg durch die Trockensavanne des Chaco bahnten. Heute noch unterrichten die Mennoniten in ihren eigenen Schulen auf Hochdeutsch, sie sind von der Wehrpflicht entbunden, genießen Religionsfreiheit und verfügen frei über die Besitztümer der Verstorbenen. Die Worte der Bibel gelten als Grundlage für ihren Alltag. Wenn sie untereinander reden, kann man nur einige deutsche Wörter verstehen. Es ist das veraltete niederdeutsche Plattdeutsch, das sie als Umgangssprache beibehalten haben.

Allein auf sich gestellt, kämpften die Mennoniten in den ersten Jahren im Chaco ums Überleben. Sie suchten nach Wasser, gruben Brunnen und beackerten die raren baumlosen Abschnitte zwischen dornigen Büschen. Erst ab den 1950er-Jahren ging es aufwärts, als sie vom Mennonitischen Zentralkomitee – einem internationalen Hilfswerk – einen »Millionenkredit« erhielten, womit sie sich technisch aufrüsteten. Mittlerweile sind sie eine bedeutende Wirtschaftskraft in Paraguay und leben sichtlich im Wohlstand. Sie pflanzen Sesam und Erdnüsse an und züchten in großem Stil Rinder. Bekannt sind sie allerdings für ihre Milchwirtschaft, die die modernste des Landes ist. Die Mennoniten produzieren rund sechzig Prozent aller Milchprodukte in Paraguay. Sie exportieren Schokoladendrinks, Joghurt und Butter in die Nachbarländer. 2011 nehmen sie die erste Milchpulverfabrik in Betrieb.

Im Chaco leben heute rund 16.000 Mennoniten. Genauso viele haben sich im Ostteil niedergelassen. Dort widmen sie sich neben der Milchproduktion und der Viehwirtschaft überwiegend dem Ackerbau. Hauptsächlich pflanzen sie Soja an. Die gelbe Bohne breitet sich in Paraguay seit ein paar Jahren ohnehin extensiv aus. Das Land gilt als einer der größten Sojaexporteure der Welt. Weitere landwirtschaftliche Produkte sind Mais, Weizen, Zuckerrohr und Maniok. Die Viehwirtschaft steht im Schatten des Sojabooms, ist aber ein bedeutender Wirtschaftszweig.

Das stark agrarisch geprägte Land pflanzt noch ein ganz anderes Pflänzchen zuhauf an: Marihuana. Die Geister scheiden sich, ob Paraguay oder Kolumbien der größte Marihuana-Produzent in Südamerika ist. Zahlen gibt es keine. Die Marihuana-Felder blühen meist versteckt in der wilden Natur im Nordosten des Landes. Viele Bauern verdienen sich mit Marihuana ihren Lebensunterhalt, weswegen es für die Regierung nicht von vorrangigem Interesse ist, effektiv gegen den illegalen Anbau vorzugehen. Die Paraguayer versichern, dass es das beste Marihuana der Region sei. Es wird in großen Mengen in die Nachbarländer Argentinien und Brasilien exportiert. Der Handel leistet einen bedeutenden Beitrag zum Bruttoeinkommen des Landes.

Wer wahrscheinlich wenig mit dem Marihuana-Geschäft zu tun hat, sind die gläubigen Mennoniten. Ihre Religion, die vom Alkohol- und Drogenkonsum absieht, wird die Marihuana-Anpflanzung kaum gutheißen. Die Frage bleibt: Was wäre Paraguay ohne diese arbeitsame Glaubensgemeinschaft, die vielerorts Betriebe aufgebaut hat und mit ihrem unternehmerischen Sinn immer wieder ihre Gewinne neu investiert – auch zum Wohl anderer? Die viele Arbeitsplätze schafft und sich für die indigene Bevölkerung einsetzt? Nicht selten hört man die Landesbewohner sagen: Paraguay wäre anders ohne die Mennoniten.

# Kolumbien: Weiß wie Orchideen, grün wie Smaragde, schwarz wie Kohle

Rot, gelb, violett oder blau – jedes Jahr im August versinken die Straßen von Medellín in einem Farbenmeer. Bis zu siebzig Kilogramm wiegen die kunstvollen Blumengestecke, die sich die Träger auf ihre Rücken schnüren und durch Medellín tragen. Erstmals fand dieser Umzug 1957 statt, organisiert von Bauern aus der Region, die ihre Blumen in die Stadt bringen und zur Schau stellen wollten. Heute gehört das Blumenfestival – *Feria de las Flores* – zu den wichtigsten Festivals Kolumbiens.

3.500 verschiedene Orchideenarten sind in Kolumbien beheimatet – die größte Vielfalt weltweit. Täglich werden Nelken, Lilien, Rosen oder Hortensien vor allem in die USA, nach Großbritannien und Russland exportiert. Blumen sind das wichtigste nicht-traditionelle landwirtschaftliche Exportprodukt. Die Blumenindustrie hat im Land über 200.000 Arbeitsplätze geschaffen. Nach den Niederlanden zählt Kolumbien zum größten Blumenexporteur weltweit.

Wollte man das Land mit einem einzigen Wort beschreiben, käme einem wohl sehr schnell das Wort »grün« über die Lippen. Kolumbien ist so groß wie Frankreich, Spanien und Portugal zusammen und seine üppige Vegetation birgt eine unendliche Vielfalt an Grünschattierungen. Doch Kolumbien verfügt noch über ein anderes Grün, eines, das glänzt und im Norden in den Bergen der Westkordillere ruht: den Smaragd. Er zählt zu den qualitativ hochwertigsten und begehrtesten Edelsteinen weltweit. Mit über sechzig Prozent nimmt Kolumbien auf dem Weltmarkt eine Spitzenstellung in der Smaragdförderung ein. Victor Carranza ist der »König der Smaragde«. Er soll mit seinen Minen mittlerweile mehr Geld erwirtschaftet haben als der Microsoft-Hersteller Bill Gates. Doch das grüne Gold der Anden, das in den Legenden der Inka-Indianer die Tränen der Götter symbolisiert, hat seine Schattenseiten. In den Minen herrschen menschenunwürdige Arbeitsbedingungen. Für einen Hungerlohn verrichten Frauen und Kinder dieselbe körperlich schwere Arbeit wie die Männer. Immer wieder werden bei Erdrutschen Minenarbeiter verschüttet. Viele von ihnen leiden aufgrund der starken Staubbildung unter Atemwegserkrankungen, eine Krankenversicherung haben sie nicht. Sie alle hoffen darauf, eines Tages den erlösenden Smaragdfund zu machen, der sie und ihre Familien aus dem Elend erlöst. Das Land an der Nordspitze Südamerikas ist reich an zahlreichen weiteren Rohstoffen wie Platin, Gold, Nickel und Erdöl. Doch besonders erfolgreich ist Kolumbien mit dem Export von Kohle. Mit 6,2 Milliarden Tonnen hat es die größten Kohlereserven Südamerikas und es ist einer der bedeutendsten Produzenten weltweit mit dem größten Kohlebergwerk im Tagebau der Welt. *El Cerrejón Zona Norte* ist in der Lage, jährlich fünfzehn Millionen Kubikmetertonnen Kohle zu exportieren. Über neunzig Prozent der Kohleproduktion wird exportiert.

Im Catatumbo-Gebiet im Nordosten des Landes, das unmittelbar an Venezuela grenzt, sollen rund 300 Millionen Tonnen hochwertige Steinkohle lagern. Unternehmen aus Kolumbien, Kanada und Mexiko interessieren sich für den Abbau dieser Kohlevorkommen. Doch das Gebiet ist auch die Heimat der Bari-Indianer und zahlreicher Kleinbauern, die sich gegen den Kohleabbau zur Wehr setzen. Die Regierung verspricht ihnen Wohlstand und Arbeit, aber sie trauen diesen Versprechungen nicht und wollen keine Arbeitsplätze, die auf Kosten ihrer Umwelt gehen. Der Kampf gegen die Pläne der Regierung und der internationalen Multis ist nicht ungefährlich. Die Kleinbauern, die Bari- und die Wayuu-Indianer, die in der Halbwüste La Guajira unmittelbar an der Grenze zu Venezuela leben, müssen immer wieder Einschüchterungen und Drohungen hinnehmen. Nach Angaben von Menschenrechtsorganisationen wurden in der Region in den letzten Jahren rund 10.000 Menschen getötet, 200 von ihnen waren Wayuu.

Durch den großflächigen Tagebau hat sich das Leben der Wayuu-Indianer drastisch verändert. Der Kohleabbau hat ihnen zahlreiche Krankheiten gebracht, die sie zuvor nicht kannten. So klagen sie über starke Atemwegs- und Lungenerkrankungen sowie Geruchsbelästigungen, die durch massive Staubentwicklung verursacht werden. Außerdem leiden sie an Hautausschlägen, Grippesymptomen und gereizten Augen. Die Umweltverschmutzung beeinträchtigt darüber hinaus die Land- und Viehwirtschaft. Der abgelagerte Staub hemmt das Wachstum der Pflanzen und die Ernteerträge gehen zurück. Doch besonders bedroht sehen die Wayuu-Indianer ihr Grundwasser. Durch den hohen Verbrauch der Minen wird das Wasser knapp und der Grundwasserspiegel sinkt. Die Abraumhalden enthalten außerdem Schwermetalle, die bei Regen ausgespült werden und die umliegenden Flüsse und das Grundwasser verseuchen. Dieses Szenario hinterlässt einen bitteren Geschmack und legt einen dunklen Schleier über die Erfolgszahlen und die Exportrekorde, die Kolumbien jedes Jahr aufs Neue erzielt.

Die Unternehmen, die den Kohleabbau betreiben, sind übrigens vertraglich verpflichtet, die Gebiete nach dem Abbau der Rohstoffe wieder zu renaturieren und aufzuforsten. Tatsache ist, dass sie damit zehn bis fünfzehn Jahre im Rückstand sind.

## Venezuela: Am Tropf des Erdöls

Eine Fahrt Richtung Westen entlang der Karibikküste Venezuelas führt zum größten See Südamerikas – dem Lago de Maracaibo. Seine Fläche beträgt 13.000 Quadratkilometer, etwa ein Drittel der Schweiz. Hier konzentrieren sich riesige unterirdische Erdölfelder. Anfang des 20. Jahrhunderts entdeckte man das schwarze Gold. Von diesem Moment an verloren die Exportgüter Kakao, Kaffee und Zuckerrohr immer mehr an Bedeutung. Der Exportschlager wurde das Erdöl und ist es bis heute geblieben.

Laut einer Studie des *United States Geological Survey* vom Januar 2010 verfügt Venezuela über beinahe doppelt so hohe Erdölreserven wie Saudi-Arabien. So soll der karibische Staat mehr als 513 Milliarden Fass förderbares Öl besitzen. In einem 600 Kilometer langen und siebzig Kilometer breiten Streifen parallel zum Orinoco-Fluss im Osten des Landes liegen die wohl größten Erdölreserven der Welt. Venezuelas Regierung spricht von 1.370 Milliarden Fass, davon seien mit der heutigen Technik 236 Milliarden förderbar. Venezuela weist lediglich 81 Milliarden Fass zertifizierte Reserven aus. Da Venezuela keine anderen Rohstoffe von Bedeutung besitzt, hängt es am Erdöltropf. Es sichert vier Fünftel der Exporterlöse, die Hälfte der Staatseinnahmen und dreißig Prozent des Bruttosozialprodukts.

Dass sich Venezuela immer mehr in die Abhängigkeit des Erdöls begab, erkannte bereits Mitte der 1970er-Jahre Juan Pablo Pérez Alfonzo. Der ehemalige Minister für Bergbau, Erdöl und Erdgas übte großen Einfluss auf die Erdölpolitik des Landes aus und warnte davor, dass Venezuela immer mehr in den »Exkrementen des Teufels« versinken würde. Er betonte unermüdlich, dass der schnelle Reichtum Venezuelas nicht eigenen Anstrengungen, sondern dem Erdöl zu verdanken sei. Es bestünde die Gefahr, dass ein ineffizienter Staat diesen Reichtum verschwende. Der Staat konzentriere sich auf große, unproduktive Projekte, welche die Verwaltung und die Bürokratie anschwellen ließen, der Bevölkerung jedoch langfristig wenige Vorteile verschafften. Pérez Alfonzo war die treibende Kraft hinter der 1976 durchgesetzten Verstaatlichung des Erdöls, dessen Förderung durch Konzessionen an multinationale Konzerne geregelt war. Verstaatlichung und Regulierung des Erdölpreises waren die zwei großen Anliegen von Pérez Alfonzo. Er hatte maßgeblich die Gründung der Organisation Erdölexportierender Länder (OPEC) in die Wege geleitet. Nach dem Sturz des Diktators Marcos Pérez Jiménez 1959 wurde Pérez Alfonzo zu einer dominierenden Figur bei der Organisation des Ersten Arabischen Erdölkongresses, der in Kairo stattfand. In privatem Rahmen wurde der Zusammenschluss der Erdölnationen vereinbart, der Vorläufer der OPEC. Am 14. September 1960 wurde die OPEC schließlich offiziell in Bagdad gegründet. Die *New York Times* nannte Pérez Alfonzo »Vater der OPEC«.

Trotz des Ölreichtums in Venezuela ist der Traum von Wohlstand und Erfolg nur für einige wenige Wirklichkeit geworden. Die soziale Situation im selbst proklamierten »reichsten Land der Welt« war Ende der 1990er-Jahre verheerend. Die Regierung war zu einem korrupten, opportunistischen Machtapparat verkommen, die angekündigte populistische Programme nicht umsetzte, und das Los der Armen hatte sich nicht wesentlich verbessert. Ausgerechnet der hochproduktive Ölsektor war der ärmeren Bevölkerung zum Verhängnis geworden. Als dominanter Wirtschaftszweig bestimmt er nicht nur den Wechselkurs der Landeswährung, sondern hält ihn auch hoch. Dies verbilligt die Importe und führt dazu, dass es wenig rentabel ist, in Industrien zu investieren, die nichts mit dem Erdölsektor zu tun haben. Eine effiziente Förderung der eigenen Landwirtschaft beispielsweise würde zwangsläufig dazu führen, dass weniger billige Lebensmittel importiert werden. Steigende Lebenshaltungskosten wären unvermeidbar. Folglich bleibt Venezuela weiterhin von seinem einzigen Exportgut abhängig.

Heute, elf Jahre nach Beginn der politischen Revolution von Hugo Chávez, liefert das Erdöl 95 Prozent der Deviseneinnahmen, während Venezuela über die Hälfte seiner Lebensmittel importieren muss.

#  DIE BOLIVARISCHE REVOLUTION

Einheitlich in roten T-Shirts und mit Fahnen ausgestattet ziehen sie durch die Straßen von Caracas. Es ist ein schwüler Nachmittag Ende November 2007. In ein paar Tagen sollen die Venezolaner in einem Referendum abstimmen, ob sich ihr Präsident unbegrenzt der Wiederwahl stellen darf. Immer wieder rufen sie im Chor: »*Uh, Ah, Chávez no se va!*« – »Uh, Ah, Chávez wird nicht gehen!« Zu Tausenden wurden die Anhänger des venezolanischen Präsidenten Hugo Rafael Chávez Frías aus dem gesamten Land in Bussen in die Hauptstadt Caracas gefahren. Sie sollen ihn und seine Bolivarische Revolution unterstützen. Nur mit der Sicherheit einer unbegrenzten Wiederwahl, so Chávez, könne er die Bolivarische Revolution erfolgreich vollenden.

Anfang des 19. Jahrhunderts hatte Simón Bolívar, Sohn einer reichen Kreolenfamilie und Bewunderer Napoleon Bonapartes, jene Region Südamerikas in die Unabhängigkeit geführt, aus der die heutigen Länder Venezuela, Kolumbien, Ecuador, Peru und Bolivien hervorgingen. Die spanischen Kolonialherren kapitulierten vor der Armee des Freiheitskämpfers, die ihnen zahlenmäßig überlegen war. Nach dem errungenen Sieg wurde Simón Bolívar der erste Präsident der 1821 gegründeten *República de Gran Colombia*. Das Territorium des damaligen Groß-Kolumbiens umfasste die heutigen Staaten Kolumbien, Venezuela, Ecuador und Panama. Doch schon 1830 zerfiel Groß-Kolumbien aufgrund unterschiedlicher nationaler Interessen in mehrere Staaten. Simón Bolívars Traum einer Konföderation aller südamerikanischen Staaten blieb unerfüllt. Er starb am 17. Dezember 1830 in der kolumbianischen Küstenstadt Santa Marta, krank und bankrott.

Keine zwei Jahrhunderte später, mit der Verabschiedung der Verfassung der Bolivarischen Republik Venezuela im Dezember 1999, knüpfte Präsident Hugo Chávez an das unvollendet gebliebene Befreiungsprojekt von Simón Bolívar an. Mit patriotischem Selbstbewusstsein rief er die Bolivarische Revolution aus, die *Revolución Bolivariana*. Mit der Parole *Patria o muerte* – Heimat oder Tod – begeisterte der charismatische Staatsmann sein Volk und verlieh ihm neues Selbstbewusstsein. Chávez begann seinen Feldzug gegen die, wie er sie nennt, »Herrschaft der neuen imperialistischen Weltordnung« und weckte die Hoffnung vieler Venezolaner und Südamerikaner auf einen Aufbruch in bessere politische und wirtschaftliche Zeiten. Vermeintliche Feinde sind dabei die Vereinigten

Staaten von Amerika und ihre Verbündeten. So wirft Chávez den USA vor, maßgeblich an dem gescheiterten Putsch gegen ihn im Jahr 2002 beteiligt gewesen zu sein.

Auslöser des Putsches war ein gemeinsamer Generalstreik des Gewerkschafts- und des Unternehmerverbandes. Diese waren nicht mit den Entscheidungen von Chávez einverstanden, die Gewerkschaften neu zu organisieren und alle führenden Funktionäre ihrer Ämter zu entheben. Als der Präsident schließlich die Führungsriege des staatlichen Erdölkonzerns *Petróleos de Venezuela Sociedad Anónima* (PDVSA) durch regierungstreue Manager ersetzte, drohten Gewerkschafter und Unternehmer damit, den Streik unbegrenzt weiterzuführen. Am 11. April 2002 besetzten sie das Hauptquartier der PDVSA, während am Abend zehn Generäle der Nationalgarde Chávez zum Rücktritt aufforderten. In der Nacht vom 12. April wurde Venezuelas Präsident schließlich von der Armee festgenommen. Am 13. April kam es zu zahlreichen Demonstrationen zugunsten von Chávez. Vor dem Präsidentenpalast trafen seine Anhänger auf Demonstranten der Opposition. Die Situation eskalierte, als Scharfschützen der Hauptstadtpolizei in die Menge der Chávez-Befürworter schossen. Insgesamt kamen bei den gewalttätigen Auseinandersetzungen neunzehn Demonstranten ums Leben. In der Zwischenzeit hatte das Militär in einer landesweiten Fernsehansprache dem gestürzten Präsidenten erneut seine Unterstützung ausgesprochen. In den frühen Morgenstunden des 14. April kehrte Chávez zum Präsidentenpalast zurück. Gestärkt und vom Volk unterstützt, konnte er weiter regieren. Der Putsch war genauso schnell vorbei, wie er begonnen hatte.

Das Land ist nach wie vor tief gespalten zwischen leidenschaftlichen Verfechtern und erbitterten Gegnern der Bolivarischen Revolution. Und ein Jahrzehnt nach der Machtübernahme durch Chávez ist im Land des Befreiers von Freiheit wenig zu spüren. Der demokratisch gewählte Präsident hat die staatlichen Entscheidungsorgane systematisch zu politischen Statisten umfunktioniert. Drei der fünf im Grundgesetz vorgesehenen Gewalten – das oberste Gericht, der Republikanische Moralrat und der Nationale Wahlrat – wurden mit Personen besetzt, deren Loyalität zum Präsidenten ausgeprägter war als die Identifikation mit ihren institutionellen Funktionen und Pflichten. Diese Berufungen gingen ohne Bürgerbeteiligung und ohne eine parlamentarische Mehrheit über die Bühne, wie es aber von der Verfassung vorgeschrieben wäre. Ohne die notwendige Zweidrittelmehrheit im Parlament erzwang Chávez grundlegende politische Veränderungen. Es ist ihm gelungen, die direkte Kontrolle über Armee, Staatsverwaltung, Parlament und Justiz zu erringen. Aufgrund dieser Entwicklungen werfen Kritiker dem Revolutionsführer vor, er habe eine »legale Diktatur« installiert. Die von ihm geschaffenen Volksmilizen haben sich bei diesen Aktionen als äußerst hilfreich erwiesen.

Dem Populisten Chávez, der es versteht, seine rhetorischen Fähigkeiten immer wieder gezielt einzusetzen, ist es gelungen, vor allem die ärmeren Bevölkerungsschichten für seine Politik, den sogenannten *Chavismo*, zu begeistern. Er ist der erste Regierungschef des karibischen Staates, der die Interessen der Armen in den Mittelpunkt des öffentlichen Bewusstseins gestellt hat. Die Benachteiligten der venezolanischen Gesellschaft wissen: Hugo Chávez ist der erste Präsident, der ihnen eine Stimme verliehen hat.

## Strategien des Sozialismus des 21. Jahrhunderts

2006 erklärte Hugo Chávez in einer Rede: »Wir sind entschlossen, einen Beitrag zu leisten auf dem Weg zum Sozialismus, einem Sozialismus des 21. Jahrhunderts, der auf Solidarität, Brüderlichkeit, Liebe, Freiheit und Gleichheit basiert.« Und weiter: »Wir müssen den Modus des Kapitals umwandeln und übergehen zu einem neuen Sozialismus, der täglich neu erbaut werden muss.«

Hugo Chávez wird in die Geschichtsbücher als Staatschef eingehen, der in Venezuela den sogenannten Sozialismus des 21. Jahrhunderts eingeführt hat. Zu erklären, was genau Chávez unter diesem Begriff versteht, wird die Historiker herausfordern, denn nach über zehn Jahren ist die Definition des Sozialismus des 21. Jahrhunderts nach wie vor diffus. Ein konkretes politisches Konzept ist nicht nachvollziehbar, und auch der rote sozialistische Faden, mit dem Chávez seit über einem Jahrzehnt versucht, ein neues System zu stricken, ist für viele nicht erkennbar. Fest steht, dass Venezuelas Staatschef eine partizipative Demokratie und ein solidarisches

Wirtschaftssystem proklamiert hat. Herausgekommen ist ein demokratisch gewähltes autoritäres Regime, das der Demokratie wenig Spielraum lässt und dessen Solidarität in erster Linie den treuen Anhängern des Regimes gilt. Eines hat sich im Laufe der Jahre herauskristallisiert: Der charismatische Präsident denkt nicht daran, sein Amt freiwillig zu räumen. Er sei von einem erfolgreichen Ausgang des Sozialismus des 21. Jahrhunderts nämlich nur dann überzeugt, wenn er mindestens bis 2032 im Amt bleibe. Erst im zweiten Anlauf gelang es ihm allerdings, eine Mehrheit der Venezolaner für die unbegrenzte Wiederwahl zu gewinnen. Die Niederlage im ersten Referendum im Dezember 2007 war ein herber Schlag für ihn, der sich gern als Volksheld und Befreier bejubeln lässt.

Der versierte Rhetoriker bedient sich bei der Umsetzung seiner sozialistischen Ideologie eines abenteuerlichen Cocktails aus Nationalismus, Antiamerikanismus, Militarismus und einer guten Portion Kritik an Kapitalismus und Globalisierung. Der Führungsstil und die Themen, die Chávez immer wieder aufgreift, orientieren sich am Wähler. Er verspricht die Ausweitung von Arbeitnehmerrechten, die Stärkung von Kooperativen und den Bau neuer Wohnungen und Schulen sowie eine kostenlose ärztliche Versorgung. Damit konnte er sich immer wieder die Stimmen der ärmeren Bevölkerungsschichten sichern.

Chávez ist mittlerweile zu einer breit angelegten Verstaatlichungspolitik übergegangen. Unter ihm wurden Gesetze erlassen, die internationale Schiedsgerichtsverfahren grundsätzlich ausschließen und die Regierung bevollmächtigen, Zulieferer und Serviceunternehmen der Erdölindustrie zu verstaatlichen. Heute sind viele wichtige Industriebetriebe Staatseigentum. Manche von ihnen mussten nach ihrer Verstaatlichung die Produktion einstellen, da es an geschultem Personal mangelte und notwendige Investitionen ausblieben. Die sozialistische Lawine der Enteignung machte weder vor dem Bankensystem halt noch vor ausländischen Firmen. Sogar private Naturreservate blieben nicht verschont, wie zum Beispiel das bei Ornithologen weltweit bekannte Hato Piñero. Die *Hacienda* mit einer Fläche von mehr als 80.000 Hektar liegt rund acht Autostunden von Caracas entfernt. 50.000 Hektar dienen als Naturreservat, das eine einzigartige Fauna und Flora beherbergt. Obwohl das Gebiet für die Landwirtschaft ungeeignet ist, da es sechs Monate im Jahr unter Wasser steht, hatte Chávez im Jahr 2006 Familien aus allen Teilen des Landes in Bussen herbeikarren lassen. Vor den Toren der *Hacienda* schlugen sie ihre Zelte auf, jederzeit bereit, das Land zu besetzen, um es dann zu bewirtschaften. Die wenigsten von ihnen haben jedoch Erfahrung in der Landwirtschaft. Sie haben ihre zum Teil verarmten Dörfer an der Küste in der Hoffnung verlassen, mit einem Stück Land ein neues Leben anzufangen. Nach einem langen Disput zwischen der Regierung und den Besitzern von Hato Piñero hat Chávez das Anwesen schließlich im Mai 2010 enteignen lassen. Nun will er dort eine Milchfabrik errichten. In den vergangenen elf Jahren hat der venezolanische Präsident insgesamt drei Millionen Hektar Land enteignet. Für 2011 kündigte er an, weitere 450.000 Hektar zu verstaatlichen.

Jede Enteignung, die Chávez anordnet, begründet er mit dem Argument, er gebe gesellschaftliches Eigentum zurück in die Hände des Volkes. Kooperativen sollen enteignete Fabriken und landwirtschaftliche Betriebe weiterführen und so die Grundlage einer effizienten und solidarischen Wirtschaft bilden. Ein Plan, der sich nach über einem Jahrzehnt als wenig realistisch erwiesen hat und die Bevölkerung teuer zu stehen kommt. Mit rund vierzig Prozent verzeichnet Venezuela derzeit die höchste Inflationsrate in Südamerika. Dazu kommen Versorgungsengpässe bei Lebensmitteln, eine unzureichende Wasser- und Energieversorgung und eine stark steigende Kriminalitätsrate.

## Die Gegenspieler der Bolivarischen Revolution

*Die Oligarchen*

Ohne ein klar definiertes Feindbild ist es für Hugo Chávez schwer, sein Volk von der Notwendigkeit der Revolution für den Sozialismus des 21. Jahrhunderts zu überzeugen. Zum Feindbild Nummer eins hat Chávez die ehemalige herrschende Klasse Venezuelas gemacht, die sogenannten Oligarchen. Weil diese sich zu wenig für die Bedürfnisse der ärmeren Bevölkerung einsetzten, haben sie den Boden für die Bolivarische Revolution bereitet.

Zu einem ebenso großen Feindbild hochstilisiert wurden die USA. Sie stehen allgegenwärtig für den vom Revolutionsführer verhassten Imperialismus. Südamerikanische Länder, die enge politische Beziehungen zu den USA pflegen, werden von Chávez nicht nur durch provokante Reden, sondern auch durch wirtschaftliche Sanktionen immer wieder herausgefordert. So verhängte Chávez zeitweise einen Importstopp gegen Kolumbien. Schon mehrmals ließ er die Grenze zum Nachbarstaat schließen.

Dem Präsidenten zufolge waren die USA und die venezolanische Oberschicht maßgeblich für die wirtschaftlichen und gesellschaftlichen Probleme des Landes verantwortlich. Das ist nicht von der Hand zu weisen, aber die politische Diskussion, die im Lauf seiner mehr als zehnjährigen Amtszeit immer schärfer geworden ist, hat auch an stichhaltigen Argumenten verloren. Chávez, der am 6. Dezember 1998 nach einer Antikorruptions- und Antiarmutskampagne die Präsidentschaftswahlen mit einem historischen Stimmenanteil von 56 Prozent gewonnen hatte, ist es gelungen, die Armut von 1999 bis 2008 von rund fünfzig Prozent auf 27,6 Prozent zu reduzieren. Allerdings ist Venezuela laut einer aktuellen Studie von Transparency International das korrupteste Land Südamerikas.

*Die unabhängigen Medien*

Eine kritische Berichterstattung über die Regierungsarbeit wird von Chávez nicht gern gesehen. Den unabhängigen Medien wirft er vor, sie seien Handlanger der Oligarchen und Marionetten des Imperialismus. Über die Jahre hat er systematisch wichtige und bei der Bevölkerung beliebte Fernsehanstalten schließen oder die gesamte Direktion gegen treue Gefolgsleute auswechseln lassen. Hunderttausende Bürger gingen daraufhin auf die Straße, um dagegen zu protestieren. Nach und nach ließ er die privaten Rundfunkanstalten schließen, die der Opposition als Sprachrohr dienten, um das von Chávez aufgebaute System scharf zu kritisieren. Mittlerweile ist der Fernsehsender *Globovisión* der letzte private Sender, der noch der Opposition zuzuordnen ist. Immer wieder kündigt Venezuelas Staatsoberhaupt an, dass das Ende von *Globovisión* nahe sei. Wenn Journalisten und Kamerateams aus der streng bewachten Sendeanstalt zum nächsten Einsatz aufbrechen, zählen Gasmaske und schutzsichere Weste zu ihrer Grundausstattung wie Kamera und Mikrofon – ein irritierender Anblick.

Chávez proklamiert in seinen zahlreichen Radiosendungen die Bedeutung der Meinungsfreiheit und beteuert, wie ernst er die Kritik des Volkes nehme. Und während er einerseits die Medien als seine Gegner sieht, setzt er sie andererseits geschickt für seine Propagandazwecke ein. In seiner sonntäglichen Sendung »*Aló Presidente*« ruft er regelmäßig zum »Kampf gegen die Medienkonspiration der Oligarchen« auf. Des Weiteren informiert er sein Volk in bis zu achtstündigen Monologen hinter einem Schreibtisch sitzend über Innen- und Außenpolitik, über wirtschaftliche und industrielle Entwicklungen und über das Aufrüstungsprogramm Venezuelas.

Es ist schwer, von einer ausgewogenen Berichterstattung zu sprechen. Die Regierung betreibt 73 eigene Radio- und Fernsehsender, 731 private Medienanstalten sind von staatlicher Finanzierung abhängig. Landesweit gibt es nur noch 29 politisch unabhängige Medienanstalten. Der Journalist Asdrubal Aguiar, der für die Tageszeitung *El Universal* regimekritische Kolumnen schreibt, ist immer häufiger Schikanen und Drohungen ausgesetzt. Er versichert, er habe gelernt, zwischen den Zeilen zu schreiben. So wie ihm geht es vielen Journalisten. Aguiar betont, mittlerweile habe der aufmerksame Leser in Venezuela Übung darin, die verschleierten Nachrichten selbst zwischen den zensierten Zeilen herauszulesen. Dennoch zeigen sich immer mehr Menschenrechtsorganisationen besorgt darüber, dass in Venezuela gegen zahlreiche Journalisten Gerichtsverfahren laufen. Es wird ihnen vorgeworfen, den Ruf staatlicher Organe geschädigt zu haben.

*Die Studenten*

Seit der Schließung des regierungskritischen Fernsehsenders *Radio Caracas TV* im Mai 2007, der vor allem wegen seiner Telenovelas bei der Bevölkerung sehr beliebt war, haben sich der Anti-Chávez-Bewegung zahlreiche Studenten und Schüler angeschlossen. Daraus ist mittlerweile eine landesweite Bürgerrechtsbewegung entstanden. Einer ihrer Anführer war Yon Goicoechea. Er galt eine Zeit lang als Hoffnungsträger der politischen Opposition.

Als im Dezember 2007 die Bevölkerung aufgerufen war, in einem Referendum über eine Verfassungsänderung abzustimmen – um Chávez die unbegrenzte Wiederwahl zu ermöglichen –, waren es die Studenten, die die Oppositionsgruppen mobilisierten. Die politische Opposition, die zersplittert war und keine charismatische Führungspersönlichkeit an der Spitze hatte, verspürte dank der Studentenbewegung wieder neuen Aufwind. Es sollte die erste herbe Niederlage für Chávez werden, die er, sichtlich enttäuscht, acht Stunden nach Schließung der Wahllokale bekannt gab. Den Grund für dieses politische Desaster sah er darin, dass zahlreiche seiner Anhänger der Wahl fernblieben, während die Opposition geschlossener denn je ihre Stimme gegen ihn abgab.

Nach dieser ersten Niederlage verfolgte der Staatschef sein Ziel, unbegrenzt an der Macht zu bleiben, mit noch größerer Vehemenz. Im Februar 2009 forderte er sein Volk erneut zur Abstimmung auf. Auch die Studentenbewegung wurde wieder aktiv. Als Leitspruch ihrer Kampagne wählte sie ein Zitat von Simón Bolívar: »Nichts ist so gefährlich, wie einen und denselben Bürger zu lange an der Macht verweilen zu lassen. Das Volk gewöhnt sich daran, ihm zu gehorchen, und er gewöhnt sich daran, es zu regieren, daraus resultieren Usurpation und Tyrannei.« Doch dieses Mal mobilisierte auch Chávez seine Anhänger erfolgreich und so sprach sich die Mehrheit der Venezolaner für eine Verfassungsänderung aus. Chávez sowie alle gewählten Amtsinhaber können fortan beliebig oft zur Wiederwahl antreten.

*Die Kirche*

Wie überall in Südamerika gehört es auch zum Stadtbild von Caracas, dass Passanten sich vor katholischen Kirchen bekreuzigen. Und der Straßenverkäufer, der sich durch die überfüllten Busse der Hauptstadt drängt, findet immer Abnehmer für die zahlreichen bunten Armbänder an seinem Handgelenk, auf denen Heilige abgebildet sind.

In Venezuela herrscht Religionsfreiheit. 92 Prozent der Bevölkerung sind bekennende Katholiken, mit nur zwei Prozent bilden die Protestanten die zweitstärkste Glaubensgemeinschaft. Die muslimische Gemeinde mit rund 100.000 Anhängern setzt sich überwiegend aus Syrern und Libanesen zusammen. Eine Minderheit bilden die Juden mit gerade einmal 13.000 Gläubigen.

Umwarb Chávez noch zu Beginn seiner Regierungszeit die katholische Kirche, veränderte sich sein Verhalten, als er im Oktober 1999 von seinem ersten offiziellen Besuch in Havanna zurückkehrte. Für den Erzbischof des Bundesstaates Mérida, Baltazar Porras, besteht kein Zweifel, dass Fidel Castro Chávez dazu bewogen hat, die Kirche immer härter anzugreifen.

Chávez, der sich selbst mal als Katholik, mal als Protestant und dann wieder als Mitglied der Pfingstkirche bezeichnet, provoziert die katholische Kirche, indem er in seinen Reden christliche Symbole verwendet und Jesus Christus als ersten Sozialisten bezeichnet. Er wirft der Kirche vor, die ultrarechten, reaktionären Kräfte des Landes zu unterstützen und am missglückten Putsch im April 2002 beteiligt gewesen zu sein. Tatsache ist, dass der damalige Kardinal von Caracas, Ignacio Antonio Velasco García, dem Putschpräsidenten Pedro Carmona den Segen erteilt hat.

Aufgrund der politischen und wirtschaftlichen Unsicherheit im Land suchen immer mehr Gläubige Stabilität und Halt in der Kirche. Die Gotteshäuser sind an Sonn- und Feiertagen sehr gut besucht.

Die katholische Bischofskonferenz in Venezuela wirft Chávez vor, die Kirche spalten zu wollen, indem er die Gemeinschaft der Priester in Regimegegner und Regimeanhänger aufteile und dies durch öffentliches Lob und öffentliche Kritik unterstreiche. Sie spricht sich offen gegen eine unbegrenzte Wiederwahl des Präsidenten aus und erntet dafür Kritik und Vorwürfe seitens der Regierung, teilweise in sehr aggressiver Form. Die jüdische Gemeinde fürchtet die Konfrontation mit Chávez, nachdem dieser die diplomatischen Beziehungen zu Israel abgebrochen hat. Der iranische Staatschef Mahmoud Ahmadinejad zählt unterdessen zu seinen engsten politischen Verbündeten.

# Hugo Chávez' Sozialprogramme

Sowohl national als auch international löste Chávez in den letzten zehn Jahren mit der Einführung von bis zu dreißig Sozialprogrammen große Begeisterung aus. Der Erdölpreis befand sich im Höhenflug und Venezuelas Präsident schöpfte aus den vollen Kassen des staatlichen Erdölkonzerns. Mit den Erlösen garantierte er die Finanzierung von Aktionsprogrammen, den sogenannten Misiónes. Diese sollten unter anderem eine Verbesserung der unzureichenden Gesundheitsversorgung bewirken und den Analphabetismus bekämpfen.

Ein Großteil dieser Sozialprogramme basiert auf einer intensiven Zusammenarbeit mit dem engsten Verbündeten von Chávez, Kubas ehemaligem Staatschef Fidel Castro. Sie vereinbarten, dass Kuba Ärzte und Lehrer nach Venezuela entsendet und dafür günstig Erdöllieferungen erhält.

Zwei dieser Programme, für welche die Regierung intensiv Werbung betrieb und die anfänglich erfolgreich waren, sind die *Misión Barrio Adentro* und die *Misión Robinson*.

Mit der *Misión Barrio Adentro* ermöglichte Chávez, dank des Einsatzes Zehntausender medizinisch geschulter Kubaner, der armen Bevölkerung in den Elendsvierteln erstmals den Zugang zu einer ärztlichen Grundversorgung. Damit entstand der Eindruck, Chávez habe eine effektive kostenlose Gesundheitsfürsorge geschaffen. Doch aufgrund einer zum Teil unzureichenden fachlichen Qualifikation waren nicht alle entsandten Kubaner den Herausforderungen der Praxis gewachsen. Zudem zeichnete sich ab, dass manche die Freiheit nutzten, um in anderen lateinamerikanischen Ländern unterzutauchen. Im Februar 2010 war es sieben kubanischen Ärzten gelungen, nach Miami auszureisen. Dort reichten sie beim Bundesgericht eine Klage gegen Venezuela, Kuba und PDVSA wegen Sklaverei ein. Sie seien gezwungen worden, unter ebensolchen Bedingungen für die *Misión Barrio Adentro* zu arbeiten. Über die Hälfte der von Chávez ins Leben gerufenen Krankenstationen sind mittlerweile verlassen. Die Bilanz ist ernüchternd: Zehn Jahre Regierungszeit Chávez haben die Gesundheitsversorgung nicht maßgeblich verbessert.

Mithilfe der *Misión Robinson* soll erwachsenen Analphabeten in nur sechs Monaten Lesen und Schreiben beigebracht werden – ein Unterfangen, das von venezolanischen Experten aus dem Bildungsbereich als unrealistisch bezeichnet wurde. Über eine Million Menschen aus den ärmsten Bevölkerungsschichten nahmen an dem Programm teil, das von Venezuela und Kuba gemeinsam entwickelt wurde. In 65 audiovisuellen Lektionen lernen die Schüler lesen und schreiben. Die Organisation der Vereinten Nationen für Erziehung, Wissenschaft und Kultur (UNESCO) unterstrich 2010 die Bedeutung dieses kubanisch-venezolanischen Alphabetisierungsprogramms. In 28 Ländern haben rund fünf Millionen Menschen auf diese Weise lesen und schreiben gelernt.

Doch nicht immer brachte das Schulungsprogramm den versprochenen, von der Regierung propagierten Erfolg. Während sich im Oktober 2005 in Caracas alles auf die Festlichkeiten vorbereitete, um den Sieg über den Analphabetismus in Venezuela zu feiern, wollten Mitarbeiter der *Misión Robinson* im Landesinneren vor laufender Kamera eines internationalen Fernsehteams den Erfolg ihrer Arbeit demonstrieren. Ein 63-jähriger Landwirt, der seit einem Jahr Schüler der *Misión Robinson* war, sollte den Satz »Der Himmel ist blau« vorlesen. Sichtlich angespannt, dies vor laufender Kamera tun zu müssen, und dem strengen Blick der Lehrerin ausweichend, unterstrich er mit seinem Bleistift immer wieder die einzelnen Buchstaben, ohne sie zu einem Wort zusammensetzen zu können. Ungeduldig und energisch griff die Lehrerin ein: »Aber deinen Namen kannst du doch lesen, nicht wahr?« Worauf der Mann seinen Namen sagte – als Beweis, dass er erfolgreich lesen und schreiben gelernt hatte. Die Situation verdeutlicht, unter welch hohem Erfolgsdruck nicht nur die Schüler, sondern vor allem die Mitarbeiter der *Misión Robinson* standen.

Die Abschlussprüfung der *Misión Robinson* bestand darin, dass die Teilnehmer ihren Namen, ihre Ausweisnummer und einen Satz über ihre Zukunftsvorstellungen schreiben mussten. Bei erfolgreichem Abschluss galten die Absolventen nach den Maßstäben der Bolivarischen Revolution nicht mehr als Analphabeten.

Laut der UN-Wirtschaftskommission für Lateinamerika und die Karibik (CEPAL) waren 1999 knapp sieben Prozent der Venezolaner Analphabeten, 2010 waren es knapp fünf Prozent, die weder lesen noch schreiben können.

Sowohl die *Misión Robinson* als auch die *Misión Barrio Adentro* haben Chávez anfänglich zu hoher Popularität bei den ärmeren Bevölkerungsschichten verholfen. Mit seinen Sozialprogrammen will Chávez – Sohn eines ehemaligen Dorfschullehrers – der unteren Gesellschaftsschicht zu mehr Macht verhelfen. Eine Macht, die sich längerfristig gegen die Mittel- und Oberschicht richten soll.

# Die südamerikanischen Verfechter des Sozialismus des 21. Jahrhunderts

Wann immer sich Hugo Chávez und sein bolivianischer Amtskollege Evo Morales treffen, entsteht der Eindruck einer innigen Freundschaft. Chávez ist der politische Ziehvater des ehemaligen Kokabauers und Gewerkschaftsführers Morales, der seit 2005 mit seiner Partei *Movimiento al Socialismo* (MAS), Bewegung zum Sozialismus, in Bolivien regiert. 2009 bestätigte das Volk den ersten Indio-Präsidenten Südamerikas für eine weitere Amtsperiode. Morales erklärte, dass er sich nun noch viel mehr verpflichtet fühle, den Sozialismus des 21. Jahrhunderts voranzutreiben, womit er unter anderem die Verstaatlichungs- und Enteignungspolitik meinte. Seinem politischen Vorbild Chávez nacheifernd, hatte Morales bereits in seiner ersten Amtszeit die Erdöl- und Erdgasreserven des Landes verstaatlicht.

Wie Venezuela hat auch Bolivien ein eher abgekühltes Verhältnis zu den USA. Mit scharfen Worten kritisierte Morales vor internationalen Journalisten beim Gipfeltreffen 2009 in Trinidad und Tobago die USA. Dabei erläuterte er, weshalb er wenige Wochen zuvor den US-Botschafter Philip Goldberg zur *persona non grata* erklärt und des Landes verwiesen hatte. Morales beschuldigte die USA, an einem versuchten Mordanschlag auf ihn beteiligt gewesen zu sein. Außerdem habe er Beweise, dass der US-Botschafter maßgeblich die Opposition im Osten des Landes unterstützt habe. Dieser Vorwurf wurde von den USA trotz eindeutiger Videoaufnahmen zurückgewiesen.

Auch Ecuador hat ein distanziertes Verhältnis zu den USA. Präsident Rafael Correa teilt mit Evo Morales und Hugo Chávez die politische Überzeugung, dass der Sozialismus des 21. Jahrhunderts das Alternativmodell für Südamerika ist. Der gemeinsame Feind USA verbindet eben. Correa hat bereits zweimal US-Diplomaten des Landes verwiesen, mit der Begründung, sie hätten sich zu sehr in innenpolitische Angelegenheiten eingemischt.

Weniger kritisch sieht Ecuadors Präsident die Einmischung von Chávez in seine innenpolitischen Angelegenheiten. An der gemeinsamen Grenze auf ecuadorianischem Boden zerbombte im März 2008 das kolumbianische Militär ein Lager der Guerillagruppe FARC. Chávez ergriff für die Regierung Correas Partei und befahl, einige Tausend venezolanische Soldaten an die Grenze zwischen Venezuela und Kolumbien vorrücken zu lassen. Für einen Augenblick wurde der Ausbruch eines Krieges befürchtet. Nach stundenlangen diplomatischen Vermittlungen der Organisation Amerikanischer Staaten (OAS) entschuldigte sich schließlich der kolumbianische Präsident Álvaro Uribe bei seinem ecuadorianischen Kollegen Correa. Der südamerikanische Frieden war wieder hergestellt.

Im August 2010 trat der ehemalige Verteidigungsminister Kolumbiens Juan Manuel Santos die Nachfolge von Uribe an. Wenige Monate später erklärte er nach einem ersten Treffen mit dem venezolanischen Präsidenten: »Chávez ist mein neuer bester Freund.« Eine Aussage, die vom Präsidenten Venezuelas umgehend erwidert wurde. Doch viele Kolumbianer sind wenig überzeugt von diesem neuen Freundschaftsband zwischen zwei einst erbitterten Gegenspielern.

## Die »Morgendämmerung« Lateinamerikas

Gemeinsam mit seinem kubanischen Amtskollegen und Freund Fidel Castro rief Hugo Chávez 2004 ein neues lateinamerikanisches Wirtschaftsbündnis ins Leben, das den romantisch anmutenden Namen ALBA trägt. *Alianza Bolivariana de las Americas* steht für »Bolivarische Allianz für Amerika« – *alba* ist im Spanischen die Morgendämmerung.

Mit der Gründung dieses politischen und wirtschaftlichen Bündnisses will Venezuelas Präsident Lateinamerika zu einem neuem Selbstbewusstsein verhelfen. ALBA war als Alternative zum geplanten ALCA, *Area de libre comercio de las Americas,* gedacht. Dieses Projekt einer gesamtamerikanischen Freihandelszone wurde auf Initiative der USA ins Leben gerufen. Es kam jedoch zwischen den USA und den lateinamerikanischen Regierungen zu keinem Konsens, die Gespräche gerieten ins Stocken, das Projekt scheiterte. Auf einer Gegenveranstaltung im Rahmen des Amerikagipfels im argentinischen Mar del Plata im November 2005 erklärte Chávez die ALCA für »tot«. In einem überfüllten Stadion rief er seine Anhänger auf – unter ihnen Persönlichkeiten wie der ehemalige argentinische Fußballvirtuose Diego Maradona und der serbische Filmregisseur Emir Kusturica –, gemeinsam mit ihm »das Grab der ALCA sowie des Modells des Kapitalismus in Mar del Plata zu schaufeln«.

Vorbild für das Alternativprojekt zur amerikanischen Freihandelszone soll die Europäische Union sein. Chávez' Plan lautet, eine Gesellschaft aufzubauen, die den Völkern soziale Gerechtigkeit gewährleistet. Wie das funktionieren soll, demonstrierten er und Fidel Castro bereits 2004, als beide Länder das erste Abkommen im Rahmen der ALBA unterzeichneten. Darin wurde festgelegt, Venezuelas Erdöllieferungen an Kuba mit der Entsendung von kubanischen Ärzten nach Venezuela zu begleichen. Dienstleistungen und Rohstoffe als Zahlungsmittel: So sollen die Mitgliedsstaaten dank ihrer jeweiligen Ressourcen zur Gesamtentwicklung Lateinamerikas beitragen, unabhängig von ihren monetären Voraussetzungen. Vor diesem Hintergrund sind Kooperationsverträge im Bereich der Infrastruktur und der Energieversorgung geplant. Nach und nach sollen diese Verträge ausgeweitet werden, um die ökonomische, politische und militärische Integration der Mitgliedsstaaten zu befördern.

Um den Warenaustausch in Zukunft einfacher zu gestalten, wurde 2010 die Währung Sucre – *Sistema Único de Compensación Regional* – eingeführt, die als Recheneinheit getestet wird wie einst der Euro-Vorläufer Ecu in der Europäischen Union.

Anfänglich wurde die ALBA von der internationalen Gemeinschaft als Propagandaverbund der Präsidenten Chávez und Castro belächelt. Mittlerweile zählt die ALBA jedoch acht Mitglieder: Neben Kuba und Venezuela sind dies Bolivien, Nicaragua, Ecuador und die Inselstaaten Antigua und Barbuda, Dominica, St. Vincent und die Grenadinen. Es sind vor allem die ärmeren Länder Lateinamerikas, die sich dem Verbund anschließen, denn durch ihre Mitgliedschaft steigt die Chance, in den Genuss ausländischer Investitionen zu kommen. Wer beispielsweise als ausländischer Investor mit Kuba Wirtschaftsvereinbarungen trifft, kann dazu verpflichtet werden, parallel mit anderen ALBA-Ländern Handelsbeziehungen einzugehen. Und auch wenn Staaten wie Argentinien, Brasilien und Uruguay sich der Vereinigung gegenüber noch zurückhaltend zeigen, ist es Chávez gelungen, sie über bilaterale Kooperationen in den Transformationsprozess einzubinden.

Die »Morgendämmerung« Lateinamerikas wäre ohne Venezuelas Ölreichtum mit Sicherheit nur eine Vision geblieben. Nach über sechs Jahren erscheint der Verbund zumindest für die Mitgliedsländer eine neue Form der internationalen Zusammenarbeit geworden zu sein. Kritiker werfen Chávez vor, ihn hätten bei der Gründung des Staatenbundes nicht wirtschaftliche, sondern rein geopolitische Ziele motiviert. Sie weisen darauf hin, dass die ALBA vom venezolanischen Scheckbuch abhängt und nur so lange funktionieren wird, wie die Mittel aus Caracas fließen.

## Grenzenlose Macht des Erdöls?

Streng bewacht wird die Einfahrt zu dem staatlichen Unternehmen PDVSA, *Petróleos de Venezuela S.A.* Es ist die größte Erdölgesellschaft Südamerikas und der wichtigste Exporteur Venezuelas. Wie die meisten der zahlreichen Arbeiter auf dem Gelände trägt auch Jorge ein leuchtend rotes T-Shirt, ganz nach dem farblichen Geschmack des venezolanischen Präsidenten. Der 23-Jährige arbeitet in einer Kooperative, die Papier herstellt. Von dieser ist er zu einer Weiterbildung in die Hauptstadt geschickt worden, zum staatlichen Unternehmen PDVSA. Jorge soll eine Ausbildung zum Teamchef absolvieren. Es herrscht geschäftiges Treiben auf dem Gelände. Im Schulungszimmer angekommen, befindet sich Jorge in roter Gesellschaft. Der Kursleiter heißt die Schüler willkommen, in seiner rechten Hand ein blaues Büchlein: die Verfassung der Bolivarischen Republik von Venezuela. Der erste Schulungstag widmet sich ausschließlich der politischen Bildung – dem Sozialismus des 21. Jahrhunderts.

Mit seinen rund 100.000 Mitarbeitern und einem Produktionsvolumen von über zwei Millionen Fass pro Tag ist das Erdölunternehmen PDVSA die finanzielle Grundlage für die Bolivarische Revolution. Bei seiner Machtübernahme schwor Chávez, das schwarze Gold Venezuelas in den Dienst der Revolution zu stellen. So kam es, dass der Erdöldollar zum Hauptinstrument bei der Gewinnung politischer Verbündeter wurde. Auch Jorge ist zum Mitstreiter der Bolivarischen Revolution geworden. Im Zuge seiner Weiterbildung hat der Fabrikarbeiter vor allem eines gelernt: Nur wer die Bolivarische Revolution verteidigt, ist ein guter Arbeiter.

Doch das Erdöl Venezuelas finanziert nicht nur im eigenen Land den Sozialismus des 21. Jahrhunderts. Das *Institute for Global Economic Growth* in Washington schätzt, dass bis zum Jahr 2008 rund 33 Millionen Dollar unter anderem an die kolumbianische Guerillaorganisation FARC, die baskische Terrororganisation ETA, die palästinensische Hamas und die libanesische Hezbollah geflossen sind.

Mit dem Erdöl versucht Chávez, sich außenpolitisch Verbündete zu schaffen, die sich ihm verpflichtet fühlen. So finanzierte er beispielsweise die Wahlkampagnen der Präsidenten Boliviens und Paraguays, Evo Morales und Fernando Lugo. In Peru unterstützte er den Präsidentschaftskandidaten Ollanta Humala und in Nicaragua den Präsidenten Daniel Ortega. Auch Ecuador und Argentinien zählen zu den Begünstigten des Erdölreichtums Venezuelas. Chávez kaufte Argentinien in den letzten Jahren Staatspapiere im Wert von 7,8 Milliarden Dollar ab und tauscht immer wieder gern argentinisches Rindfleisch gegen Öl ein.

Eine derartige Großzügigkeit konnte Chávez sich nur leisten, weil er in den elf Jahren seiner Regierung über insgesamt 800 Milliarden Dollar aus dem Erdölexport verfügte. Das ist mehr, als alle demokratischen Regierungen Venezuelas in den vierzig Jahren zuvor in Summe aus dem Erdölsektor zur Verfügung hatten. Unter Chávez hat die Abhängigkeit von den Öleinnahmen deutlich zugenommen. Über neunzig Prozent der gesamten Export- und fünfzig Prozent der Staatseinnahmen erwirtschaftet Venezuela durch Erdöl. Hauptabnehmer sind bisher die USA, jedoch mit abnehmender Tendenz. Machten Ölimporte aus Venezuela 1996 noch rund siebzehn Prozent aller Einfuhren in die USA aus, lag der Anteil 2009 nur noch bei rund elf Prozent. Venezuela will in Zukunft mehr Öl nach China und Weißrussland exportieren.

Die Folgen der Weltwirtschaftskrise 2008 haben die Scheckbuch-Politik von Chávez untergraben. Der Preis des wichtigsten Exportgutes sank von über 140 Dollar auf unter siebzig Dollar pro Fass.

Da die heimische Landwirtschaft zu wenig produziert, muss Venezuela einen Großteil seiner Grundnahrungsmittel einführen. Doch seit die Exporterlöse aus dem Erdölgeschäft abnehmen, zeichnet sich eine Versorgungskrise im Land ab. Und dies trifft vor allem die Bewohner der Armenviertel, die Chávez bisher als den großzügigen Verteiler des nationalen Reichtums gesehen haben. Doch wenn die Milch knapp wird und ein Liter auf dem Schwarzmarkt teurer ist als eine Flasche Whisky im Restaurant, und wenn man für Hühnerfleisch vor den Geschäften sieben Stunden anstehen muss, kommen auch bei den Anhängern der Bolivarischen Revolution Zweifel auf. Allmählich spüren sie, dass sich ihre Lebensqualität in den letzten zehn Jahren verschlechtert hat. Und viele fragen sich, wo das ganze Geld geblieben ist, und machen immer häufiger Hugo Chávez persönlich für die Missstände im Land verantwortlich.

Doch bald sollen wieder mehr Erdöldollar in die Staatskassen fließen. Venezuela will zur globalen Energiemacht aufsteigen – möglich machen sollen dies die rund 1,4 Milliarden Fass dickflüssiges Schweröl, die im Orinoco-Becken schlummern. Rund zwanzig Prozent davon könnten mit der heute verfügbaren Technologie gefördert werden. Doch der Staatskonzern PDVSA kann dieses Projekt nicht allein verwirklichen und hat deshalb russische und chinesische Partner an Bord geholt. Von ihnen werden vor allem Know-how und Kapital erwartet, um das 80-Milliarden-Dollar-Projekt umzusetzen. Dennoch bezweifelt der deutsche Politikprofessor der Universität Simón Bolívar in Caracas, Friedrich Welsch, dass Venezuela eine neue »Schwerölbonanza« wie in den 1960er-Jahren erleben werde. Denn die Erschließung der Erdölfelder koste sehr viel Geld, das die PDVSA nicht aufbringen könne.

Die Bolivarische Revolution von Chávez – sie steht und fällt mit dem Marktwert des Erdöls.

## Die Alliierten der Bolivarischen Revolution

Ein ungewöhnliches Bild bietet sich Ende November 2008 all jenen, die sich im Landeanflug auf die venezolanische Küstenstadt La Guiara befinden. Im türkisfarbenen Wasser thront majestätisch ein übergroßes dunkelgraues Schiff. Kenner der Region haben derartige Schiffe hier noch nicht gesehen. Im Taxi auf dem Weg in die Berge in Richtung Caracas hat der Fahrgast ein malerisches Panorama vor sich. Das idyllische Bild des karibischen Meers wird jedoch getrübt durch drei weitere dunkelgraue Schiffe. Der Taxifahrer erklärt mit fast gelangweilter Stimme: »Die Russen sind da.« Dann preist er die Schönheit des imposantesten Schlachtkreuzers: »Ist ›Peter der Große‹ nicht ein Prachtexemplar?«

»Peter der Große« ist das größte atombetriebene Kriegsschiff der russischen Flotte. Auf Einladung von Chávez hielt Russland gemeinsam mit Venezuelas Marine in der Karibik Manöver ab, rund tausend Kilometer südlich von Florida. Es war der erste größere Aufenthalt russischer Kriegsschiffe in der Karibik seit dem Kalten Krieg. Laut Medienberichten soll die Demonstration militärischer Stärke die Antwort Moskaus auf die Entsendung amerikanischer Kriegsschiffe nach Georgien im Kaukasus-Konflikt gewesen sein.

Der russische Präsident Dimitrij Medwedjew bezeichnet Venezuela als einen der wichtigsten Verbündeten Moskaus in Südamerika. Allerdings schwächt er seine Aussage dahingehend ab, dass er die Beziehung als »pragmatisch« bezeichnet. Viel weniger pragmatisch sieht Chávez dieses Verhältnis. Russland ist für ihn ein politischer Alliierter gegen die USA und vor allem ein willkommenes Waffenarsenal, aus dem er schöpfen kann. Für mehr als vier Milliarden Dollar hat er seit 2004 unter anderem Kampfflugzeuge, Panzer, Raketenabwehrsysteme und Kalaschnikows gekauft und damit ein Wettrüsten in der Region ausgelöst. So hat Brasilien in den letzten fünf Jahren für rund 5,5 Milliarden Euro Waffen in Frankreich gekauft und plant, seine Flotte von Kampfflugzeugen mithilfe des französischen Partners zu modernisieren. In Venezuela ließ Chávez zwei Fabriken errichten, in denen mit russischer Lizenz Kalaschnikows nebst Munition produziert werden. Medwedjew hat Venezuela auch für die Zukunft Waffenlieferungen sowie seine Unterstützung für das venezolanische Atomenergieprogramm zugesichert.

Auf der Suche nach einer Allianz gegen den US-amerikanischen Imperialismus hat Chávez jedoch nicht nur in Russland politische Unterstützung gefunden. Zu den wohl engsten Verbündeten des Linkspopulisten gehört Irans erzkonservativer Regierungschef Mahmoud Ahmadinejad.

Wenn Chávez von seinem iranischen Amtskollegen spricht, bezeichnet er ihn gern als »Bruder« und »Revolutionär«, als »Kämpfer für die gerechte Sache«. In einer seiner sonntäglichen Fernsehsendungen würdigte er Ahmadinejads Rolle als »Gladiator des antiimperialistischen Kampfes«. Ahmadinejad steht den Huldigungen in nichts nach und betont, Iran und Venezuela seien zwei wichtige Verbündete auf globalem Niveau. Die zwei Erdölstaaten haben zahlreiche Kooperationsabkommen abgeschlossen.

Irans wachsender Einfluss auf lateinamerikanischem Boden beunruhigt die USA. Besonders kritisch verfolgen sie die Atomenergieprogramme von Venezuela und dem Iran, seit die Regierungschefs der beiden Länder einander Unterstützung in ihrer jeweiligen Nuklearenergiepolitik zugesagt haben. So hat Chávez angekündigt, die Energiekrise im Land durch ein ziviles Atomprogramm überwinden zu wollen. Grund dieses Energieengpasses im Erdölland Venezuela ist die gesunkene Stromproduktion des riesigen Guri-Staudamms im Osten des Landes, der etwa siebzig Prozent des Stromverbrauchs Venezuelas abdeckt. Ausbleibende Niederschläge und ein Staudamm, der seit Jahren nicht gewartet wurde, führten zu Stromausfällen im gesamten Land. Mithilfe der im April 2009 gegründeten venezolanisch-iranischen Entwicklungsbank will die Regierung gemeinsame wirtschaftliche und soziale Projekte finanzieren. Die neue Finanzinstitution, die ein Starkapital von 1,2 Milliarden Dollar hat, ist als eine venezolanisch-iranische Reaktion auf die internationale Finanzkrise von 2008 zu sehen. Die Bank wird jedoch die verheerenden Versorgungsengpässe kurzfristig nicht beheben können.

Bei einem der letzten Treffen der beiden Staatschefs in Venezuela erklärte Chávez mit Blick auf die USA: »Christus und Mohammed weisen uns den Weg, um die Bedrohungen des Imperiums zu zerschlagen. Sie« – gemeint sind die USA – »können es nicht mit uns aufnehmen und der Frieden wird siegen.« Unterdessen beobachten die USA noch kommentarlos das Treiben der beiden Nationen und setzen darauf, dass das immer unzufriedener werdende venezolanische Volk sich früher oder später gegen die Situation im Land auflehnen wird.

## Wirtschaftliche Situation und Ausblick

Feierabend in der Vier-Millionen-Metropole-Caracas. Ab achtzehn Uhr strömen die Berufstätigen in Auto, Bus und Bahn nach Hause. Die Scheinwerfer der unzähligen Autos verwandeln die Straßen in eine rot-weiße Lichterkette. Aufheulende Motoren, Huptöne in unterschiedlichsten Klangfarben und dröhnende Musik bilden die ohrenbetäubende Geräuschkulisse auf dieser endlosen Fahrt. Hier, wo ein Liter Mineralwasser mehr als zehnmal so teuer ist wie ein Liter Benzin, verstopfen tagtäglich

Tausende von Autos die Verkehrsadern von Caracas. Rechts und links auf den Hügeln, wo tagsüber wie aufeinandergestapelte Streichholzschachteln die selbst gezimmerten Behausungen der Elendsviertel zu sehen sind, funkeln jetzt wie unzählige kleine Sterne die Lichter jener Häuschen, die sich illegal an das Stromnetz der Stadt angeschlossen haben. In diesen Vierteln lebt ein Großteil der Anhänger von Chávez unter zum Teil lebensgefährlichen Bedingungen. So leiden die Venezolaner unter der höchsten Kriminalitätsrate Südamerikas. Seit Jahren steigt die Zahl der Tötungsdelikte in Caracas stetig an. An jedem Wochenende sind über fünfzig Opfer zu beklagen. Die *Caraqueños*, die Bewohner von Caracas, müssen sich tagtäglich mit dieser Situation arrangieren sowie mit einem Feierabendverkehr, der bis um ein Uhr morgens andauert. Jeden Abend aufs Neue steht die Hauptstadt der Bolivarischen Revolution kurz vor dem Kollaps.

Die Situation auf den Straßen von Caracas, wo sich fliegende Händler jeglicher Provenienz tummeln, spiegelt das Bild eines Landes wider, das im letzten Jahrzehnt wirtschaftlich alarmierend abgebaut hat. Während die Straßenhändler im Herzen von Caracas ihre bunt zusammengewürfelte Ware anpreisen, erstreckt sich hinter ihnen eine Reihe verlassener Geschäftslokale, deren Inhaber in Konkurs gegangen sind. Die fliegenden Händler, die keine Steuern zahlen und ihren Strom von der Leitung der Straßenbeleuchtung abzapfen, haben den alteingesessenen Läden keine Überlebenschance gelassen. Das Wuchern des informellen Sektors wurde von Chávez nie unterbunden. Niemand wurde daran gehindert, sich vom offiziellen Wirtschaftssystem abzukoppeln.

Der formelle Sektor hingegen liegt danieder: Seit 1998 sind vierzig Prozent der Industriebetriebe im Land geschlossen worden. Dieser langsame Einbruch der industriellen Produktion, die zunehmende Kapitalflucht und die fehlenden Auslandsinvestitionen haben Venezuelas Wirtschaft noch weiter in die Abhängigkeit vom Erdöl geführt. Ein Nebeneffekt dieser Entwicklungen ist eine neue Migrationswelle. Während die venezolanische Mittelschicht das Land in Richtung Miami verlässt, wird auf den Straßen immer häufiger Arabisch, Urdu, Chinesisch oder Französisch gesprochen. Junge Einwanderer aus Syrien, Jordanien, China oder Haiti suchen hier eine besseren Zukunft. Die meisten von ihnen sind kleine Händler.

Um vor allem der ärmeren Bevölkerung entgegenzukommen, hat Chávez die Preise für Grundnahrungsmittel festgelegt. Diese Maßnahme hat Milch, Hühner, Zucker und Fleisch zur Mangelware gemacht, sie sind nur noch auf dem Schwarzmarkt zu horrenden Preisen zu bekommen. Die Enteignungen von über 2,5 Millionen Hektar fruchtbaren Landes haben die landwirtschaftliche Produktion empfindlich geschmälert. Die Bauern, die noch produzieren, machen bei den staatlich festgeschriebenen Preisen ein Verlustgeschäft und ziehen es vor, die Ware ins benachbarte Kolumbien zu schmuggeln. So muss schließlich der Erdöldollar für den Import von Nahrungsmitteln unter anderem aus Brasilien, Argentinien und Bolivien eingesetzt werden. Derweilen boomt der Markt für Autos, elektronische Geräte und andere Luxusgüter, die viele Venezolaner als Kapitalanlage nutzen. Sie hoffen, sich auf diese Weise vor dem Währungsverfall zu schützen.

Vor allem wegen der staatlich festgeschriebenen Preise und des starken informellen Sektors hat das Wirtschaftswachstum Venezuelas in den letzten Jahren rapide abgenommen. Lag es im Jahr 2007 noch bei 8,5 Prozent, war 2009 eine Verminderung der Wirtschaftsleistung um 2,5 Prozent festzustellen.

Das sind nicht die besten Voraussetzungen für Chávez, um 2012 wiedergewählt zu werden. Die Bolivarische Revolution hat das Land gespalten. Meinungsinstitute bestätigen, dass *El Comandante*, wie Chávez von seinen Anhängern genannt wird, seinen Popularitätsgrad von 2002, nach dem gescheiterten Putschversuch, nicht mehr erreichen wird. Doch Venezuelas Präsident ist entschlossen, seine Bolivarische Revolution mit allen Mitteln fortzusetzen, und sei es unter Einsatz von Tränengas, Wasserwerfern oder gar Schusswaffen. Nachdem bei Zusammenstößen in der Universitätsstadt Mérida im Januar 2010 zwei Studenten getötet worden waren, warnte Chávez die Opposition: »Falls sie beabsichtigen, eine gewaltsame Offensive zu starten, die es uns zur Pflicht macht, harte Maßnahmen zu ergreifen – was ich ihnen nicht raten möchte –, wird unsere Reaktion sie auslöschen.« Immer wieder betont Chávez: »Dies ist eine bewaffnete Revolution und sie ist gekommen, um zu bleiben.« Die Opposition hat jedoch seit den Parlamentswahlen 2010 erneut an politischem Boden gewonnen. Mit 65 Sitzen ist sie nach fünf Jahren seit Januar 2011 erstmals wieder in der Nationalversammlung vertreten. Noch im Dezember 2010 erließ die Nationalversammlung jedoch ein Ermächtigungsgesetz, das es Chávez ermöglicht, ab Januar 2011 für achtzehn Monate per Dekret zu regieren. Die Abgeordneten der Opposition laufen so Gefahr, zu politischen Statisten der Bolivarischen Revolution zu werden.

Zu seinem elfjährigen Amtsjubiläum 2010 gab Hugo Chávez in einer zweistündigen Fernsehansprache der Welt einen Eindruck davon, wie er seine Zukunft sieht: »Ich bin jetzt 55 Jahre alt, elf Jahre war ich Präsident. In weiteren elf Jahren bin ich 66 und, so Gott will, wäre ich dann 22 Jahre Präsident.« Nach einer kleinen Pause fuhr er fort: »An die elf darauffolgenden Jahre will ich gar nicht denken, denn 77 und 33 wären dann doch zu viel, nicht wahr?«

# NEUES SÜDAMERIKANISCHES BEWUSSTSEIN

# Südamerika entdeckt sich selbst

»Ich will in Südamerika leben und arbeiten«, sagt der junge Kolumbianer Ernesto. Er sagt es bestimmt und stolz. In Kolumbien ist er aufgewachsen, in der mondänen Stadt Buenos Aires in Argentinien hat er sich beruflich weitergebildet und übermorgen reist er nach Uruguay, um ein paar schöne Sommertage am Strand zu verbringen. »In Südamerika gibt es alles und das Leben ist vielfältig und bunt.« Er ist nicht der einzige Südamerikaner, der seinen Kontinent liebt, den Blick von Europa und anderen bisher vorbildlichen Weltgegenden abwendet und auf seine Heimat richtet. Südamerika ist ein aufstrebender Kontinent, und seine Bewohner wissen es. Ein neues Bewusstsein und ein stärkeres Selbstvertrauen haben sich in der Region breitgemacht – und das zu Recht.

»Man kann von einer Wiedergeburt Südamerikas sprechen. Die Länder in diesem Teil der Erde haben in den letzten Jahren begonnen, sich selbst zu entdecken, in ihrer ganzen Diversität«, sagt der Uruguayer Eduardo Galeano. Der Journalist und Schriftsteller publizierte 1971 das Buch »*Las venas abiertas de América Latina*« – »Die offenen Adern Lateinamerikas«. Der venezolanische Präsident Hugo Chávez schenkte es bei einem Gipfeltreffen 2009 seinem US-Amtskollegen Barack Obama, womit das Buch definitiv weltweiten Ruhm erlangte. In »Die offenen Adern Lateinamerikas« werden anhand von zahlreichen Beispielen die Ungerechtigkeiten beschrieben, die dem zum Rohstofflager degradierten Subkontinent in den letzten 500 Jahren widerfahren sind.

2010 stellte Galeano eine positive Entwicklung fest: »Es findet eine Art kollektiver Exorzismus statt, eine Befreiung von den alten Dämonen der Kolonisation. Denn eines der schlimmsten Erben der Kolonisation ist die Impotenz. Sie haben uns in den Kopf gesetzt, dass wir nicht können. Sie haben uns gelehrt, nicht mit dem eigenen Kopf zu denken, nicht mit dem eigenen Herzen zu fühlen und nicht mit den eigenen Beinen zu gehen. Sie trainierten dich, fremde Ideen wiederzugeben und Gefühle zu experimentieren, die nicht die deinigen sind.« Machismus, Rassismus und Militarismus hätten Südamerika überschattet und die Bevölkerung blind gemacht. »Wir sind viel mehr, als man uns weiszumachen versuchte.«

Wieso gerade jetzt diese Selbstbesinnung? Das neue Selbstbewusstsein der Bewohner Südamerikas basiert zu einem großen Teil auf dem Echo- und Spiegelungseffekt. Seit die Globalisierung die Welt erobert hat, mindestens seit einem Jahrzehnt, reisen immer mehr neugierige Menschen von überallher nach Südamerika. Sie mögen das Leben auf diesem aufregenden Subkontinent und führen den Südamerikanern immer wieder seine Vorzüge vor Augen. In umgekehrter Richtung wurde in den vergangenen Jahren viel südamerikanische Kultur wie Tanz, Literatur, Theater, Kunst und Musik exportiert. So überrollte erst die Salsa-Welle Europa und seit einer Weile begeistern sich Tausende – von Berlin bis Rom – fürs Tango-Tanzen. Im Oktober 2010 war Argentinien Gastland der Frankfurter Buchmesse. Seitdem verkaufen die Buchhandlungen vermehrt Werke südamerikanischer Autoren. Und mit dem peruanischen Schriftsteller Mario Vargas Llosa erhielt im Dezember 2010 nach zwanzig Jahren wieder ein Autor aus Südamerika den Nobelpreis für Literatur. All dies fällt beeindruckend auf den Südamerikaner zurück, der lakonisch feststellt: So schlecht kann Südamerika also nicht sein.

Zweifelsohne ist der wirtschaftliche Aufschwung der Hauptfaktor für das erstarkte Auftreten Südamerikas. Während noch vor einem Jahrzehnt viele Länder gegen leere Staatskassen und eine Wirtschaftskrise zu kämpfen hatten, erleben sie derzeit einen ökonomischen Höhenflug. Südamerika strebt auf, plant, entwickelt. Einige Regierungen können jährlich zwischen acht und neun Prozent Wachstum vorweisen. Und Geld schafft ein Gefühl von Sicherheit. Erst recht, wenn jemand weiß, dass er noch viel mehr zu bieten hat – wie Südamerika. Der Reichtum an Bodenschätzen ist immens und wird noch für viele Jahre anhalten. Unternehmer, Investoren und Handelspartner aus aller Welt versuchen auf dem stabileren und demokratischeren Kontinent fester Fuß zu fassen.

Ein weiterer Grund liegt in der Dauer – der Dauer der Unterdrückung und Ausbeutung des Subkontinents, seiner Länder, seiner Völker. Der Mensch erträgt nur bis zu einem gewissen Grad Unterdrückung und Diskriminierung. Immer – auch wenn es lange braucht – kommt irgendwann die Wende: das Aufbegehren. Der Prozess hin zur Selbstbestimmung und Selbstverantwortung hat in Südamerika vor rund zwei Jahrzehnten schrittweise begonnen. Der Subkontinent richtet sich auf und lässt sich sein Schicksal nicht mehr diktieren. Dies trägt allmählich Früchte.

Innerhalb des Kontinents rücken die Staaten näher zusammen. Dieses Gefühl von Zusammengehörigkeit, das auch mit wirtschaftlichen und politischen Bündnissen zementiert wird, ist die Folge eines neuen Verständnisses: Gemeinsam sind wir stärker. Diese Schlussfolgerung führt nicht nur regional, sondern auch in den Ländern selbst zu einem gewissen sozialen Wandel. Mehr und mehr bemühen sich die Staaten darum, die großen Ungleichheiten auszubalancieren. Chancengleichheit und Umverteilung des Reichtums werden gefördert. Bei diesem Prozess des Einander-näher-Rückens soll die Vielfalt der Völker, Kulturen und Ideologien berücksichtigt werden: ein nicht einfaches Unterfangen. Galeano: »Das Beste, was die Welt zu bieten hat, liegt in der Vielzahl der Welten, die sie beherbergt. Dasselbe gilt für Südamerika: Das Beste, was der Kontinent besitzt, ist die Vielzahl der Südamerikas.«

## MERCOSUR: Der erste Baustein

MERCOSUR ist ein südamerikanisches Wirtschaftsbündnis und steht für *Mercado Común del Sur* – Gemeinsamer Markt des Südens. Aufgebaut nach dem Vorbild der Europäischen Union, legten die Gründungsmitglieder Argentinien, Brasilien, Uruguay und Paraguay vor zwanzig Jahren den ersten Baustein für eine südamerikanische Einheit. Venezuela trat als fünftes Mitglied 2007 bei, allerdings ist der Aufnahmeprozess bis zum heutigen Zeitpunkt noch nicht offiziell abgeschlossen. Auch Bolivien strebt die Vollmitgliedschaft an, bisher zählt es jedoch mit Chile, Ecuador, Kolumbien und Peru zu den assoziierten Mitgliedsländern.

Mit dem MERCOSUR sollte unter anderem ein gemeinsamer südamerikanischer Markt geschaffen werden. Ein vielversprechendes Vorhaben bei einem Binnenmarkt mit mehr als 300 Millionen Verbrauchern. Doch die politischen und wirtschaftlichen Interessen der einzelnen Länder führten dazu, dass aus der theoretischen Vorstellung lange Zeit kein praktischer Plan erwuchs. Über viele Jahre entwickelte sich der wirtschaftliche Integrationsprozess nur schleppend. Immer wieder scheiterten die Verhandlungen aufgrund der Zölle, auf die jedes der Länder bestand.

Erst im August 2010 konnten die Mitgliedsländer die größte Hürde überwinden und sich auf den Abbau der Zollschranken einigen. So müssen Zölle nur noch an den Außengrenzen der MERCOSUR-Region abgeführt werden, nicht wie bisher an jeder Binnengrenze zwischen den Mitgliedsstaaten.

Damit haben die MERCOSUR-Länder einen bedeutenden Beitrag zur ökonomischen Emanzipation in Südamerika geleistet – eine Emanzipation, die sich schon 2009 abzeichnete, als die MERCOSUR-Mitglieder beschlossen, den Binnenhandel in den jeweiligen Landeswährungen statt in Dollar abzuwickeln. Diese Entscheidung wäre noch in den 1990er-Jahren undenkbar gewesen, denn keine der Landeswährungen erweckte bei den Handelspartnern großes Vertrauen. Seit der schweren Wirtschaftskrise 2001/02 in Argentinien haben sich die Volkswirtschaften der Region größtenteils konsolidiert und stabilisiert. Südamerika befindet sich auf einem integrationspolitischen Vormarsch, der zwar nur langsam vorangeht, aber auch nicht mehr aufzuhalten ist. MERCOSUR soll auf lange Sicht den südamerikanischen Ländern den Eintritt in den Weltmarkt vereinfachen, indem er die Stabilität der Region gewährleistet und diese so zu einem attraktiven Handelspartner macht.

## Das Zugpferd Südamerikas

Wenn Brasilien hustet, dann hat sich Südamerika erkältet. Die zehntgrößte Volkswirtschaft der Welt ist das Barometer der wirtschaftlichen Entwicklungen in der Region. Brasilien weist den höchsten Industrialisierungsgrad Südamerikas auf und verfügt über gewaltige Rohstoffvorkommen.

Die Millionenstadt São Paulo zählt zu den aufstrebendsten und reichsten Städten der Region. Entlang der weltberühmten Avenida Paulista im Zentrum der Stadt reihen sich exklusive Modegeschäfte an Büros internationaler Konzerne. Die Börse Bovespa gilt bei internationalen Anlegern mittlerweile als stabil und zuverlässig. Dies liegt unter anderem daran, dass Brasilien in den letzten Jahren seine Auslandsschulden abgebaut hat und im Besitz großer Währungsreserven ist. Außerdem verfügt Brasilien über einen starken Binnenmarkt, das größte landwirtschaftliche Potenzial weltweit, und es produziert immer mehr Energie.

Auch auf dem internationalen politischen Parkett hat sich Brasilien unter der Präsidentschaft des früheren Gewerkschaftsführers Luiz Inácio Lula da Silva seinen Platz gesichert. Das Land tritt zum Beispiel bei multilateralen Treffen im Rahmen der Welthandelsorganisation (WTO) seit 2003 als Verhandlungsführer des Südens auf. Und mittlerweile drängt Brasilien immer stärker auf einen Platz im Sicherheitsrat der Vereinten Nationen. Während bisher die internationalen Wirtschafts- und Handelsspielregeln vor allem von den USA festgelegt wurden, will Brasilien in Zukunft diese nicht nur mitbestimmen, sondern auch für ihre Einhaltung sorgen. So klagte die brasilianische Regierung 2007 die USA vor der WTO wegen zu hoher Subventionen an. Die USA wurden daraufhin wegen überhöhter staatlicher Zahlungen an US-Baumwollbauern verurteilt – ein historischer Erfolg Brasiliens.

Brasilien ist das Zugpferd Südamerikas. Aufgrund seiner wirtschaftlich liberalen, aber um sozialen Ausgleich bemühten Politik ist es sowohl Vorbild für sozialistische Regierungen wie Venezuela, Bolivien und Ecuador als auch für konservativ regierte Länder wie Chile, Kolumbien und Peru. Immer wieder ist es Brasilien in den letzten Jahren gelungen, bei Konflikten in der Region zu vermitteln und als verbindendes Glied zu wirken. Das Land trägt maßgeblich dazu bei, die Einheit Südamerikas Schritt für Schritt Wirklichkeit werden zu lassen.

## UNASUR: Ein Südamerika für alle

Der Traum von einem vereinten Südamerika reicht weit in die Geschichte zurück. Der venezolanische Freiheitskämpfer Simón Bolívar strebte bereits im 19. Jahrhundert ein Großreich auf dem Subkontinent an. Deshalb war im Jahr 2004 die Grundsteinlegung der Südamerikanischen Staatengemeinschaft für den peruanischen Präsidenten Alejandro Toledo »ein historischer Moment«. Bolívars Traum werde nach gut 200 Jahren Wirklichkeit.»Heute schaffen wir ein neues Land mit 361 Millionen Einwohnern«, sagte Toledo. Erst beim Unterzeichnen der Gründungsurkunde 2008 erhielt die Staatengemeinschaft den Namen, den sie heute trägt: *Unión de Naciones Suramericanas* (UNASUR), Union Südamerikanischer Nationen.

Das »neue Land« – das vereinte Südamerika – zählt heute bereits mehr als 390 Millionen Einwohner und erstreckt sich über 17,7 Millionen Quadratkilometer. Alle zwölf südamerikanischen Staaten haben sich zu UNASUR zusammengeschlossen. Der Hauptsitz befindet sich in der ecuadorianischen Hauptstadt Quito. Argentiniens Ex-Präsident Néstor Kirchner war seit Mai 2010 der erste Generalsekretär der Union. Das Amt hatte er jedoch nur kurz inne, Kirchner starb im Oktober 2010 überraschend an einem Herzstillstand.

Die UNASUR hat sich zum Ziel gesetzt, gegen soziale Ausgrenzung, Ungleichheit, Armut, Unsicherheit, Drogen und Korruption zu kämpfen. Die südamerikanischen Nationen wollen enger miteinander kooperieren und gemeinsam politische, wirtschaftliche und soziale Projekte verwirklichen, wovon alle Staaten in der Region profitieren sollen. Es geht um ein Näherrücken auf dem Subkontinent, aber ganz klar auch um eine stärkere Stellung gegenüber den USA und der Europäischen Union. In Zukunft will die UNASUR eine gemeinsame Währung, ein Südamerika-Parlament, einheitliche Reisepässe und eine Freihandelszone einführen. Vorbild ist die EU.

Die institutionellen Strukturen und Abläufe der Union sind zum Teil noch im Aufbau. Verschiedene Räte wurden bereits gebildet, deren Mitglieder in regelmäßigen Abständen zusammenkommen. Im Jahr 2009 wurde der Verteidigungsrat eingerichtet, der sich für Südamerika als Friedenszone einsetzt und eine südamerikanische Identität in Verteidigungsfragen anstrebt. Außerdem sind gemeinsame Einsätze bei Naturkatastrophen vorgesehen.

In den letzten Jahren wurden erstmals gemeinsam finanzierte Brücken und Schnellstraßen gebaut, um die Region besser zu vernetzen. 2010 entschied der UNASUR-Gesundheitsrat, binnen fünf Jahren die Gesundheitssysteme der Mitgliedsstaaten in wichtigen Bereichen zu modernisieren. Der Rat strebt ein einheitliches Gesundheitssystem an, der Zugang zu Medikamenten soll vereinfacht und medizinisches Fachpersonal ausgebildet werden. Für die erste Phase sind rund 14,5 Millionen Dollar veranschlagt, davon steuert Brasilien die Hälfte bei.

Südamerika will von großen Finanzinstitutionen und Kreditgebern wie der Weltbank und dem Internationalen Währungsfonds (IWF) unabhängiger werden. Mit dem Ziel, UNASUR-Projekte selbst finanzieren zu können, gründeten im Jahr 2007 sieben südamerikanische Staaten die *Banco del Sur* mit Hauptsitz im venezolanischen Caracas.

Besonders an Bedeutung gewonnen hat die UNASUR beim Lösen von Konflikten zwischen und innerhalb von südamerikanischen Staaten sowie als moralische, ideologische und politische Instanz bei Vorfällen wie Grenzstreitigkeiten und Staatsstreichen. Ende September 2010 scheiterte in Ecuador ein Versuch der Polizei, den Präsidenten Rafael Correa zu putschen. Die UNASUR berief sofort ein außerordentliches Gipfeltreffen in Buenos Aires ein: Die Staatschefs stellten sich geeint hinter den Präsidenten Ecuadors und sicherten ihm volle Unterstützung zu. Im November 2010 vereinbarten die UNASUR-Mitglieder schließlich eine Strategie gegen Staatsstreiche. Sollte es künftig in einem südamerikanischen Land zu einem Putsch kommen, werden die Grenzen zu diesem sofort geschlossen und Wirtschaftssanktionen verhängt.

Auf dem Weg zur südamerikanischen Einheit liegen trotz allem noch einige Steine, worüber immer wieder mal gestolpert wird. Es sind Streitigkeiten, viele davon territorialer Art, die oft weit in die Geschichte zurückreichen. Bolivien etwa verlangt seit Jahrzehnten von Chile einen Zugang zum Meer. Der Andenstaat hatte im Salpeterkrieg (1879–1884) Land an der Pazifikküste an Chile verloren. Die Beziehung zwischen den beiden Nationen ist seither belastet. Ferner sind wegen der unterschiedlichen Ideologien und Wirtschaftsmodelle der jeweiligen Länder noch einige Hürden zu nehmen, bis eine vollständig funktionierende Einheit Südamerikas möglich ist.

# STOLPERSTEINE: DROGEN UND KORRUPTION

# Ein teuflisches Gewächs heilt manche Beschwerden

Fast torkelnd läuft der eben Angereiste in den Gassen der Andenstadt La Paz auf und ab. Auf 3.600 Metern über dem Meeresspiegel ringt er keuchend nach Luft. Ausnahmsweise tut körperliche Bewegung nicht gut. Schwindelgefühl, schwere Beine, Kopfschmerzen und der Magen dreht sich um. Zum Glück liegt in manchen Bars und Hostels der bolivianischen Stadt zum Bier oder Morgenkaffee eine Schale mit getrockneten Kokablättern bereit. Der geschwächte Neuankömmling greift dankend nach dem grünen Laub und kaut sich damit in einen besseren Zustand. Die Inhalte des Kokablatts, das Alkaloid Kokain, helfen gegen alle Beschwerden der Höhenkrankheit. Wer nicht kauen mag, kann sich im nächsten Supermarkt Kokatee kaufen.

Seit 2010 gibt es zudem auf dem bolivianischen Getränkemarkt einen neuen Energiedrink aus Kokablättern: *Coca Colla*. Mit Doppel-L. Die dunkelbraune, süß schmeckende Limonade erinnert auch in der Aufmachung an den bekannten koffeinhaltigen US-Softdrink. Man muss also bei den Verkaufsständen in La Paz zweimal hinschauen, wenn man die Halbliterflaschen mit dem rotem Etikett und dem weißen Schriftzug aufgereiht sieht. *Coca Colla* wurde als Markenname nicht nur deswegen gewählt, weil man den Konkurrenten aus den USA foppen will, sondern der erste Namensteil steht auch für das *Coca*-Blatt und *Colla* wird in Bolivien der indigene Bewohner des Hochlands genannt.

Seit mindestens 5.000 Jahren ist die Kokapflanze in den Anden Teil der Kultur, Teil des Alltags. Der Sohn des Sonnengottes Inti soll sie auf der Isla del Sol, der Sonneninsel im Titicacasee, als Geschenk den Menschen überreicht haben, sagt eine der Legenden. Eine andere erzählt die Geschichte einer sexuell freizügigen Frau, die von ihren vielen Liebhabern zweigeteilt wurde, woraufhin aus ihrem Körper die erste Kokapflanze wuchs. Ihre Blätter durften Männer nur dann kauen, wenn sie vorher einer Frau einen Orgasmus beschert hatten. Aus der einst freizügigen Frau wurde *Mama Kuka*, Mama Koka in der Quechua-Sprache, die Göttin der Gesundheit und Freude im Inkareich.

Die Andenbewohner verwendeten die Kokablätter in ihren Anfängen vor allem als Medizin und im religiösen Kult sowie auf Reisen als Wachhalter. Erst später, als die spanischen Eroberer die Minen ausbeuteten, wurden die Blätter der »heiligen Pflanze« massenhaft gekaut. Die versklavten Indios spürten auf diese Weise weder Hunger noch Müdigkeit und konnten stundenlang schuften und Silber schleppen.

Heute kaut jeder in den Höhen Boliviens das Blatt: der Student, der für seine Prüfungen lernt, der Busfahrer, der über weite Strecken am Steuer sitzt, und die Indígena, die stundenlang am Straßenrand im Zentrum von La Paz sitzt und ihre Ware anpreist. Es ist Bestandteil jeder indigenen Zeremonie und vom *Yatiri*, dem Schamanen, kann man sich aus den Kokablättern die Zukunft lesen lassen. Was die Kirche im 16. Jahrhundert »als teuflisch und als Hindernis für das Christentum« bezeichnete, gilt in der im Jahr 2009 verabschiedeten Verfassung als »nationales Kulturgut«: die Kokapflanze.

Auf dem Kokagroßmarkt im Stadtviertel Villa Fatima von La Paz türmen sich die weißen Säcke mit den getrockneten Kokablättern. Dazwischen sitzen die Frauen mit ihren kaskadenartig gefächerten Röcken und warten darauf, dass ihre Grünware inspiziert und eingestuft wird. Es gibt verschiedene Qualitäten. Angeliefert werden die Säcke aus den zwei großen Kokaanbaugebieten: den Yungas-Tälern und dem Tiefland Chaparé.

Neben der bedeutenden kolonialen Kirche San Francisco im Stadtkern von La Paz reihen sich kleine Marktstände aneinander mit allerlei Waren, darunter auch Produkte aus Kokablättern wie Bonbons, Kekse, Kuchen, Wein und Likör. Das Kokablatt wird in Bolivien zu verschiedensten Produkten verarbeitet. Einige Unternehmen stellen daraus Präparate gegen Rheuma, Prellungen und Muskelverletzungen her. Außerdem hilft das Kokablatt gegen Depression und Übergewicht, sagen die Bolivianer.

Tausende Familien leben in Bolivien vom Kokaanbau. Es existieren mehrere Kokagewerkschaften, der einflussreichsten steht immer noch Evo Morales vor. So ist es ganz in seinem Sinne, dass das Kokablatt industriell verarbeitet wird und dessen Produkte einen größeren Markt erschließen.

*Coca Colla* wird von einem Unternehmen gemischt und abgefüllt, das Mitglied der bolivianischen *Organización Social para la Industrialización de la Coca* (OSPICOCA) ist. Ihr gehören über 9.000 Kokabauern an. Ziel von OSPICOCA ist es, die Kokapflanze zu industrialisieren, etwa auch

Shampoo, Gesichtscreme, Bier oder Zahnpasta zu fabrizieren und später zu exportieren.

Das Problem: Der Kokastrauch steht bei den Vereinten Nationen (UN) seit 1961 auf der Liste der illegalen Substanzen – Kokablatt und Kokaprodukte sind mit einem internationalen Import- und Exportverbot belegt. Einige Länder wie Venezuela sehen allerdings darüber hinweg und importieren Ware aus Bolivien. Das Verbot rührt daher, dass aus der Pflanze auch das Rauschmittel Kokain hergestellt werden kann. Das Kokablatt enthält ungefähr ein Prozent des Alkaloids Kokain, woraus nach mehreren chemischen Schritten das weiße Pulver entsteht. Viele der geernteten Kokablätter landen in Kokainküchen. Die Droge wird größtenteils auf illegalem Weg nach Europa oder in die USA verschifft oder geflogen.

In allen Ländern, in denen eine Kokatradition besteht, wurden Produkte aus dem umstrittenen Gewächs entwickelt. Wenn es um die Industrialisierung und Legalisierung geht, stehen Peru, Kolumbien und Ecuador vor ähnlichen Problemen wie Bolivien. In Peru fördert die staatliche Kokagesellschaft *Empresa Nacional de la Coca* (ENACO) die Kommerzialisierung des Kokablatts.

*Coca Colla* sei gesund, sagen die Hersteller, weswegen die Limonade später einmal auch an Schulkinder verteilt werden soll. In der Tat weist das Kokablatt einen hohen Gehalt an Kalzium auf, es enthält zudem Eiweiß, Eisen, Phosphor und Vitamine. Deswegen kämpft Evo Morales auch international für ein besseres Image der Pflanze: Während der UN-Drogenkonferenz in Wien 2009 bat er inständig darum, die Kokapflanze zu entkriminalisieren, dabei holte er demonstrativ ein Kokablatt aus seiner Jackentasche, steckte es in den Mund und kaute es in aller Ruhe. Er verwies auf eine Studie der Weltgesundheitsorganisation (WHO), der zufolge der Genuss von Kokablättern nicht schadet. Der Slogan von Morales: »Ja zu Koka, Nein zu Kokain.«

## Wer Koka anpflanzt, verdient gutes Geld

Verlässt man La Paz in Richtung Nordosten, schlängelt sich die Straße abwärts durch eine hügelige Landschaft, die in die tiefer gelegenen subtropischen Yungas führt. Dorthin, wo sich an den steil abfallenden Hängen die grünen Kokafelder der *Campesinos*, der Bauern, reihen. Die Pflänzchen sind pflegeleicht und werfen bis zu vier Ernten pro Jahr ab. In den Dörfern dieser Region sieht man die von Hand geernteten Blätter auf Bürgersteigen, gar auf Fußballfeldern ausgelegt an der Sonne trocknen. Die kleinen, ovalen Blätter der Yungas-Kokasträucher sind weich und haben einen süßlichen Geschmack. Diese Blätter werden gekaut.

Weiter östlich im Landesinneren, im tropischen Tiefland Chaparé des Departements Cochabamba, dem zweiten großen Anbaugebiet Boliviens, wachsen Kokapflanzen mit größeren und härteren Blättern und bitterem Geschmack. Sie sind ungenießbar, sagen die Bolivianer. Dafür weisen sie einen hohen Alkaloidgehalt auf, weshalb sie bestens für die Herstellung von Kokain geeignet sind. Für das weiße Pulver werden von beiden Anbaugebieten Kokablätter abgezweigt, deutlich mehr allerdings vom Chaparé. US-Drogenexperten zufolge fließen mehr als neunzig Prozent dieser Ernte in die Kokaingewinnung.

Bolivien ist nach Peru und Kolumbien der weltweit drittgrößte Kokaproduzent. Fünfzehn Prozent des südamerikanischen Kokablatts werden hier geerntet. Nach Angaben der UN wurden 2009 in Bolivien rund 30.900 Hektar angepflanzt, weit über den 12.000 Hektar, die dem Land laut Gesetzen und Abkommen für den traditionellen Gebrauch erlaubt sind. Allerdings breiteten sich die Anbauflächen zuletzt langsamer aus, was als Fortschritt betrachtet wird. Im Jahr 2008 stiegen sie noch um sechs Prozent an, 2009 lediglich um ein Prozent. Den geringen Zuwachs führt die bolivianische Regierung von Evo Morales auf ihren Kampf gegen den illegalen Anbau von Kokapflanzen zurück, die oft in Lichtungen versteckt blühen.

Bolivianische Zeitungen berichten fast täglich über große Mengen Kokain und über Kokainküchen, die beschlagnahmt oder gestürmt wurden. Nach Angaben der Polizei konnten 2010 mehr als 29 Tonnen Kokain sichergestellt und über 3.300 Personen festgenommen werden, darunter viele Kolumbianer. Auch berüchtigte brasilianische Banden und die mexikanische Drogenmafia sollen in Bolivien ins illegale Geschäft involviert sein. Bolivien gilt heute auch als Transitland. Von Peru aus, das 2009 erstmals als weltweit größter Kokaproduzent bezeichnet wurde, karren Lastwagen kiloweise Kokain nach Brasilien.

Die Regierung Boliviens legt bemerkenswerte Zahlen vor, wenn es um die Vernichtung von illegalen Kokafeldern geht. Sie erobert immer wieder Ländereien von der Drogenmafia zurück und verteilt diese dann an die *Campesinos*. Ferner unterstützt sie Kokabauern finanziell, wenn sie auf einen alternativen Anbau ausweichen, etwa Früchte, Gemüse oder Kakao kultivieren. Dennoch scheint der Kampf gegen den illegalen Kokaanbau und die Drogen schier aussichtslos. Die Realität ist: Wer Koka anpflanzt, verdient gutes Geld. Staatschef Evo Morales, der 2008 die US-Antidrogenbehörde DEA wegen Spionage aus Bolivien verwies, bat 2010 um internationale Hilfe, denn die Drogenmafia verfüge über bessere Technologie als seine Polizei.

## Wie der Drogenhandel Kolumbien zerreißt

Sieben Millionen Dollar Belohnung setzte die kolumbianische Regierung 1993 für den Staatsfeind Nummer eins aus: Pablo Escobar. *Don Pablo* – wie seine Gefolgsleute ihn respektvoll nannten – war der Begründer des Drogenkartells von Medellín, das Kokain im großen Stil produzierte. Dafür ließ Escobar eigens im tiefsten Urwald von Kolumbien eine Fabrik errichten und industrialisierte erstmals in der Geschichte die Kokainproduktion. Durch seine skrupellosen Drogengeschäfte gelangte der Sohn einer Lehrerin und eines Bauern zu Weltruhm. Am 6. November 1985 stürmten bewaffnete Männer im Auftrag von Escobar das Justizministerium in der Hauptstadt Bogotá und erschossen acht Richter. Niemals zuvor hatte eine einzelne Person einer gesamten Regierung den Krieg erklärt. Doch Escobar wählte diesen Weg, um seinen Willen durchzusetzen. Mit dem Massaker wollte er verhindern, dass die Regierung seine Auslieferung an die USA beschloss. Sein Vorhaben war erfolgreich. Als die Regierung 1991 Escobar dann fasste, wurde eigens für ihn ein Gefängnis in Kolumbien gebaut. Dieses glich einem Luxushotel, von wo aus er seine Drogengeschäfte ungehindert weiterhin abwickeln konnte. 1992 gelang ihm die Flucht. Zu diesem Zeitpunkt war seine Macht jedoch bereits am Zerfallen; immer weniger Zufluchtsorte standen ihm offen. 1993 wurde er schließlich bei einer Razzia in Medellín von einer US-kolumbianischen Eliteeinheit erschossen, als er barfuß versuchte, über ein Dach zu fliehen.

Pablo Escobars Drogenimperium erfasste alle gesellschaftlichen Schichten Kolumbiens und reichte sogar bis in die USA. In New York und Miami arbeitete Escobar vor allem in den 1980er-Jahren mit Mitgliedern des organisierten Verbrechens zusammen. Mit den Milliardengewinnen aus dem weltweiten Kokaingeschäft bestach er in Kolumbien diejenigen, die Machtpositionen innehatten und diese beibehalten wollten. Experten der US-Regierung erklärten Anfang der 1990er-Jahre, das Drogenkartell von Medellín habe in einem Zeitraum von zwölf Monaten zwischen 3,6 und 7,2 Milliarden Dollar eingenommen. Die Exporteinnahmen des Staates in derselben Zeit beliefen sich auf rund 7,5 Milliarden Dollar. Das Geld aus dem Drogengeschäft wurde bevorzugt in legale Unternehmen wie Handelsketten, Automobilvertretungen und im Baugewerbe investiert. Mit den Gewinnen dieser Firmen finanzierten die Drogenbosse wiederum zum Teil die Wahlkämpfe von Politikern.

Dass Pablo Escobar in der Lage war, während fast zweier Jahrzehnte beinahe unbehelligt ein Kokainimperium aufzubauen und so zu außerordentlicher Macht zu gelangen, lag unter anderem an seiner Beliebtheit bei der ärmeren Bevölkerung. Trotz seiner skrupellosen Art schlüpfte er immer wieder gern in die Rolle von Robin Hood und half den Armen und Arbeitslosen. In seinem Heimatort Envigado ließ er das Armenviertel ans Stromnetz anschließen und Straßenbeleuchtungen errichten. Der Bürgermeister bekam ein neues Rathaus, die Kinder neue Schulen und Fußballplätze. Selbst ein Fünf-Sterne-Hotel ließ er in Envigado bauen. Diese »guten Taten« führten dazu, dass in seinem Heimatort jeder den *Doctor,* wie sie Escobar nannten, liebte und sein Bild manchmal direkt neben dem der heiligen Maria hing.

Der Tod von Pablo Escobar 1993 hinterließ vorübergehend ein Vakuum. Andere Drogenhändler versuchten ein Stück seines Imperiums an sich zu reißen. So hatte beispielsweise das Rauschgiftkartell von Cali im Süden des Landes seine Macht noch zu Lebzeiten Escobars auf dessen Kosten ausgebaut und auch in Medellín floriert heute noch – wie vielerorts – das lukrative Geschäft mit dem weißen Gold.

Seit dem Tod Escobars befindet sich das Kokaingeschäft vor allem in den Händen zweier rivalisierender Gruppen: der linken Guerillabewegung FARC und der rechten paramilitärischen Gruppen. Für die FARC ist das Drogengeschäft seit Jahrzehnten *die* Einnahmequelle, die ihr die Fortsetzung des bewaffneten Kampfes ermöglicht. Die Paramilitärs haben es in jenen Regionen Kolumbiens fest in der Hand, wo sie ihre Macht ausüben. Immer wieder liefern die beiden Gruppen einander Gefechte um die Kokafelder und den Kokainhandel.

Zur Bekämpfung des Drogenhandels und zur Überwindung der bewaffneten Konflikte rief Kolumbiens damaliger Präsident Andrés Pastrana mithilfe der US-Regierung 1999 den sogenannten *Plan Colombia* ins Leben, der nach wie vor in Kraft ist. Der *Plan Colombia* sieht in erster Linie die Zerstörung der Kokaanbauflächen im Süden des Landes vor, wo die FARC sehr stark ist. Doch die Zerstörung der Kokafelder und die Unterbrechung der Handelswege hatte in den letzten Jahren unerwünschte Nebeneffekte. Zum einen zerstörten die Pestizide, die für die Kokaplantagen bestimmt waren, umliegende landwirtschaftliche Flächen, auf denen Bananen und andere Produkte angebaut wurden. Zum anderen verlagerten sich durch die verstärkten Kontrollen in Kolumbien Teile der Kokainproduktion in andere südamerikanische Länder.

Mittlerweile stellen immer mehr Organisationen den Erfolg des *Plan Colombia* in Frage. Fest steht: Aus der Luft konnte bisher das Geschäft mit dem Kokain nicht zerstört werden. Und die Drogenmafia scheint den Behörden immer einen Schritt voraus zu sein. Immer wieder überrascht sie mit ihrer Kreativität, wenn es darum geht, das Kokain außer Landes zu schmuggeln. So werden heute in abgelegenen geheimen Werften im kolumbianischen Dschungel U-Boote hergestellt, die mehrere Tonnen Kokain von Südamerika in die USA transportieren können. Sieben dieser Geheimwerften, in denen jeweils fünfzehn Arbeiter beschäftigt waren, haben die kolumbianischen Behörden seit 2007 gefunden. Der Bau eines solchen U-Bootes kann bis zu einer Million Dollar kosten; es wird oft nur ein einziges Mal für eine Operation eingesetzt. Haben die Schmuggler ihre Fracht irgendwo vor Guatemala oder Mexiko umgeladen, versenken sie das U-Boot und damit alle Spuren.

Die bisher größte Menge Kokain an Bord eines solchen U-Bootes beschlagnahmte die US-Drogenbehörde im Jahr 2009 im Pazifik. Dort spürte sie ein U-Boot mit zehn Tonnen Kokain auf. Schätzungen zufolge werden pro Jahr zwischen 500 und 700 Tonnen Kokain auf diese Art in die

USA geschmuggelt. Die illegale Ware wird sowohl über die Westroute auf dem Pazifik als auch über die Karibik transportiert.
Kolumbien ist der weltweit größte Kokainproduzent. 2007 stellten kolumbianischen Behörden kurz vor der Grenze zu Panama in der nördlichen Provinz Chocó rund 25 Tonnen Kokain sicher. Das war der bisher größte Kokainfund in Kolumbiens Drogengeschichte.

## Absender: Venezuela

Auf einer Länge von mehr als 2.000 Kilometern stoßen Kolumbien und Venezuela aneinander. Die Grenze führt streckenweise mitten durch den Dschungel. Hier bestimmen sowohl die kolumbianische Guerillagruppe FARC als auch die Natur die Lebensumstände der Menschen. Die Urwaldvegetation ist so dicht, dass sie oft als idealer Schutzschild dient von dem die Drogenschmuggler und die FARC immer wieder Gebrauch machen. Ebenfalls 2.000 Kilometer lang ist die venezolanische Karibikküste – das Tor zu den USA und Europa. Von hier aus wird nicht nur Erdöl in die Welt exportiert, sondern auch ein anderes begehrtes Produkt.

Im August 2010 wurden auf der venezolanischen Halbinsel Paraguaná unmittelbar an der kolumbianischen Grenze rund 350 Kilogramm reines Kokain beschlagnahmt. Ein Kolumbianer, ein Venezolaner und ein Honduraner konnten verhaftet werden. Sie hatten den Auftrag, das weiße Pulver von Kolumbien über Venezuela in die USA zu schmuggeln. Das Kokain sollte mit einem Schnellboot zu einem Schiff auf hoher See gebracht werden, das einen US-amerikanischen Hafen ansteuerte. Polizeiermittlungen ergaben, dass ein kleines Flugzeug das Rauschgift zuvor von Kolumbien nach Venezuela geflogen hatte. Mit diesem Fund hatten die venezolanischen Behörden bereits insgesamt 16.500 Kilogramm Kokain in nur acht Monaten beschlagnahmt.

Präsident Álvaro Uribe (2002–2010) hat durch einen verstärkten Einsatz der Armee die Drogenkontrollen verschärft. Daher ist es mittlerweile für die kolumbianischen Drogenhändler einfacher, das Kokain zuerst über die Grenze nach Venezuela zu fliegen, um es dann von der venezolanischen Küste in die Welt zu transportieren.

Venezuelas Drogenbekämpfung führte in den letzten Jahren zu Festnahmen von venezolanischen, kolumbianischen und europäischen Drogenhändlern. Doch diese vereinzelten Erfolge reichen nicht aus, um der internationalen Gemeinschaft den Eindruck zu vermitteln, die Regierung von Hugo Chávez wolle bleibende Erfolge im Kampf gegen die Drogen erzielen. Der letzte Welt-Drogenbericht der Vereinten Nationen 2010 bestätigt, dass Kokain verstärkt von Venezuela aus nach Europa transportiert wird. Zwischen 2006 und 2008 kam demnach mehr als die Hälfte aller entdeckten Drogentransporte aus Venezuela. Der Bericht kommt zu dem Schluss, dass Venezuela seit der Machtübernahme von Chávez 1999 ein wichtiges Transitland für Kokain geworden ist. Die vor allem in den USA und Europa konsumierte Droge wird zwar in Kolumbien hergestellt, trägt jedoch immer öfter den Absender Venezuela.

Einen deutlichen Anstieg des Drogenschmuggels gab es in Venezuela seit 2005, nachdem die Regierung von Hugo Chávez die US-Drogenbehörde des Landes verwiesen hatte. Der Vorwurf lautete, sie sei in Spionageaktivitäten verwickelt und hätte sich in interne Angelegenheiten des Landes eingemischt. Dieses Szenario hat bei Experten zu der Befürchtung geführt, das organisierte Verbrechen gewinne in Venezuela immer mehr Einfluss. Auch wenn Hugo Chávez nicht direkt nachgewiesen werden kann, den Drogenschmuggel zu unterstützen, ist sein eher zögerliches Vorgehen gegen das Geschäft mit den Drogen doch offensichtlich. US-Experten vermuten, dass unter anderem auch das venezolanische Militär lukrative Geschäfte mit dem Kokain aus Kolumbien macht – Geschäfte, die allerdings auch schon vor der Regierung Chávez existierten.

Dass Chávez gegen das Militär vorgeht, ist unwahrscheinlich, da er sich der Loyalität des Militärs dann nicht mehr sicher sein kann. Seit über einem Jahrzehnt unterstützt das Militär mehrheitlich das politische Projekt der Bolivarischen Revolution des Präsidenten.

Wie weit Venezuelas Drogentransporte gehen, zeigt folgende Nachricht: Im November 2009 landete eine Boeing 727 in der Wüste des afrikanischen Staates Mali. An Bord befanden sich zehn Tonnen Kokain. Die Drogenhändler entluden die Ware und sprengten das Flugzeug. Herkunftsland der Maschine und somit Absender der ursprünglich aus Kolumbien stammenden Kokainpakete: Venezuela.

# Marihuana und Kokain fallen vom Himmel

Lasziv blickt sie in die Fotokamera. Ihr langes braunes Haar fällt verspielt auf ihre Schultern, ihr perfekter, gebräunter Körper glänzt sanft. Die junge Kolumbianerin rekelt sich gekonnt vor der Kamera. Sie ist ein Model. Eine Schönheit. Verführerisch und engelhaft. So staunten die Passanten im schicken Viertel Palermo von Buenos Aires nicht schlecht, als die 30-Jährige im Mai 2010 von Polizisten aus einem trendigen Hostel abgeführt wurde. Dort hatte sie sich als Mexikanerin im Gästebuch eingetragen. Einen Tag später konnte man die attraktive Frau in den lokalen Zeitungen bewundern, unter dem Titel: »Narko-Chefin gefasst«.

Schöne Frauen, harte Drogen und Mafia – die Kombination gibt es seit eh und je, verändert hat sich aber das Zusammenspiel. Viele Frauen sind nicht mehr die Geliebte des Drogenbosses, sondern bauen als Narko-Chefinnen gleich ihren eigenen Kokain-Schmugglerring auf oder schmuggeln selbst für Drogenringe. So bringen attraktive Frauen, vorwiegend Models, das Kokain als Passagiere in Flugzeugen nach Europa. Da die Modelarbeit mit reger Reisetätigkeit verbunden ist, erregen die vielen Flüge der Frauen bei den Grenzkontrollen kaum Verdacht. Und ihre Schönheit lenkt wohl auch den einen oder anderen Flughafen- und Zollbeamten ab.

Nach der Kolumbianerin hatte die argentinische Polizei schon seit einer Weile gesucht. Fotos aus Buenos Aires auf ihrer Facebook-Seite hatten ihren Aufenthaltsort verraten. Die Polizei versichert, das Model sei Chefin eines internationalen Drogenringes. Überführen konnte man sie, weil einer ihrer Drogenkuriere am Flughafen Ezeiza von Buenos Aires mit 55 Kilogramm Kokain im Koffer erwischt worden war und ausgepackt hatte.

Verlässt das Kokain Argentinien nicht über den Luftweg, wird es in Schiffen nach Europa, aber auch nach Mexiko und dann in die USA gebracht. Wenn man vom Prinzip »Das ist nur die Spitze des Eisberges« ausgeht, lassen die Zahlen der Kokainfunde auf Schiffen und die dabei beschlagnahmten Mengen darauf schließen, dass tonnenweise Kokain auf diesem Weg den Subkontinent verlässt. So wird einmal eine Ladung von 300 Kilogramm, dann wieder eine von rund 1.000 Kilogramm aufgebracht. Versteckt wird das weiße Pulver überall, die Fantasie der Drogenmafia ist grenzenlos: in antiken Möbelstücken, fabrikneuen Snowboards,

Zahnarztstühlen, Bananenschachteln, ja sogar in Schokoladen und Speiseöl oder zwischen Äpfeln.
Doch wie gelangt Kokain, aber auch Marihuana, nach Argentinien? Die Drogenkarte ist schnell gezeichnet: Kokain und Marihuana kommen im Norden Argentiniens über die schlecht kontrollierte Grenze. Experten nennen sie wegen ihrer Durchlässigkeit gern *Colador*, Kaffeesieb. Aus Flugzeugen wird das Kokain in den nördlichen Provinzen Jujuy, Salta und Santiago del Estero abgeworfen. Dann rattert das weiße Pulver made in Kolumbien, Peru und Bolivien in Lastwagen versteckt in Richtung Buenos Aires, von wo aus es in die Welt exportiert wird. Bei Grenzkontrollen von Privatautos fanden die Zollbeamten auch schon mal eine Kokainlieferung in den Windeln eines Kleinkindes. Das Marihuana made in Paraguay wird vorzugsweise in Kleinflugzeugen nach Argentinien geflogen. Die Maschinen landen in den nordöstlichen Provinzen wie Misiones und Corrientes auf Landstraßen oder extra errichteten Landebahnen.

Argentinien ist nach wie vor in erster Linie ein Drogen-Transitland. Aber nicht mehr ausschließlich. Bereits 2008 warnten die Vereinten Nationen in einem Bericht davor, dass die Produktion und der Konsum im Land zugenommen hätten. Einer der Gründe dafür ist offensichtlich: Seit das Kokain auf seiner Reise nach Europa immer öfter einen Zwischenstopp in Argentinien macht, ist die Droge auch im Land mehr im Umlauf. Und durch die leichtere Beschaffung ist der Einkaufspreis für ein Briefchen Kokain gesunken. Schlagzeilen machten 2010 die sogenannten *Narco-Abuelas*, die Narko-Omas. Immer mehr ältere Damen, aber auch Herren, verkaufen in ihrem kleinen Kiosk oder bei sich zu Hause Kokain, Marihuana oder die Billigdroge Paco. Als Dealer sind sie für die Mafia ideal, da die Großmutter oder der Großvater kaum unter die ersten Verdächtigen fallen. Und die Narko-Opis bessern sich damit ihre karge Pension auf.

Obwohl Argentinien kein traditionelles Produktionsland ist, steigt die Zahl der Kokainküchen. Das erklärt sich unter anderem durch die laschen Kontrollen und Gesetze, was etwa für die kolumbianische Drogenmafia attraktiv ist. Aus diesem Grund hat auch die Produktion von synthetischen Drogen in den letzten Jahren stark zugenommen. Chemische Substanzen wie Ephedrin, die für die Herstellung von Partydrogen wie *Crystal Speed* benötigt werden, konnten bis vor Kurzem ohne Mengenbeschränkung importiert werden. Ephedrin wird normalerweise in der Pharmaindustrie verwendet. Doch 2008 stießen die argentinischen Polizisten in der Provinz Buenos Aires auf ein Labor in einem Landhaus, in dem aus Ephedrin Partydrogen hergestellt wurden. Daraufhin nahm die Regierung alle Unternehmen unter die Lupe, die Ephedrin importieren. Es kam zu Verhaftungen, da einige unerklärbar große Mengen eingeführt hatten. Im Geschäft mit den Designerdrogen haben sich in Argentinien mittlerweile die Mexikaner breitgemacht, da in Mexiko der Verkauf von Ephedrin verboten ist.

Experten zeigen sich über die Entwicklung in Argentinien besorgt. Die Mafia, Polizisten, Politiker, Anwälte und Richter würden sich mehr und mehr verstricken. Auch stellen die Experten eine neue Form von Gewalt fest, die mit der Ausweitung ausländischer Drogenringe im Land zu tun hat. Argentinien sei auf so etwas nicht vorbereitet.

In der ersten Jahreshälfte 2010 beschlagnahmten argentinische Behörden insgesamt neunzig Tonnen Drogen, darunter Marihuana und Kokain.

Wo es keinen Käufer gibt, gibt es auch keine Händler: Im Welt-Drogenbericht 2010 wiesen die Vereinten Nationen darauf hin, dass sich der Kokainkonsum in Europa innerhalb von zehn Jahren verdoppelt hat – von zwei Millionen 1998 auf 4,1 Millionen 2008.

## Paco, die moderne Droge der Armen

Die zombieähnlichen Gestalten, die in den Vierteln von Buenos Aires eilig um die Ecken huschen, flößen vielen Stadtbewohnern Angst ein. Nicht grundlos. Manchmal überfallen sie Passanten – für ein paar Pesos. Ausgemergelt, mit leeren Augen, bleich, mit aufgeplatzten Lippen und offenen Wunden, sehnen sich die gespenstisch aussehenden menschlichen Wracks nach einem: nach der nächsten Paco-Pfeife.

Paco ist die neue Droge Südamerikas, die besonders in den Armenvierteln großes Unheil anrichtet und viele junge Menschen tötet, weshalb sie auch die Droge der Armen oder der Armen-Killer genannt wird.

Zigtausende rauchen heute in Argentinien Paco. Die Tageszeitung

*Clarín* berichtete nach einer im Jahr 2009 durchgeführten Erhebung gar von 300.000 bis 700.000 Abhängigen, allein in der Stadt und im Großraum Buenos Aires. Präzise offizielle Zahlen gibt es allerdings keine. Nach Schätzungen von Experten konsumieren je nach Armenviertel mindestens fünfzig Prozent der Kinder und Jugendlichen Paco. Tendenz steigend. Auch in anderen Ländern wie Chile, Peru, Kolumbien, Venezuela und Uruguay ist die Billigdroge zu einer Plage geworden.
Wo in Südamerika Kokain fabriziert wird, stößt man auf Paco. Es ist ein Neben- oder Abfallprodukt der Kokainherstellung. Es heißt, Paco sei der Bodensatz im Topf nach dem Verkochen der Kokapaste, die später zum weißen Kokainpulver verarbeitet wird. Selbst die Experten wissen es nicht ganz genau. Sicher ist, dass die meist bräunlichen Paco-Brösel, die lediglich ein paar Pesos kosten, mit allem Möglichen gestreckt werden. Mit Putzmitteln, Kopfwehtabletten, Antibiotika oder Pflanzenschutzmitteln.
In einer Pfeife werden die Brösel mit Trägermitteln wie Marihuana, Stahlwolle oder Tabak geraucht. Ein Genuss sei es nicht, sagen die Abhängigen, eine Dosis wecke sie lediglich für zwei oder drei Minuten auf. Einen kurzen Moment würden sie aus der Realität herausgezogen werden. Dann folge schon wieder die Talfahrt. Die Depression.
Wer Paco raucht, spürt keinen Hunger, keine Müdigkeit. Die Droge schädigt Lunge, Leber und Gehirn. Wer viel konsumiert, leidet unter Konzentrationsstörungen, verliert das Erinnerungsvermögen. Viele Konsumenten entwickeln irreversible Psychosen. Am schlimmsten aber sind die Auswirkungen, wenn Kinder Paco rauchen. Ihr Gehirn entwickelt sich nicht fertig. Vor allem in jenen Gehirnzonen, die für die soziale Kompetenz verantwortlich sind, richtet die Droge enorme Schäden an.
In Argentinien wird Paco erst seit ein paar Jahren verkauft – seit die Kokainküchen im Land sind. Auf Drängen der Vereinten Nationen wurde in Kolumbien, Peru und Bolivien die Einfuhr von Chemikalien, die für die Kokainherstellung benötigt werden, erschwert. Die Drogenmafia verlagerte daraufhin einen Teil ihrer Koksproduktion in die Nachbarländer Brasilien, Chile, Uruguay und Argentinien. Auch die argentinische Wirtschaftskrise 2001/02 gilt als Grund für die epidemieartige Ausbreitung von Paco. Die Arbeitslosigkeit nahm massiv zu, die Armenviertel wucherten, manch einer griff schneller zu einer unbekannten Droge. Heute hat Paco das Leimschnüffeln ersetzt.

Der Konsument ist in kürzester Zeit ein Wrack. Je nach Abhängigkeitsgrad braucht ein Paco-Raucher bis zu 150 Pfeifen pro Tag. Obwohl die Droge billig ist, benötigt man bei diesen Mengen plötzlich viel Geld. Die Entzugserscheinungen sind unerträglich und bringen Aussetzer mit sich. Beinahe alle Süchtigen werden gewalttätig. Experten geben an, dass bis zu 98 Prozent der Abhängigen kriminell sind. Kleine Mädchen verkaufen ihren Körper für nur zehn Pesos (zwei Euro) an Lastwagenfahrer, so viel kostet ein Säckchen Paco.

Paco führt in den Tod – irgendwie. Wenige sterben allerdings an körperlichem Versagen wie Herzstillstand, viele verlieren bei der Beschaffung des Geldes ihr Leben, nicht selten durch einen Pistolenschuss, etwa von der Polizei. Offizielle Zahlen zu Paco-Toten in Argentinien gibt es nicht. Die Organisation *Madres contra el paco*, Mütter gegen den Paco, spricht von monatlich rund 200 Toten, die an den Folgen von Paco sterben.

Mittlerweile bedroht Paco nicht mehr nur die Bewohner der Armenviertel, sondern auch die Kinder der Wohlhabenden, die sich bisher mit teurem Kokain aufputschten. Der Armen-Killer schwappt allmählich in die Mittel- und Oberschicht über.

Die Regierung von Cristina Fernández de Kirchner rief 2009 in Argentinien ein Expertenteam ins Leben, das unter anderem einen Plan für Prävention und zur Betreuung von Paco-Abhängigen erarbeitet. Im Mai 2010 erklärte auch der brasilianische Staatschef mit einem Millionenbudget der Droge den Krieg. »Wir erlauben es nicht, dass eine junge Generation ihre Zukunft verliert«, so Luiz Inácio Lula da Silva. Nur einen Monat später zeigte sich Uruguays Präsident José Mujica weniger optimistisch. In einer Fernsehsendung äußerte er besorgt: »Die Droge ist dabei, die Schlacht zu gewinnen.«

## Man arrangiert sich

*No hay monedas* – es gibt kein Kleingeld. Dieser Satz ist in den Städten Südamerikas sehr oft zu hören und zu lesen. Der Zeitungsverkäufer schüttelt ebenso vehement den Kopf wie die Verkäuferin am Gemüsestand. Der Geldschein, der ihnen beim Kauf gereicht wird, zwingt sie, kostbares Kleingeld herauszugeben. Der Taxifahrer nimmt es hingegen nicht so genau und rundet den Fahrpreis einfach auf, denn auch er hat keine Münzen. Keiner hat sie, doch jeder braucht sie. Wer nicht im Besitz von Kleingeld ist, kann zum Beispiel bis zum heutigen Tag in Argentinien nicht mit dem Bus fahren, denn der Fahrkartenautomat akzeptiert nur Münzen. Der Busfahrer bleibt unbeeindruckt von jenen Fahrgästen, die mit einem Zwei-Peso-Schein zahlen wollen. Ein Achselzucken und die Tür zum Aussteigen ist alles, was er für sie zur Antwort hat.

Bei so großer Nachfrage und so geringem Angebot sind rasch findige Geschäftemacher am Werk. Während sich vor den Bankschaltern in Buenos Aires lange Schlangen bilden, floriert auf der Straße der Schwarzmarkt für Ein-Peso-Münzen. Die Banken geben jeder Person pro Tag lediglich zwanzig Pesos in Geldstücken heraus. Zu wenig für den Restaurantbesitzer. Er kauft das Kleingeld lieber auf dem Schwarzmarkt. Der Preis: 120 Pesos für 100 Pesos in Münzen.

2008 spitzte sich die Münzen-Not in Buenos Aires zu. Die über 200 privaten Busgesellschaften waren dank ihrer gefüllten Fahrkartenautomaten zu den Herren des Kleingelds geworden. Anstatt die Geldstücke zurück an die Banken zu geben, damit sie wieder unter die Leute kamen, verkauften einige Angestellte der Busunternehmen die Ein-Peso-Stücke jeden Morgen direkt an den Restaurantbesitzer, die Frau vom Gemüsestand und den Zeitungsverkäufer. Den kleinen Geschäftsleuten blieben immer häufiger die Kunden aus, die nicht länger eine Banane oder einen Kaugummi als Wechselgeld akzeptierten.

Der Schwarzmarkt der Ein-Peso-Münzen war ein Phänomen, das keinem verborgen blieb, auch nicht der Polizei. Doch diese ist oftmals selber korrupt und nicht selten Komplize bei solch lukrativen Geschäften.

Immer wieder berichten argentinische Medien über bewaffnete Raubüberfälle, die in unmittelbarer Nähe von Polizeistationen stattfinden. Meistens werden die Täter nicht gefasst, weil die diensthabenden Polizisten im Vorfeld von den Kriminellen dafür bezahlt wurden, nicht sofort zum Tatort zu kommen, wenn der Notruf eingeht. Die *Porteños* – die Einwohner von Buenos Aires – raten in der Regel davon ab, bei einem Notfall die Polizei anzurufen. Zu oft hat sich bestätigt, dass sie nicht »Freund und Helfer« ist. Ein Polizist verdient in Buenos Aires gegenwärtig zwischen rund 340 und 869 Euro im Monat – ein Gehalt, das bei einer steigenden

Inflation selten ausreicht, um eine Familie zu ernähren. Die Korruption im Alltag ist schwer zu bekämpfen, solange sich die prekäre wirtschaftliche Situation der Bürger nicht verbessert.

In den Dörfern entlang der Grenze zwischen Venezuela und Kolumbien ist es nichts Ungewöhnliches, über »Umwege« an zusätzliches Geld zu kommen. Geschmuggelt wurde hier schon immer – den geografischen Vorraussetzungen sei Dank. So verläuft die Grenze über weite Strecken mitten durch den Urwald. Flüsse, die in der Regenzeit zu reißenden Strömen werden, ermöglichen in der Trockenzeit das ungehinderte Überqueren. Außerdem dürfen die Bewohner der Grenzgebiete ohne Passkontrolle von einer Seite auf die andere wechseln und sich in einer schmalen Zone im jeweiligen Nachbarland frei bewegen – ideale Vorraussetzungen, um von Lebensmitteln über Benzin bis hin zu Drogen allerlei zu schmuggeln. Periodisch aufflammender Streit zwischen der venezolanischen und kolumbianischen Regierung führt immer wieder zu einem Handelsstopp. Die Wirtschaftskrise, explodierende Lebensmittelpreise und ständiger Mangel an Fleisch, Milch und Zucker in Venezuela kurbeln das illegale Geschäft zusätzlich an. In dem venezolanischen Grenzstädtchen San Antonio leben schätzungsweise 5.000 Familien vom Schmuggel. Der illegale Handel mit Kokain und Benzin bringt den größten Gewinn ein. Die kolumbianische wie auch die venezolanische Armee tolerierten den Schmuggel mitunter, nicht zuletzt deswegen, weil sie oft selbst am Gewinn beteiligt sind. Das sieht man dann zum Beispiel daran, wenn sich venezolanische Wachmänner bei einem Monatsgehalt von knapp 600 Euro Luxusautos leisten können.

Als südamerikanisches Mekka des Schmuggels gilt die paraguayische Stadt Ciudad del Este. Sie liegt ideal an der sogenannten *Triple Frontera* – dem Dreiländereck Paraguay, Brasilien, Argentinien. In Ciudad del Este tummeln sich Geschäftsleute aus aller Welt. Wie auf einem arabischen Bazar handeln sie Tag für Tag mit vielerlei Produkten. Parfüm, Kleidung, elektronische Geräte, Sporttaschen – das Angebot ist unendlich. Und die Einwohner der geschäftigen Stadt werben stolz damit, dass sie jeden Wunsch eines Käufers erfüllen können, auch dann, wenn dieser einen Elefanten erwerben möchte. Ciudad del Este beherbergt die größte arabische Gemeinschaft Südamerikas – sie sind die Meister des geschäftigen Wirtschaftstreibens, das täglich Tausende von Händlern und Touristen aus Brasilien, Argentinien und anderen Ländern anzieht. Zu Billigpreisen kaufen sie in großen Mengen jene Ware ein, die sie später zum doppelten oder dreifachen Preis in ihrem Heimatland wieder verkaufen. Das Geschäft mit der geschmuggelten Ware blüht so sehr, dass Brasilien mittlerweile seinen Bürgern nur noch die Einfuhr von Artikeln im Wert von bis zu 150 Dollar pro Monat erlaubt. Ein verzweifelter Versuch, das Treiben in der Schmuggelhochburg Südamerikas im Zaum zu halten.

Die Korruption in Südamerika ist in allen gesellschaftlichen Schichten und politischen Lagern üblich – von Kolumbien über Venezuela bis hin nach Argentinien. Auch der aufstrebenden Wirtschaftsnation Brasilien gelingt es nicht, sich aus dem Sumpf der illegalen Geschäfte zu befreien. Immer wieder kommen Korruptionsfälle ans Tageslicht: Im September 2010 stand Dourados, die zweitgrößte Stadt des Bundesstaates Mato Grosso do Sul, ohne Regierung da. Der Bürgermeister, der Vizebürgermeister, der Stadtratsvorsitzende, acht Stadträte und weitere Beteiligte wurden aufgrund von Korruptionsverdacht verhaftet. Die Politiker hatten von Firmen, die sich den Zuschlag bei öffentlichen Aufträgen erkaufen wollten, Geldgeschenke und Schweigegelder von bis zu 4.000 Euro monatlich erhalten.

»Man arrangiert sich« – ein Satz, nach dem die Südamerikaner täglich leben. Und ein solches Arrangement ist in der Regel mit Kosten verbunden. So ist es nichts Außergewöhnliches, wenn der Hausverwalter von einem Mieter zehn Prozent der ersten Monatsmiete verlangt, nachdem er diesem zu einer Wohnung verholfen hat. Sein Entgegenkommen will eben honoriert werden. Ebenso fordert er für die Vermittlung eines guten Klempners, der auch am Sonntag das kaputte Rohr in der Küche repariert, den einen oder anderen Peso.

»Arrangieren« tun sich viele Südamerikaner – zum Teil notgedrungen. Wer sicher sein will, rechtzeitig einen Termin beim Einwohnermeldeamt zu bekommen, ohne sich sechs Stunden vor der Öffnungszeit mit hundert anderen Wartenden die Beine in den Bauch zu stehen, dem bleibt oftmals nur eine Möglichkeit: dem richtigen Angestellten vorab eine entsprechende »finanzielle Unterstützung« zukommen zu lassen. Wer nicht bereit ist, in diese Unterstützung zu investieren, läuft Gefahr, dass nach sechs Stunden Wartezeit die Tür zufällt und neue Termine erst am nächsten Tag vergeben werden. Kann es da ein Trost sein, dass nach einem derart verlorenen Tag der Taxifahrer vor der Haustür freundlich fragt: »Möchten Sie den Betrag auf der Quittung selbst eintragen?« … Man arrangiert sich.

## »Muchachos, lasst uns mal zwei Jahre nicht klauen«

Als das Telefon klingelte, hatte es nichts Beunruhigendes, noch weniger die Stimme des Anrufers – es war ja ein Bekannter, der am anderen Ende der Leitung »Hallo« sagte. Die argentinische Abgeordnete ärgerte sich erst, als sie den Anlass des Telefonats erfuhr. »Stimme für den Haushaltsplan 2011 oder stehe kurz vor der Abstimmung auf und verlasse den Saal«, hörte sie am anderen Ende sagen. Dafür würde sie eine beträchtliche Geldsumme als »Dankeschön« erhalten. Die Abgeordnete und Oppositionelle legte entrüstet auf. Bei der nächsten Parlamentssitzung, als wieder über den Haushaltsplan debattiert wurde, berichtete sie vor laufenden Kameras über den Bestechungsversuch und versicherte: »Meine Stimme ist nicht käuflich.«

Eigentlich gehört das Schweigen über Korruption wie die Dunkelheit zur Nacht. Wenn auf ein Bestechungsangebot auch nicht eingegangen wird, spricht in der Regel kaum jemand darüber, aus Sicherheitsgründen erst recht nicht in der Öffentlichkeit. Selten bis nie erfährt man, zumindest als normaler Bürger, was genau in der Welt der Korruption geschieht und welche Beträge im Spiel sind. Der Geist »Korruption« spukt irgendwo herum, aber niemand kann ihn fassen. Dabei weiß in gewissen Ländern jeder, dass die Korruption stark verbreitet ist. Dies beweisen Sätze wie jener aus Bolivien über einen Politiker: »So stiehlt er halt, aber er soll wenigstens öffentliche Bauten zurücklassen.« Der Satz stammt zwar aus den 1990er-Jahren, wird aber heute noch gern zitiert. Und in Argentinien bat ein Gewerkschaftsführer seine Genossen: »Muchachos, lasst uns mal zwei Jahre nicht klauen.«

Im Haushaltsplanskandal von Argentinien zog die Abgeordnete den Geist aus dem Dunkel ans Licht. Daraufhin berichteten auch andere Parlamentarier von Bestechungsversuchen. Bis zu 100.000 Euro sollen dem einen oder anderen Politiker angeboten worden sein, wenn er oder sie den Budgetvorschlag der Regierung von Präsidentin Cristina Fernández de Kirchner gutheißen würde. Einige Oppositionspolitiker haben bei der Staatsanwaltschaft Klage eingereicht.

Was ist Korruption? Auf einen einfachen Nenner gebracht: Zwei Personen wickeln ein illegales Geschäft ab, ein Dritter wird dadurch geschädigt. Beim Beispiel Argentinien ist der Bürger der Geschädigte, da Politiker mit Regierungsgeldern bestochen wurden. Korruption kann zwischen und innerhalb von Regierungen, aber auch zwischen Staaten und privaten Personen und Unternehmen sowie nur zwischen Privaten vorkommen. Die nichtstaatliche Organisation *Transparency International* (TI) wertet jährlich aus, wie korrupt eine Regierung ist. Dabei misst sie, indem sie etwa Nichtregierungsorganisationen und Experten befragt, wie stark Korruption im öffentlichen Sektor wahrgenommen wird. 2010 nahm sie 178 Länder unter die Lupe. Auf der TI-Länderrangliste glänzen auf den ersten Plätzen die transparenten Länder Neuseeland, Dänemark und Singapur. Venezuela hingegen gilt mit Platz 164 als das korrupteste Land Südamerikas. Argentinien belegt Rang 105.

Wenn Argentinien korrupt ist, dann ist es Paraguay erst recht. Das Netz der Korruption reicht vom Präsidenten über Politiker, Richter und Staatsanwälte bis hin zum kleinen Beamten. In diesem südamerikanischen Land wundert es kaum jemanden, wenn das Staatsoberhaupt mit einem gestohlenen Auto durch die Gegend fährt, wie es Luis González Macchi im Jahr 2001 zu tun pflegte. Die paraguayische Gesellschaft hat Korruption als Teil des Lebens akzeptiert. Auf der TI-Länderrangliste rangiert Paraguay auf Platz 146. Der schlechte Ruf geht weit zurück, während der 35 Jahre Diktatur unter Alfredo Stroessner (1954–1989) hatte die Korruption Hochkonjunktur. Millionen flossen in die Taschen von Politikern und ihren Freunden. Als die Demokratie eingeführt wurde, dachten viele, jetzt werde es besser, aber es kam noch schlimmer. Heute heißt es in der Bevölkerung, mit dem neuen Präsidenten Fernando Lugo sei allmählich eine Besserung zu spüren. Auf lokaler Ebene etwa mehren sich Anzeigen gegen korrupte Beamte und 2010 entließ der paraguayische Innenminister zwanzig Polizisten wegen »nachgewiesener Korruptionsdelikte«.

Während bei der Korruption im kleinen Stil manchmal nur ein paar Scheine abgezwackt werden oder sich jemand einen kleinen Vorteil wie die Abwendung einer Geldstrafe beim Polizisten verschafft, werden bei der Korruption in großem Stil Zehntausenderbeträge verschoben. Und der Schaden für die Dritten ist in der Regel enorm. Abgeordnete, die als Vertreter des Volkes gewählt wurden, lassen sich für Geld umstimmen und verraten ihre Wähler. Nichts Ungewohntes ist das Vergeben von öffentlichen Aufträgen an befreundete Firmen, die für ihre Arbeit überhöhte Rechnungen ausstellen. Die Differenz steckt der Politiker ein.

Viel Staub wirbelte in Argentinien 2008 der Siemens-Skandal auf, auch deshalb, weil er Teil einer weltweiten Korruptionsaffäre war. Ende der 1990er-Jahre flossen Bestechungsgelder in Millionenhöhe an Empfänger in der argentinischen Regierung. Dafür erhielt der deutsche Konzern einen Riesenauftrag zur Herstellung von digitalen argentinischen Personalausweisen. Wie bei anderen europäischen Firmen gehörte es auch bei Siemens früher zur Unternehmenskultur, dass ein Geldtopf bereitstand, in den man, wenn notwendig, für die Abwicklung eines guten Geschäfts greifen konnte. Bei der Steuererklärung wurden die Gelder als »nützliche Aufwendung« abgebucht.

Wie korrupt ist nun Südamerika? Man kann nicht alle Länder in einen Topf werfen. Chile und Uruguay zum Beispiel führen vorbildliche Regierungen, die im Korruptionsranking sehr gut abschneiden. Wagt man einen Vergleich mit anderen Ländern, stellt man fest, dass asiatische und afrikanische Staaten schlechter dastehen. Die Chinesen etwa, so berichten Korruptionsexperten, reisen nur noch mit einem Geldkoffer durch die Weltgeschichte – um bei Vertragsverhandlungen finanzkräftig nachzuhelfen. Und Griechenland ist korrupter als Chile, Uruguay und Brasilien und teilt sich im TI-Ranking gemeinsam mit Kolumbien und Peru Platz 78.

Der wirtschaftliche Schaden durch die Korruption ist groß. Die Gelder, die Politiker und Unternehmer einstreichen, könnten für soziale Dienstleistungen und im Kampf gegen die Armut eingesetzt werden. Eine staatliche Stelle Paraguays konkretisierte 2010 in einem von ihr herausgegebenen Bericht: Dem Staat wurde durch Korruption von 2006 bis 2010 ein wirtschaftlicher Schaden von rund 632 Milliarden Guaraní (100 Millionen Euro) zugefügt. Man hätte damit 2.158 Krankenwagen kaufen oder 15.199 Behausungen für Bedürftige errichten können.

Einige südamerikanische Regierungen versuchen zunehmend effektiver gegen die Korruption in ihrem Land vorzugehen. In Bolivien wurde 2009 die Antikorruptionsstelle zu einem Ministerium aufgewertet. 2010 verabschiedeten die bolivianischen Parlamentarier das Antikorruptionsgesetz. Rückwirkend können nun ehemalige Staatsangestellte, selbstverständlich auch Präsidenten, die sich nachweislich auf Kosten des Staates bereichert haben, vor Gericht gestellt werden.

In der Regel sind in allen Ländern die notwendigen Gesetze vorhanden, um Korruption zu ahnden. Die Frage ist, ob sie auch angewendet werden. Korruption ist also kaum ein juristisches, sondern ein gesellschaftliches Problem. Solange sie vielerorts noch als Kavaliersdelikt und in Ländern wie Argentinien als *Viveza Criolla*, als Bauernschläue, gilt, wird kaum ernsthaft dagegen vorgegangen werden. Allerdings zeichnet sich auch in Ländern wie Brasilien und Argentinien mehr und mehr ab, dass die Gesellschaft Korruption nicht mehr länger tolerieren will. Experten sprechen davon, dass sich einige Länder Südamerikas in einem »Übergangsprozess« befänden und die soziale Ächtung der Schmiergeldzahlungen allmählich wachse.

Es ist ein langwieriger Prozess. Das Bewusstsein, dass Korruption wirklich schadet, muss in kleinen Schritten in der Gesellschaft gefestigt werden. Und dazu tragen zwielichtige Geschäfte von Staatschefs nicht unbedingt bei. So wunderte sich jeder Argentinier, wie innerhalb eines Jahres, von 2008 bis 2009, das Präsidentenpaar Kirchner sein Vermögen von 46 Millionen auf 55,5 Millionen Dollar mehren konnte. Der zuständige Richter – der vor einigen Jahren in einem illegalen Bordell erwischt worden war und seinen Posten dank wohlgesinnter Politiker nicht verloren hatte – stieß in der Steuererklärung auf keine Unregelmäßigkeiten. Néstor Kirchner begründete die Zunahme seines Vermögens unter anderem damit, dass er das Geld mit festem Zinssatz angelegt habe. Manche Argentinier meinten daraufhin:»Wie heißt die Bank, die zwanzig Prozent Zinsen zahlt? Auch wir wollen da anlegen!«

# EINE RELIGION, VIELE RELIGIONEN

# Der katholische Subkontinent

Die Eroberung des südamerikanischen Subkontinents ging mit der christlichen Missionierung einher. Die »Politik der Umerziehung« der indigenen Bevölkerung sollte garantieren, dass diese zu Untertanen des spanischen Königs erzogen wurden. Mehr als 500 Jahre später lebt mehr als die Hälfte aller Katholiken der Welt in dieser Region.

Der katholische Glaube ist in den Straßen südamerikanischer Städte allgegenwärtig. Der Rosenkranz baumelt am Rückspiegel des Taxis, und der Fahrer bekreuzigt sich jedes Mal, wenn er an einer der zahlreichen katholischen Kirchen vorbeifährt. In der U-Bahn verkaufen Kinder kleine Karten mit Abbildungen römisch-katholischer Heiliger und häufig fällt in einer Unterhaltung der Satz: »*Si dios quiere* …« – »So Gott will …«

Die katholische Kirche war in Südamerika bis in die 1960er-Jahre eine fortschrittsfeindliche Institution. Sie vertrat in erster Linie die Interessen der herrschenden Klassen. Dann erlebte sie einen bedeutenden Wandel. 1968 widersetzten sich katholische Würdenträger auf der Bischofskonferenz im kolumbianischen Medellín den bestehenden Herrschaftsverhältnissen und legten damit den Grundstein für die sogenannte Befreiungstheologie. Die »Kirche von unten«, die sich auch politisch für die Armen einsetzte, war der Beginn einer lateinamerikanischen Kirche. Diese distanzierte sich von der kolonialen Missionskirche, deren Handeln über Jahrhunderte hinweg vom Vatikan diktiert worden war und wenig auf die Bedürfnisse der Bevölkerung einging. Befreiungstheologen sehen es als ihre Pflicht an, gegen die sozialen Missstände aktiv tätig zu werden, weshalb viele von ihnen bis heute in Elendsvierteln leben und arbeiten. Zu Zeiten der Militärdiktaturen wurden viele Anhänger der Befreiungstheologie Opfer der Repression. Welche Bedeutung die Befreiungstheologie in Südamerika hat, zeigt auch die Tatsache, dass der ehemalige Bischof Fernando Lugo, einer ihrer Verfechter, heute Präsident von Paraguay ist. Doch die Gräben zwischen den konservativen Kräften der katholischen Kirche und den linken Regierungen sind tief. Aus diesem Grund hat der venezolanische Präsident Hugo Chávez eine eigene, von ihm finanzierte Glaubensgemeinschaft gegründet, die sich »reformierte katholische Kirche« nennt.

In Südamerika gibt es aber nicht nur Katholiken. Brasilien ist nach den USA heute das Land mit der zweitgrößten protestantischen Gemeinschaft. Offiziellen Angaben zufolge gehören schon mehr als vierzehn Prozent der Bevölkerung evangelischen Kirchen an. Laut Schätzungen von Kirchenexperten wächst die Mitgliederzahl der Pfingstgemeinden jedes Jahr um rund zwei Millionen. In Argentinien befindet sich beispielsweise die größte spanisch sprechende jüdische Gemeinschaft. Die Muslime hingegen sind in allen südamerikanischen Ländern eine religiöse Minderheit. Die größte Moschee Südamerikas ließ 1992 der argentinische Präsident Carlos Menem in Buenos Aires erbauen. Als Sohn syrischer Einwanderer islamischen Glaubens konvertierte er zum Katholizismus, um Präsident Argentiniens werden zu können. Seit 1994 schreibt die argentinische Verfassung nicht mehr vor, welchem Glauben der Staatspräsident angehören muss. Auch in allen anderen südamerikanischen Staaten können sich heute Politiker jeder Glaubensrichtung zum Präsidenten wählen lassen. Doch es wird noch lange dauern, bis eines dieser im Katholizismus verankerten Länder ein Staatsoberhaupt stellen wird, das Protestant, Jude, Moslem oder Anhänger einer Pfingstgemeinde sein wird.

# Fast-Food-Konzerne des Glaubens

Sie wächst so schnell wie kaum eine andere Kirche auf der Welt: die in Brasilien entstandene *Igreja Universal do Reino de Deus*, die Universalkirche des Gottesreiches. Sie hat laut eigenen Angaben allein in Brasilien über 4.500 Kirchenableger und weltweit in 170 Ländern Zweigstellen. Gegründet wurde die Universalkirche 1977 in einer ehemaligen Möbelfabrik von Edir Macedo, der Angestellter einer Lotteriegesellschaft war. Der selbst ernannte Bischof begeistert in Anzug und Krawatte in seiner Gemeinde im Norden von Rio de Janeiro über 15.000 Anhänger. Er rechnet ihnen immer wieder die Mindesthöhe ihrer Kollekte vor, mit der sie Gottes Segen erlangen können.

Macedos Kirchenimperium betreibt auch mehrere Radio- und Fernsehstationen, um die Ideologie erfolgreich und effektiv zu verbreiten. An der Spitze steht einer der größten Fernsehsender Brasiliens: *Record*. Von

Nachrichten über Telenovelas bis hin zu Wunderheilungen und Teufelsaustreibungen wird dem Zuschauer alles geboten. Mithilfe modernster Marketingmethoden verdrängt die Universalkirche allmählich die religiöse Konkurrenz aus den Elendsvierteln. In diesen armen Regionen verfügt die katholische Kirche nicht über genügend Priester, und dem Staat gelingt es nur unzureichend, in den Favelas für Sicherheit zu sorgen und die notwendigen Schulen und Krankenhäuser zu bauen. Die Gemeinden der Pfingstkirche hingegen schaffen es, in der rücksichtslosen Welt der Favelas eine Oase der Ordnung und der Verlässlichkeit aufzubauen. Eine Vielzahl ihrer Kirchen ist mit Studios, Druckereien und Verlagen ausgestattet. Es ist nicht schwer, eine Zweigstelle der Pfingstkirche zu eröffnen. Eine dreimonatige Ausbildung zum Pastor, Unternehmergeist und das nötige Kleingeld, um monatlich eine feste Summe an die Zentrale zahlen zu können, und schon gehen die Tore einer neuen Filiale auf. Kann die Summe nicht mehr entrichtet werden, wird die Filiale als nicht mehr rentabel eingestuft und geschlossen. Die Universalkirche ist nach einem Franchising-System ganz im Stile eines amerikanischen Fast-Food-Konzerns organisiert und funktioniert nach dem Prinzip der Gewinnmaximierung. Die »Kunden« sind nicht nur arme Schlucker, sondern überwiegend zahlungskräftige Gläubige aus der aufstrebenden Mittelschicht, die ihren Zehnt auch per Kreditkarte abbuchen lassen können.

## Rosenkranz aus Fußbällen, die Orixás der Heiligen und Uruguays Reisewoche

Es ist Heiligabend. Zur Melodie des »Ave Maria« tragen Ministranten einen Fußball mit Dornenkrone in den überfüllten Saal. Es ist der 30. Oktober, der Tag, an dem 1960 der Fußballgott Diego Armando Maradona geboren wurde. Seine Gläubigen schreiben das Jahr 50 D.D. – *Despues Diego*, nach Diego. Am Weihnachtsbaum hängen leuchtende Kugeln mit dem Abbild von Maradona. Auf dem Altar liegt ein übergroßer Rosenkranz aus 34 kleinen Fußbällen. 34 Tore hat Maradona in 91 Länderspielen für Argentinien erzielt. Statt eines Kreuzes baumelt am Kranz einer seiner Fußballschuhe. Voller Inbrunst beten die Fans »Diego unser auf Erden«.

Wer der *Iglesia Maradoniana* – der Maradona-Kirche – beitritt, glaubt an »Diego, den allmächtigen Fußballspieler, Schöpfer von Magie und Passion«. Für weltweit über 40.000 Anhänger der Maradona-Kirche ist Fußball ihre Religion. Eine Religion, die 1998 in der argentinischen Stadt Rosario von zwei Sportjournalisten ins Leben gerufen wurde. Mittlerweile können dort auch Eheschließungen mit Diegos Segen vorgenommen werden. Die Paare schwören aneinander ewige Liebe im Namen Maradonas und berühren dabei einen Fußball. Die Maradona-Kirche hat zwar Strukturen und Rituale der katholischen Kirche übernommen, verehrt aber in heidnischer Weise den kleinwüchsigen Ballkünstler aus einem Vorort von Buenos Aires.

Verehrungen diverser Götzen und Gottheiten findet man auch in Brasilien. Die Sklaven wurden nach ihrer Ankunft auf dem südamerikanischen Subkontinent von katholischen Priestern zwangsgetauft. Da es ihnen fortan untersagt war, an ihre ursprünglichen Götter zu glauben, beteten sie zwar offiziell zur heiligen Maria, doch hinter dem aufgezwungenen Marienbild verbarg sich die Meeresgöttin Iemanjá. Sie repräsentiert Weiblichkeit, Schönheit und Fruchtbarkeit.

Biblischen Personen und katholischen Heiligen jeweils eine *Orixá*, eine afrikanische Gottheit, zuzuordnen, ist ein weit verbreitetes Phänomen in afro-brasilianischen Kulten. Auf diese Weise konnten die Sklaven ihren ursprünglichen Glauben unter dem Deckmantel des Katholizismus weiter praktizieren. Durch diese Vermischung entstanden die afro-brasilianischen Religionen wie der *Candomblé* in der Region Bahía im Nordosten des Landes und der im Süden praktizierte Glaube *Umbanda*. Wie bedeutend diese beiden Religionen mittlerweile geworden sind, zeigt allein die Tatsache, dass es in Salvador de Bahía rund 180 katholische Kirchen gibt und 3.000 sogenannte *Terreiros,* Häuser der afro-brasilianischen Religionen.

Die Anhänger des Candomblé sprechen selten offen über ihre Religion. Dies liegt nicht zuletzt daran, dass sie immer wieder Repressalien seitens der Regierung ausgesetzt waren. Bis Ende der 1970er-Jahre musste zum Beispiel für jede Kulthandlung bei der Polizei eine Erlaubnis eingeholt und eine Gebühr entrichtet werden. Mittlerweile bekennt sich die schwarze Bevölkerung immer mehr zum Candomblé und zum Umbanda. Dies ist auch Ausdruck ihres wachsenden kulturellen Bewusstseins. Die

Kombination von katholischen Heiligen und Orixás, von kirchlichen Traditionen und heidnischen Riten, ist bis heute Grundlage der Kultur von Bahía. So finden während des Sommers zahlreiche Feiern zu Ehren der katholischen Schutzheiligen mit gleichzeitiger Huldigung afrikanischer Götter statt.

Uruguay, der kleine südliche Nachbar Brasiliens, ist anders. Dort spielen katholische Symbole im öffentlichen Leben eine geringe Rolle. Uruguay ist mit Abstand das am wenigsten katholisch geprägte Land des südamerikanischen Subkontinents. Auch christliche Feiertage kommen unter ihrer gewöhnlichen Bezeichnung im offiziellen Kalender nicht vor. So steht am 24. Dezember nicht »Heiligabend«, sondern »Familientag« und die Karwoche vor Ostern ist die »Reisewoche«. Uruguay zeichnet sich durch seine strikte Trennung von Kirche und Staat aus. Religion findet einzig und allein im Privatbereich statt. Der Laizismus ist darauf zurückzuführen, dass das Land, nachdem es seine Unabhängigkeit erkämpft hatte, in der zweiten Hälfte des 19. Jahrhunderts von starken liberalen und antiklerikalen Gruppen beeinflusst wurde. 1917 trennte die Verfassungsreform offiziell Kirche und Staat.

Die Uruguayer reagieren sehr empfindlich, wenn die Trennung zwischen Kirche und Staat nicht eingehalten wird. So sorgte 1987 nicht nur die Errichtung eines dreißig Meter hohen Kreuzes anlässlich des Besuches von Papst Johannes Paul II. für Aufregung, sondern auch die Entscheidung des damaligen Präsidenten, dieses – entgegen der ursprünglichen Pläne – stehen zu lassen. Das Kreuz war größer als der Obelisk und das Denkmal zu Ehren der Nationalfahne, die auf demselben Platz stehen. Im Stadtparlament von Montevideo stimmte schließlich eine knappe Mehrheit dafür, dass das Kreuz trotz aller Proteste stehen bleiben durfte. Dies hatte zur Folge, dass nun auch andere Religionsgemeinschaften das Recht einforderten, ihre religiösen Symbole öffentlich aufzustellen. Aus diesem Grund findet man heute in Montevideo neben dem Kreuz auch ein Konfuzius-Denkmal und ein Monument des afro-brasilianischen Umbanda-Kultes.

# Gottes Krieg gegen Homosexuelle

Jubel und Tränen brachen auf dem Platz vor dem Kongresshaus in Buenos Aires aus. Nach über vierzehnstündiger Debatte sprachen sich im argentinischen Winter 2010 die Senatoren für die Legalisierung der Homo-Ehe aus, die Abgeordneten hatten dem bereits zugestimmt. Noch um Mitternacht vor der Abstimmung wurden ein paar hundert Befürworter der Legalisierung von einer Hand voll Gegnern vor dem Kongress mit Eiern beworfen. Kurz nach vier Uhr in der Früh – nach der Abstimmung – feierten Tausende bei Eiseskälte diesen »historischen Moment«. Die Kirche zeigte sich konsterniert, das Wohl der Gesellschaft sei gefährdet.

Argentinien ist das erste Land in Südamerika, das gleichgeschlechtlichen Paaren nicht nur die Trauung, sondern auch die Kindsadoption gesetzlich erlaubt. Die Metropole Buenos Aires gilt bereits seit ein paar Jahren weltweit als eine besonders *gay*-freundliche Stadt. Mit der Gleichstellung wurden im argentinischen Zivilgesetzbuch die Wörter »Mann und Frau« durch das Wort »Ehepartner« ersetzt. Bis zur Senatsabstimmung konnten homosexuelle Paare nur mit richterlichem Beschluss den Bund der Ehe eingehen.

Die Senatoren taten sich schwer in der Debatte, der gesellschaftliche Druck war groß in dem stark katholisch geprägten Land. Die Kirche bezeichnete die Auseinandersetzung um die bevorstehende Legalisierung als einen »Krieg Gottes« gegen den »Neid des Teufels«. Sie forderte über die Gesetzesvorlage eine Volksabstimmung. Ihren Protestaktionen schlossen sich Muslime und Protestanten an. Gemeinsam beten sie dafür, dass die »natürliche Ordnung«, die »Ehe zwischen Mann und Frau«, eingehalten werde. Die argentinische Regierung, die sich für die Legalisierung aussprach, fühlte sich von der Kirche »in die Zeit der Inquisition zurückversetzt«.

Seit der Legalisierung in Argentinien wollen einige Länder nachziehen; in Chile, Uruguay und Paraguay werden Gesetzesvorlagen verabschiedet. In Kolumbien, Uruguay und in einigen Bundesstaaten Brasiliens ist lediglich der Zivilpakt rechtmäßig. Er schließt meist gewisse gesetzliche Privilegien aus, die eine heterosexuelle Ehe mit sich bringt. Besonders rückständig gelten Peru und Bolivien, wo kaum eine Politik gegen Diskriminierung von Schwulen und Lesben existiert, geschweige denn ein Zivilpakt erlaubt ist. Am schlimmsten ist die Situation in Guyana: Schon das Homosexuell-Sein ist ein Vergehen und kann mit einer mehrjährigen Haft bestraft werden.

Ein weiteres Thema, das der Kirche Kopfzerbrechen bereitet, ist die Abtreibung. Nur in Französisch-Guyana dürfen Frauen in den ersten zwölf Wochen der Schwangerschaft straffrei eine Abtreibung vornehmen. Beinahe hätte 2008 Uruguay die legale Abtreibung eingeführt: Das Parlament sprach sich für das neue Gesetz aus. Der damalige sozialistische Staatschef Tabaré Vázquez, Arzt und Katholik, legte daraufhin das Präsidentenveto ein. In vielen südamerikanischen Staaten ist eine Abtreibung nur unter gewissen Bedingungen erlaubt. Meist, wenn die Schwangerschaft das Leben der Mutter gefährdet oder wenn die Frau durch eine Vergewaltigung schwanger geworden ist. In anderen Ländern wie Chile ist der Abbruch unter allen Umständen strafbar.

# EUROPAS LIEBLINGSKINDER

# Chile: Reiche werden reicher, Armen soll geholfen werden

Saubere Straßen, viele neue Fahrzeuge, Autobahnen, trendige Shoppingcenter, eine blitzblanke U-Bahn, adrette und noble Viertel, Fitnessräume in Wohnhäusern, gepflegte Parks: Santiago de Chile hat den Sprung in die Moderne geschafft. Die Sechs-Millionen-Hauptstadt sticht im Vergleich mit anderen südamerikanischen Städten hervor – sie wirkt sehr fortschrittlich und europäisch. Vieles hat internationalen Standard. Wilde Armenviertel gibt es kaum. Ganz Chile vermittelt dem Besucher einen geordneten und korrekten Eindruck, weshalb es gern das »Preußen Südamerikas« genannt wird. In der Region gilt es als Vorzeigeland und außerhalb des Subkontinents misst es sich mit Europa und den USA.

So verwundert es nicht, dass Chile Anfang des Jahres 2010 als einziges Land Südamerikas in die Organisation für Wirtschaftliche Entwicklung und Zusammenarbeit (OECD) aufgenommen wurde. Es ist das Verdienst einer konservativen und marktfreundlichen Wirtschaftspolitik, die das Land über die letzten vier Jahrzehnte schrittweise zu einer ökonomischen Stabilität geführt hat – mit solider Haushaltskasse und starker Währung. Chile hat zahlreiche Freihandelsverträge mit über fünfzig Ländern abgeschlossen – mehr als jedes andere Land auf der Welt.

Den Grundstein für das wirtschaftliche Wachstum legte Mitte der 1970er-Jahre der Diktator Augusto Pinochet. Kurz nach seiner gewaltsamen Machtübernahme hob er das sozialistische Modell seines Vorgängers, Präsident Salvador Allende, auf und öffnete den Markt – mit großem Rückhalt in der chilenischen Unternehmerschaft. Nach dem Ende der Diktatur 1990 führten die demokratischen Regierungen das liberale Wirtschaftsmodell fort.

Chile gilt in der Region nicht nur wegen seines ökonomischen Aufschwungs als Vorzeigestaat. Das Land zeichnet sich ebenso durch politische Stabilität aus. Der Übergang von Pinochets Diktatur zur Demokratie war beispielhaft. Und das Mitte-Links-Bündnis *Concertación*, das bis 2010 an der Spitze stand, investierte viel in soziale Bereiche. Innerhalb von zwanzig Jahren konnte die Armut von 39 auf fünfzehn Prozent gesenkt werden. Außerdem belegt das Land beinahe jedes Jahr den besten

Platz auf der Korruptionsliste von Transparency International innerhalb der südamerikanischen Staaten. Sind die Länder Südamerikas für ihre korrupten Polizisten im Sicherheitsapparat bekannt, Chile ist es nicht.

Unter diesen Voraussetzungen konnte Sebastián Piñera während seiner Wahlkampagne 2009 beherzt eine Million neuer Arbeitsplätze versprechen. Eine Naturkatastrophe kurz vor seinem Amtsantritt bremste jedoch seinen Elan und den geplanten Wirtschaftskurs vorerst ab – er musste umdisponieren. Im Februar 2010 bebte in Chile die Erde mit einer Stärke von 8,8 auf der Richterskala. Zurück blieben aufgetürmte Autos, eingestürzte Häuser und Brücken und zerstörte Straßen. Als Folge des Bebens überschwemmten Tsunamiwellen die Küste Chiles und zerstörten Badeorte südlich von Santiago. Insgesamt kamen mehr als 400 Menschen ums Leben. Die niedrige Todeszahl im Vergleich zum Erdstoß in Haiti, der mit einer Stärke von 7 schwächer war, ist unter anderem auf den erdbebensicheren Häuserbau zurückzuführen. Der Sachschaden in Chile wurde auf rund zwölf Milliarden Dollar geschätzt.

Außerdem brachte das Erdbeben eine weniger schöne chilenische Realität zum Vorschein. Sie manifestierte sich auf eine Weise, die viele Menschen im In- und Ausland schockierte. Ein paar Tage nach dem Beben kam es zu massiven Plünderungen von Supermärkten und Geschäften. Hunderte von Menschen rannten mit geklauten Fernsehern, Musikanlagen und Möbeln beladen durch die Straßen von Concepción. Die Stadt südlich von Santiago de Chile war von der Naturkatastrophe besonders schwer getroffen. Die Situation spitzte sich so sehr zu, dass Menschen aus ärmeren Vierteln in wohlhabenderen Gegenden in Wohnhäuser eindrangen und auch dort plünderten. Die Regierung schaltete schließlich das Militär ein. Die Welt fragte sich verblüfft: Wieso plündert der Chilene, er hat es doch nicht nötig?

Tatsache ist, so fortschrittlich das Siebzehn-Millionen-Einwohner-Land auch sein mag, in der Umverteilung des Reichtums gilt es als besonders rückständig. Durch den Wirtschaftsboom wuchs zwar die Mittelklasse an und die Reichen wurden reicher, aber die Armen blieben arm. Außerdem nahm nach jüngsten Angaben die Armut zwischen 2006 und 2009 wieder leicht zu: Rund 350.000 Chilenen rutschten unter die Armutsgrenze. In erster Linie ist das eine Folge der Weltwirtschaftskrise

2008. Das Land kam ansonsten dank der angesparten Gewinne aus den Kupferexporten relativ unbeschadet davon.

Die Unzufriedenheit in den unteren Schichten zeigte sich auch im U-Bahn-Streik vom Dezember 2010. Erstmals in der Geschichte von Santiago de Chile legten mehr als 700 Beschäftigte die städtische U-Bahn lahm und lehnten sich gegen den nur einprozentigen Lohnzuwachs auf. Im Gesundheits- und im Bildungsbereich ist die Schere zwischen Arm und Reich besonders gut sichtbar. Die wohlhabende Schicht hat Zugang zu privaten und guten Schulen, das öffentliche Angebot für die ärmere Bevölkerung dagegen ist schlecht.

Der konservative Präsident Piñera hat jedoch große Pläne: Chile soll das erste Land in Südamerika werden, das Armut und Unterentwicklung besiegt. Im Jahr 2011 will seine Regierung »auf der einen Seite die Ursachen, auf der anderen Seite die Konsequenzen der Armut bekämpfen«. So kündigte er an, das Bildungswesen zu verbessern, neue Arbeitsplätze zu schaffen und ärmere Familien zu unterstützen. Die Regierung will allen Familien ein Mindesteinkommen garantieren. Alle, die den festgelegten Mindestbetrag nicht selbst erwirtschaften können, sollen von der Regierung den entsprechenden Fehlbetrag erhalten. Sie müssen allerdings eine Gegenleistung erbringen: den Schulbesuch ihrer Kinder und regelmäßige Gesundheitskontrollen.

## Uruguay: Die Schweiz Südamerikas?

Ein Spaziergang durch die Altstadt von Montevideo ist ein angenehmes Flanieren vorbei an Cafés, Buchhandlungen und kleinen Straßenmärkten. Die Hauptstadt von Uruguay am Río de la Plata erinnert an ein kleines Buenos Aires, ist aber weniger hektisch. Einige Gassen führen hinunter zur einladenden Uferpromenade La Rambla, andere Strässchen zum früheren Hafenmarkt, zum Mercado del Puerto, wo man heute saftige Steaks essen kann. Doch egal wohin man geht, an allen Ecken stößt man auf dasselbe: öffentliche Banken, private Geldhäuser und Wechselstuben. Wird deshalb Uruguay die Schweiz Südamerikas genannt? Oder wegen des Bankgeheimnisses? Oder wegen seiner demokratischen Laufbahn?

Auch eine Fahrt durch das Land löst beim Besucher eine Art »Ahadas-könnte-der-Grund-sein«-Effekt aus. Viel Grün, weite, saftige Wiesen, zahlreiche grasende Kühe ziehen an einem vorbei. Es finden sich aber mehr Gemeinsamkeiten zwischen Uruguay und der Schweiz. So sind beide Länder Kleinstaaten, eingeklemmt zwischen großen Ländern. Uruguay, früher offizieller Pufferstaat, liegt winzig anmutend zwischen Brasilien und Argentinien, den zwei größten Ländern Südamerikas. Die kleine Schweiz wird gleich von fünf Staaten umringt, darunter den Großmächten Frankreich und Deutschland. Im politischen Kontext versucht sich Uruguay ebenso neutral zu geben und sich möglichst aus internationalen Konflikten herauszuhalten.

Der eigentliche Grund für den Ruf Uruguays als die Schweiz Südamerikas liegt aber in seiner politischen Entwicklung Anfang des 20. Jahrhunderts. Während der ersten drei Jahrzehnte formte sich unter José Batlle y Ordóñez die erste soziale Demokratie auf dem südamerikanischen Subkontinent. Wenn auch Batlle y Ordóñez nur zweimal als Präsident der Republik im Amt war (1903–1907 und 1911–1915), galt er mindestens bis Anfang 1930er-Jahre als der geistige Führer des Landes. Er strebte einen sozialen Staat an, in dem Grundrechte für alle Schichten der Bevölkerung gewährleistet waren. Es kam zu Verstaatlichungen unter anderem der Elektrizitätswerke, Versicherungen, Banken und der Telefongesellschaft. Das Bildungssystem wurde ausgebaut, neue Universitäten wurden geschaffen.

Der wirtschaftliche Aufschwung des Agrarlandes, das Fleisch, Wolle und Leder produzierte, begünstigte die sozialen Vorhaben von Batlle y Ordóñez. Die Kassen klingelten. Besonders ab 1905, als eine neue industrielle Errungenschaft den Markt eroberte: das Tiefkühllager. Von nun an exportierte Urugay tonnenweise Fleisch nach Europa.

Eine breite Mittelschicht wuchs heran, Gewerkschaften entstanden und zahlreiche Rechte für die arbeitende Bevölkerung wurden gewährleistet: Acht-Stunden-Arbeitstag, Mindestlohn, Altersrente, Arbeitslosen- und Unfallversicherung, bezahlter Urlaub, gesetzliche Regelung der Frauenarbeit, darunter vierzig Ruhetage während der Schwangerschaft, und Verbot der Kinderarbeit. 1907 wurde in Urugay das erste Scheidungsrecht Südamerikas eingeführt. Das Land war beispielhaft, es lebte sich dort wunderbar, die Sterblichkeitsrate nahm ab, der Lebensstandard zu.

In diesen Jahren reiste Batlle y Ordóñez nach Europa und besuchte die Schweiz. Er war begeistert vom politischen System der Schweizerischen Eidgenossenschaft mit ihrem Bundesrat, bestehend aus sieben Bundesräten. In Uruguay herrschte eine Präsidialdemokratie. Kaum zurück in Montevideo, überzeugte er seine Parteikollegen vom *Partido Colorado* von den Vorteilen dieser Regierungsform. In einem Referendum stimmte dann auch die Bevölkerung zu und so wurde Urugay ab 1919 erstmals von neun Exekutivmitgliedern regiert. Die internationalen Geschäfte wickelte der Präsident des *Consejo Nacional de Gobierno*, des Nationalen Regierungsrats, ab. Wie in der Schweiz.

1929, mit dem Ausbruch der Weltwirtschaftskrise, wurde auch die Situation in Uruguay, das stark vom Export abhängig war, kritisch. Die internationalen Rohstoffpreise sanken, die Arbeitslosigkeit in Uruguay nahm zu. Ein Putsch, der von der Oberschicht unterstützt wurde, setzte dem Wohlfahrtsstaat und der Kollegialführung à la Suisse 1933 vorerst ein Ende.

In den 1940er- und 1950er-Jahren kam es zu einem Comeback. Der Export nach Europa nahm nach der überstandenen Krise wieder zu, die demokratischen Institutionen wurden wiederhergestellt. 1947 wählten die Uruguayer den Neffen von José Batlle y Ordóñez zum Präsidenten der Republik. Wie sein Onkel glaubte Luis Batlle Berres an die Pflicht des Staates, der armen Bevölkerung zu helfen. Er reformierte, alphabetisierte und verstaatlichte die Eisenbahnen und die Wasserversorgung. Und 1952 wurde der Nationale Regierungsrat wieder eingeführt. Uruguay wurde wieder zu dem, was es in den 1920er-Jahren schon einmal gewesen war: ein Land mit geringer sozialer Ungleichheit und wenig Armut – die Schweiz Südamerikas.

Es wird erzählt, dass auch Batlle Berres in den 1950er-Jahren in die Schweiz reiste und sich mit dem damaligen eidgenössischen Bundespräsidenten traf. Der soll zu ihm gesagt haben: »Wir sind stolz, den Repräsentanten der Schweiz Südamerikas bei uns willkommen zu heißen.« Batlle Berres soll erwidert haben: »Ich bin stolz, im Uruguay von Europa zu sein.«

Ende der 1950er-Jahre ging es wieder bergab – wirtschaftlich und demokratisch – und der Nationale Regierungsrat wurde 1967 ein weiteres Mal abgeschafft. Von 1973 bis 1985 herrschten Militärs im Land, Parteien und Gewerkschaften wurden verboten, politisch Andersdenkende unterdrückt, verhaftet, gefoltert und ermordet. Gleichzeitig ging die Nachfrage nach Fleisch und Wolle zurück und die Auslandsschulden stiegen. Und was jetzt?, fragte sich das kleine Land und suchte nach neuen Einnahmequellen.

Und wieder tauchte die Bezeichnung »Schweiz Südamerikas« auf, diesmal aus einem anderen Grund. Ende der 1970er-Jahre entwickelte sich Uruguay zum Finanzplatz Südamerikas, und das ist es bis zum heutigen Tag geblieben. Klein- und Großbanken ließen sich im Land nieder, eröffneten ihre Filialen. Die freie Bewegung des Kapitals wurde garantiert und 1982 das Bankgeheimnis eingeführt, das als so sicher wie in der Schweiz galt. Uruguay eroberte sich den Ruf als ein Ort für lukrative Kapitalanlagen. Unternehmer und Privatpersonen etwa aus Deutschland, Spanien, Brasilien und insbesondere Argentinien deponierten in Montevideo ihre Dollars. Ein Schwarzgeld-Paradies pur. – Nicht mehr seit Januar 2011. Die Regierung störte sich nämlich daran, dass sie im Jahr 2009 auf der europäischen »grauen Liste« der sogenannten »Steueroasen« stand. So stimmte Ende 2010 das uruguayische Parlament einer Aufweichung des Bankgeheimnisses zu. In- und ausländische Finanzbeamte erhalten seitdem bei Verdacht auf Betrug über einen Richter Einsicht in ein Konto, auch wenn kein Gerichtsverfahren gegen den Kontoinhaber anhängig ist. Allerdings muss Uruguay ein Doppelbesteuerungsabkommen mit dem entsprechenden Land haben. Bisher sind zwölf solche bilateralen Verträge unterzeichnet worden, unter anderem mit Deutschland, Spanien und der Schweiz.

2002 schwappte die argentinische Wirtschaftskrise auf das Nachbarland über. Die Banken in Uruguay wurden vorübergehend geschlossen und mussten später mit finanzieller Hilfe unter anderem vom Staat gerettet werden. Wie in Argentinien nahm auch in Uruguay die Arbeitslosigkeit zu.

Die Uruguayer vermeiden heute die Bezeichnung »Schweiz Südamerikas« – sie glauben, dass sie diese nicht mehr verdienen. Das sei früher so gewesen, sagen sie und winken ab. Dem Ausländer fallen, abgesehen von den Banken und Kühen, dennoch einige Dinge auf, die an die Eidgenossenschaft erinnern. So kann man Uruguay wie die Schweiz einen Beamtenstaat nennen. Siebzehn Prozent der berufstätigen Uruguayer sind nach einer Erhebung aus dem Jahr 2004 Staatsangestellte. In der Schweiz liegt der Wert nach einer Erhebung aus dem Jahr 2005 auf überraschend ähnlicher Höhe: Fünfzehn Prozent der Arbeitnehmer sind im öffentlichen Dienst tätig. Außerdem gelten Uruguay und die Hauptstadt Montevideo als sicher, seine Bewohner sind freundlich, korrekt und diskret.

Aber besonders im Vergleich zu anderen südamerikanischen Staaten sticht Uruguay hervor. Die Lebensqualität der 1,3-Millionen-Metropole Montevideo zum Beispiel zählt zu den besten auf dem Subkontinent. Wie Zürich, Bern und Genf in Europa. Die Mittelschicht ist stark, der Sozialstaat gut entwickelt. Ferner sind in Uruguay grundlegende demokratische Elemente gewährleistet, etwa Bürgerrechte auf hohem Niveau garantiert. Die Justiz arbeitet unabhängig, wobei die Mühlen ein wenig langsam mahlen. Das Land am Río de la Plata wird in zahlreichen Rankings seit Jahren als der demokratischste Staat in Südamerika eingestuft.

Wer in Uruguay nach noch mehr Schweizer Flair sucht, findet auch das. Rund 120 Kilometer westlich von Montevideo liegt ein 9.600-Seelen-Städtchen namens Nueva Helvecia, früher bekannt als Colonia Suiza. 1962 gründeten vorwiegend Bauern aus der Deutschschweiz die Ortschaft, an deren Häusern heute noch Schweizer Kantonswappen hängen. In der Freizeit werden traditionelle schweizerische Tänze geübt und Lieder gesungen. Mitte des 20. Jahrhunderts grassierte in der Schweiz die Armut, zahlreiche Eidgenossen emigrierten, einige von ihnen nach Uruguay. Sie brachten den Schützenverein mit und das Know-how, wie man Käse herstellt.

Wird Uruguay irgendwann wieder die Schweiz Südamerikas sein? Ökonomisch sagen Experten dem Land eine gute Zukunft voraus. Seit 2003 wächst die Wirtschaft ununterbrochen, auch die globale Krise 2008 konnte den Aufschwung, der vom Exportschlager Fleisch getragen wird, nicht stoppen. Uruguays Ex-Präsident Tabaré Vázquez (2005–2009) wünschte sich jedenfalls die Rückkehr zum wohlhabenden Sozialstaat. Mit ihm kam erstmals nach rund 170 Jahren abwechselnder Herrschaft der Parteien *Colorados* und *Blancos* eine Linkspartei, die *Frente Amplio*, an die Macht. Vázquez' Regierung legte viel Wert auf soziale Gerechtigkeit, sie senkte unter anderem die Arbeitslosenrate und hob die Altersrente und die Löhne an. Der neue Präsident José Mujica (seit 2010), Parteikollege von Vázquez, führt diesen Kurs fort.

Im Jahr 2008 hatte Tabaré Vázquez die Schweiz besucht. Während einer Rede in Genf sagte er: »Wir arbeiten daran, wieder die Schweiz Südamerikas zu sein.«

# DIE VERGESSENEN LÄNDER

Mehr als 200 Meter stürzen die Kaieteur-Wasserfälle vom Hochland Guyanas direkt ins Tiefland. Keine einzige Felsstufe liegt dazwischen. Es ist der höchste frei fallende Wasserfall der Welt, erklären die Guyaner stolz. Die indianische Urbevölkerung spricht vom »Land der vielen Wasser«. Zahlreiche Flüsse münden an der Küste Guyanas in den Atlantik. Auf dem Weg dorthin liegen Wasserfälle, die zum Teil nur mit dem Hubschrauber zu erreichen sind. Die Urwaldregion Guyanas birgt über 2.000 Tierarten, die sich in einer oft noch unberührten Natur entfalten können. Da der dicht bewachsene Dschungel des Landesinneren überwiegend unzugängliches Gebiet ist, leben rund neunzig Prozent der Bevölkerung entlang der Atlantikküste und dort vor allem in der Haupt- und Küstenstadt Georgetown.

Guyana war erst eine niederländische, dann eine französische und schließlich eine britische Kolonie. 1966 erlangte es seine Unabhängigkeit. Zu Zeiten der Kolonialmacht arbeiteten zahlreiche Sklaven auf den Zuckerrohrplantagen. Nach der Abschaffung der Sklaverei 1834 holten die Briten Vertragsarbeiter aus den indischen Kolonien ins Land. Mittlerweile sind über vierzig Prozent der Bevölkerung indischer und dreißig Prozent afrikanischer Abstammung. Die Amtssprache ist zwar Englisch, doch die rund 750.000 Guyaner sprechen je nach Herkunft Kreolisch, Hindi oder ihren eigenen Dialekt – eine Mischung aus Englisch und Kreolisch.

Bis heute ist Zucker neben Gold, Bauxit und Reis eines der wichtigsten Exportprodukte des Landes. Guyana fehlt es an ausgebildeten Fachkräften und der notwendigen Infrastruktur, so sind es oftmals ausländische Unternehmen, die für die Gewinnung der Rohstoffe verantwortlich sind.

Guyana ist neben Suriname und Französisch-Guyana eines der Länder in Südamerika, die gern vergessen werden. Alle drei sind klein und liegen eng beieinander über dem großen Brasilien an den Atlantik gedrängt. Auch die Sprachen in den drei Guyanas, wie sie auch genannt werden, bilden eine Barriere zum restlichen Südamerika.

Im Osten von Guyana grenzt der kleinste unabhängige Staat Südamerikas an: Suriname. Seine Einwohner sprechen Niederländisch, nennen sich Hindustanen, weil ihre Vorfahren aus Indien kamen. Suriname zeichnet sich vor allem durch seine ethnische Vielfalt aus. Hier leben unter anderem die Kreolen und Maroons, Nachfahren der Sklaven aus Afrika, sowie die Javaner, die erstmals 1890 als Vertragsarbeiter aus dem heutigen

Indonesien nach Suriname kamen. Eine Minderheit bilden die im Urwald lebenden indigenen Völker sowie andere eingewanderte Gruppen: Chinesen, Niederländer, Araber, Libanesen und Syrier.

So bunt wie die Vielfalt der Völker ist die der Religionen des Landes. In Paramaribo, der Hauptstadt des Landes, steht die Moschee unmittelbar neben der Synagoge. Und seit 2008 zieht der größte Hindutempel des Landes jährlich über dreißig Millionen Besucher an. Mit rund vierzig Prozent bilden die Christen die größte religiöse Gruppe im Land. Suriname ist aber auch das einzige Land, in dem sich außerhalb Afrikas ein intaktes afrikanisches Stammesleben mit eigener Religion behaupten konnte.

Bis 1975 war Suriname eine niederländische Kolonie. Die erste europäische Siedlung war jedoch 1651 von den Engländern gegründet worden. 1667 fielen die Niederländer ein und blieben. Dafür erhielten die Engländer von ihnen Nieuw Amsterdam, das heutige Manhattan. Von den Engländern ist bis heute die Gewohnheit geblieben, auf der linken Straßenseite zu fahren, und Englisch ist nach Niederländisch und der Kreolsprache Sranan-Tongo nach wie vor sehr verbreitet.

Wie viele andere südamerikanische Länder hatte auch Suriname unter einer Militärdiktatur zu leiden. Von 1980 bis 1987 regierte der Militär Dési Bouterse. Trotz seiner diktatorischen Vergangenheit ging er im August 2010 als Sieger der Präsidentschaftswahlen hervor und regiert seither wieder das Land. Die Niederlande haben 1999 gegen Bouterse wegen der Verbrechen während der Militärdiktatur einen internationalen Haftbefehl erwirkt. Er konnte sein Land praktisch nicht mehr verlassen, nun genießt er als Staatschef Immunität.

Einst war Suriname einer der wichtigsten Zucker- und Kaffeeproduzenten. Heute importiert es beide Produkte und die Wirtschaft des Landes stützt sich überwiegend auf den Export von Bauxit und Gold. Suriname zählt weltweit zu den führenden Bauxit-Produzenten. Im Küstenbereich verfügt das Land unter anderem über Erdöl. Doch Suriname mangelt es an Fachkräften und an Kapital, um effektiv von diesen natürlichen Reichtümern profitieren zu können. So hat das Land die Kontrolle über den Abbau dieser Rohstoffe überwiegend an niederländische und amerikanische Unternehmen abgetreten. Das Land liegt wie eine Insel auf dem südamerikanischen Subkontinent. Kulturell und wirtschaftlich ist Suriname mehr den Niederlanden und Asien zugewandt als seinem Nachbarland Brasilien.

Reist man weiter nach Osten, überquert man erst mit einer Piroge, einem Kanu-ähnlichen Holzboot, den Fluss Maroni und landet schließlich in Französisch-Guyana. Im nächsten Café verfolgt man bei einem *café au lait* und einem *croissant* im Fernsehen die Nachrichten aus Frankreich. Der *garçon* flucht hinter der Theke über die schlechten Meldungen auf Französisch und im selben Atemzug verabschiedet er sich von einem Gast mit *Au revoir*. Man wähnt sich in Paris – wären da nicht die tropische Atmosphäre und der Blick auf die karibische Küste.

Französisch-Guyana ist ein Überseedepartement von Frankreich und gehört somit der Europäischen Union an. Amtssprache ist Französisch, die Einwohner kaufen mit Euros und Cents ein, zahlen Steuern in Frankreich und in der französischen Nationalversammlung und im Senat in Paris sind sie mit je zwei Abgeordneten vertreten.

Bereits 1498 entdeckte Christoph Kolumbus die Küste des heutigen Französisch-Guyana. Erst hundert Jahre später siedelten sich hier europäische Auswanderer an – Franzosen, Engländer und Niederländer. Nachdem die Hälfte des Territoriums eine Zeit lang Portugal angehört hatte, wurde es 1801 in einem Vertrag an Frankreich abgetreten. Seit 1946 ist Französisch-Guyana mit begrenzter Selbstverwaltung französisches Überseegebiet. Heute leben hier rund 220.000 Menschen, etwa die Hälfte davon in der Hauptstadt Cayenne und in deren Ballungsraum.

Wieso in Französisch-Guyana viele Wissenschaftler leben, ist einfach erklärt: Die europäische Raumfahrtbehörde *European Space Agency* (ESA) startet ihre Raketen vom Typ Ariane von Kourou aus. Gemeinsam mit der Französischen Raumfahrtbehörde (CNES) betreibt die ESA den Weltraumbahnhof *Centre Spatial Guyanais*. Er ist einer der wichtigsten Pfeiler der Wirtschaft von Französisch-Guyana.

Eine weitere wichtige Einnahmequelle ist die Holzwirtschaft. Der Dschungel, der mehr als neunzig Prozent des Landes bedeckt, birgt einen imposanten Artenreichtum, auch an tropischen Hölzern. Auf den Straßen entlang der Küste verkaufen Fischer Krabben, eben frisch aus dem Meer gezogen. Vorwiegend in Küstennähe wird auch Landwirtschaft betrieben. Exportiert werden vor allem Fisch, Fleisch und Gold.

Weltruhm erlangte Französisch-Guyana aber wegen seiner berüchtigten Strafkolonie auf dem »Archipel der Verdammten«, der aus drei kleinen Inseln besteht. Dorthin wurden über fast hundert Jahre, von 1852 bis

Mitte des 20. Jahrhunderts, die Verbrecher Frankreichs verschifft, wo sie ihr Dasein unter unwürdigen Umständen fristen mussten. Bekannt wurde die Strafkolonie in den 1970er-Jahren durch den Film »Papillon« mit Steve McQueen und Dustin Hoffman.

Guyana, Suriname und Französisch-Guyana sind eine Welt für sich. Auch wenn sie dem südamerikanischen Subkontinent zuzuordnen sind, werden sie wirtschaftlich, geschichtlich und kulturell eher zur Karibik gezählt. Das liegt nicht zuletzt daran, dass sich die Bewohner selbst mehr den karibischen Staaten, Europa und sogar Asien zugewandt fühlen. So sind Guyana und Suriname Mitglieder der karibischen Staatengemeinschaft CARICOM. Der Sitz der Organisation liegt in der guyanischen Hauptstadt Georgetown. Einen Schritt Richtung Südamerika haben Guyana und Suriname mit dem Beitritt 2008 zur Union Südamerikanischer Staaten (UNASUR) gemacht.

Wenn es sportlich wird, dann wieder im Karibikraum: Die nationalen Fußballmannschaften von Suriname und Guyana behaupten sich in der Karibikmeisterschaft *Copa Caribe*. Und gleich alle drei vergessenen Länder nehmen am *Concacaf Gold Cup* teil, bei dem nord- und zentralamerikanische sowie karibische Länder um den begehrten Pokal kicken.

Die vergessenen Länder – am anderen Ende Südamerikas.

# GEDANKEN ÜBER SÜDAMERIKA

Südamerika.
Wieso Südamerika?

Das Buch hat viele Antworten geliefert – die Vielfalt der Völker, Kulturen und Ideen, der Reichtum an Bodenschätzen und Landschaften, der Wirtschaftsaufschwung, die sozialen Bewegungen und die kämpferischen Menschen.

Dennoch, ein paar Antworten sind wir schuldig geblieben. Denn auch Europa ist vielfältig, auch China und Russland erleben einen Wirtschaftsaufschwung und auch die USA und Australien begeistern durch ihre Naturwunder.

Soziale Missstände wie Armut, schlechte Gesundheitsversorgung, mangelhafte Bildung, gewalttätige Auseinandersetzungen und Korruption könnten außerdem Gründe sein, sich vom Subkontinent abzuwenden.

Wieso also Südamerika?

Zum einen: Platz. Auf dem großen Subkontinent sind noch weite Teile der Ebenen, Steppen, Wüsten, Wälder, Gebirge und Küsten unbewohnt. Das Gefühl von endlosem Raum ergibt sich von selbst. Platz, um allein zu sein, Platz, um Neues zu schaffen.

Ebenso findet man in der südamerikanischen Gesellschaft einen Platz. Seinen Platz. Weil die zahlreichen Kulturen – Menschen aus Europa, Asien und Afrika sowie die indigene Bevölkerung – schon früh zusammen oder wenigstens nebeneinander leben mussten, lernten sie die Gegensätze zu tolerieren. Und später zu respektieren. Und auch wenn das mit dem Respekt bis heute in vielen Bereichen und Regionen noch nicht so ganz funktioniert, bemerkt man im täglichen Umgang miteinander Verständnis. Ein Verständnis, dass man anders ist, dass man anders lebt. Und diese Toleranz ist keine intellektuelle und keine gesetzlich vorgeschriebene Toleranz.

Südamerika ist für alle. Für die High Society, die sich in mondänen Städten in Clubs und Cafés vergnügt und an einsamen Stränden erholt. Für den Unternehmer, der seine Firma aufbauen will. Für den Selbstversorger, der es vorzieht, in der Natur zu leben und sich nur von Pflanzen und Tieren zu ernähren. Für den Bohémien, der sich mit wenig Geld durchs Leben schlagen und stundenlang über Politik debattieren möchte. Für die Künstlerin, die sich mit ihrer Leidenschaft ein Leben aufbauen will. Alles ist möglich. Auch deshalb, weil die Gesellschaft Südamerikas selbst immer wieder versucht, das Unmögliche möglich zu machen. So zeichnet sich das Leben hier dadurch aus, dass weniger darüber nachgedacht wird, was gegen ein Projekt spricht und woran es scheitern könnte. Vielmehr werden die Ideen aufgenommen und Vorhaben unterstützt – gedanklich und tatkräftig. Vorankommen statt bremsen. Was man sich heute ausdenkt, kann man morgen umsetzen. Innovativ sein gehört zum guten Ton.

Das erklärt auch, warum verschiedene Länder Südamerikas in den letzten Jahren eine neue Welle der Immigration erlebten. Überwiegend aus den USA und Europa haben sich vor allem junge Menschen hier niedergelassen. Fragt man die neue Einwanderergeneration nach ihren Gründen, antworten beinahe alle: Europa ist zu eng geworden. Auf dem alten Kontinent ist schon alles fertig erdacht und erschaffen. Und: Südamerika bedeute »gemeinsam«, Europa »jeder für sich«.

Das Zusammensitzen und Plaudern, das Tanzen, Lachen, Teilen und Glücklich-sein-wollen – das macht die Südamerikaner aus. Die Warmherzigkeit, die familiären Umgangsformen, das Laissez-faire, eine Leichtigkeit des Seins und eine spielerische Art. Vielleicht ist das alles unter anderem deswegen ausgeprägter als anderswo, weil alle einmal Immigranten waren, weil viele bei null anfangen mussten und weil schwierige Umstände einen gewissen Zusammenhalt und Humor befördern. Als Fremder fühlt man sich hier schnell zu Hause.

Den südamerikanischen Geist haben die Indígenas maßgeblich beeinflusst. Vor allem durch ihre enge Verbindung zur Natur, die sie ehren. Die Urvölker leben und leiden mit ihr. Sie nutzen sie und pflegen sie. Sie erbitten in Ritualen ihre Hilfe und danken ihr für das Leben, das sie spendet. Durch diese in Südamerika tief verankerte Lebensform fühlen sich die Menschen erdverbunden – auch jene, die in den Städten leben und in der Moderne angelangt sind. Ja, die Zustände in Südamerika sind manchmal anarchisch. Wieso? Weil vieles noch nicht reglementiert ist, weil bestehende Gesetze nicht immer eingehalten werden. Dem steht aber die Freiheit gegenüber. Die Bewegungsfreiheit.

Und genießen, das können die Südamerikaner, dafür nehmen sie sich Zeit. Sich einfach mal hinsetzen und nur sein – darin liegt oftmals das Glück.

Südamerika – ein farbiger Subkontinent. Wer selbst etwas schaffen will und Abwechslung, Abenteuer und Unvorhergesehenes braucht, um den Puls des Lebens zu spüren, der ist hier am richtigen Platz.

Südamerika bewegt.

## IMAGINA, SUDAMÉRICA

Haz pausa en tu travesía viajero …
e imagina lo hermoso de este universo,
de razas, idiomas, culturas y credos,
de infames historias y grandes sucesos.

Sudamérica triste …

Golpeada, saqueada por siglos de fuego,
rompió las cadenas de su sufrimiento,
dirigió sus alas a la libertad
marcando senderos de prosperidad.

Por crueles dictaduras destrozada,
por matanzas cobardes y violaciones humillada,
vió desaparecer hombres, mujeres y niños,
por genocidas ¡cobardes!, ladrones, asesinos …

Sudamérica sublime …

A pesar de todo sobreviviste a esta pena,
con tus riquezas infinitas, del mar a la cordillera,
con fauna salvaje, flora sin igual
sigues adelante con gran dignidad.

Sudamérica amable …

Espera viajero, disfruta esta vida,
envuélvete en aires de culturas vivas,
de diversa gente amable y altiva
que tristeza alterna con una sonrisa,
que solo comprende su sed de justicia
cantando canciones de paz y armonía.

Que su vida incluso la podría dar,
por el hecho solo de la libertad.

*Darwin Russell*

# QUELLENVERZEICHNIS

**1. EXTREME UND SPANNUNGEN**
Amnestía Internacional, Boletín informativo de la sección paraguaya, N° 35 Noviembre – Diciembre 2009, unter: http://www.amnesty.org.py/BOLETINES/Boletin-N35AIParaguayNovDic09.pdf
Boris, Dieter: Lateinamerika links-mittig, Blätter für deutsche und internationale Politik, April 2007, unter: http://www.blaetter.de/archiv/jahrgaenge/2007/april/lateinamerika-links-mittighttp://www.blaetter.de/archiv/jahrgaenge/2007/april/lateinamerika-links-mittig http://www.ops.org.bo/servicios/?DB=B&S11=17908&SE=SN
Brües, Stephan: Kolumbien: Blutiger Konflikt ohne Ende? Forum FF2003-1, unter: http://www.friedenskooperative.de/ff/ff03/1-32.htm
Cardozo, Efraín: Breve Historia del Paraguay, 2da. Edicion 2009, Servi Libro
Centro de documentación Paraguay, unter: http://www.cde.org.py
Centro de Estudios para el Desarollo laboral y Agrario (CEDLA), unter: http://www.cedla.org
Departamento Administrativo nacional de Estadistica (DANE), unter: http://www.dane.gov.co
Dirección General de Estadistica, Encuestas y Censos Paraguay, unter: http://www.dgeec.gov.py
Economic Commission for Latin America and the Caribbean (ECLAC), United Nations: Social Panorama of Latin America, 2009, unter: http://www.eclac.org/publicaciones/xml/0/37840/PSI2009-Sintesis-Lanzamiento.pdf
German Trade and Invest: Kolumbiens Rohstoffreichtum lockt Investoren, 23. Januar 2008, unter: http://www.gtai.de/fdb-SE,MKT200801228005,Google.html
Geschichte Lateinamerikas im 19. und 20. Jahrhundert. Ein historischer Überblick, Institut für Geschichte der Universität Wien, unter: http://www.lateinamerikastudien.at/content/geschichtepolitik/geschichte/geschichte-160.html
Hofmeister, Wilhelm: Die Rückkehr des Populismus nach Lateinamerika und die Rolle Brasiliens, Konrad-Adenauer-Stiftung KAS, Auslandsinformationen, 25. August 2006, Sankt Augustin, unter: http://www.kas.de/wf/de/33.9023
Human Rights Watch: Herederos de los Paramilitares, 3. Februar 2010, unter: http://www.hrw.org/es/node/88063/section/9
Official Journal of the European Union: Council decision 2009/1004/CFSP, 23. Dezember 2009, unter: http://eur-lex.europa.eu/LexUriServ/LexUriServ.do?uri=OJ:L:2009:346:0058:0060:EN:PDF
Organización Panamericana de la Salud, unter: http://www.ops.org.bo/servicios/?DB=B&S11=17908&SE=SN
Potthast, Barbara: Von Müttern und Machos. Eine Geschichte der Frauen in Lateinamerika, Wuppertal 2010 (erweiterte und korrigierte 2. Auflage)
Presidencia de la República Colombia, Secretaría de Prensa: Presidente Uribe destacó significativa reducción de siembra de cultivos de coca en Colombia, 24. April 2010, unter: http://web.presidencia.gov.co/sp/2010/abril/24/09242010.html
Presidencia de la República Paraguay, unter: http://www.presidencia.gov.py
Secretaría de la Mujer Paraguay, unter: http://www.mujer.gov.py

United Nations Development Program (UNDP): Human Development Report 2009, unter: http://hdr.undp.org/en/reports/global/hdr2009

## 2. MILITÄRDIKTATUREN: EINE DUNKLE ZEIT

Almada, Martín, unter: http://www.martinalmada.org
Elsner, Gisela: Erstes Urteil wegen Verbrechen während der uruguayischen Militärdiktatur ergangen, Länderbericht Konrad-Adenauer-Stiftung, KAS, 1. April 2009, Sankt Augustin, unter: http://www.kas.de/uruguay/de/publications/16076/
Fuchs, Ruth; Nolte, Detlef: Vergangenheitspolitik in Chile, Argentinien und Uruguay, Bundeszentrale für politische Bildung, Aus Politik und Zeitgeschichte (APuZ 42/2006), unter: http://www.bpb.de/publikationen/0Z9F6P,0,0,Vergangenheitspolitik_in_Chile_Argentinien_und_Uruguay.html#art0
Hart, Klaus: Vom Umgang mit der Diktaturvergangenheit, Bundeszentrale für politische Bildung, Dossier Lateinamerika, 17. März 2010, unter: http://www.bpb.de/themen/AXW0CO,0,0,Vom_Umgang_mit_der_Diktaturvergangenheit.html
Informe de la Comisión Nacional sobre la Desaparición de Personas, CONADEP: Nunca más, September 1984, unter: http://www.nuncamas.org/investig/articulo/nuncamas/nmas0001.htm
Potthast, Barbara: Die historische Entwicklung Paraguays, Bundeszentrale für politische Bildung, Dossier Lateinamerika, 8. Januar 2008, unter: http://www.bpb.de/themen/DPR1UB,1,0,Die_historische_Entwicklung_Paraguays.html
Straßner, Veit: Vom schwierigen Umgang mit dem Erbe der Pinochet-Diktatur, Bundeszentrale für politische Bildung, Dossier Lateinamerika, 28. September 2007, unter: http://www.bpb.de/themen/UZBUXX,0,0,Vom_schwierigen_Umgang_mit_dem_Erbe_der_PinochetDiktatur.html
Wagner, Christoph: Demokratie und Politik in Uruguay, Bundeszentrale für politische Bildung, Dossier Lateinamerika, 18. September 2007, unter: http://www.bpb.de/themen/OCFGNI,0,Demokratie_und_Politik_in_Uruguay.html

## 3. DIE RÜCKKEHR DER INDIGENEN BEVÖLKERUNG

Behrens, Meter-Alberto: Bolivien: »Es steht 1:1«, Länderbericht Konrad-Adenauer-Stiftung, KAS, 8. Mai 2008, Sankt Augustin, unter: http://www.kas.de/bolivien/de/publications/13658
Cerrón-Palomino, Rodolfo: Ollantay: Topónimo antes que antropónimo, unter: http://www.alberdi.de/OLLANTAYRED.pdf
CONAMAQ, Consejo Nacional de Ayllus y Markas del Qullasuyu, Indígena-Organisationen, Bolivien, unter: http://www.conamaq.org
DANE: Población indígena, Rom y Afrocolombiana. Censo 2005, unter: http://www.dane.gov.co/files/censo2005/etnia/sys/etnias.pdf
Käss, Susanne: Unruhiges Bolivien, Länderbericht Konrad-Adenauer-Stiftung, KAS, 27. September 2010, Bolivien, unter: http://www.kas.de/bolivien/de/publications/20606
Lass, Volkmar: »Der Bürgerkrieg in Peru«. In: Jens Siegelberg (Hrsg.): Die Kriege 1985 bis 1990. Analyse ihrer Ursachen, Hamburg 1991, S. 559–572
Meentzen, Angela: Staatliche Indigena-Politik in Lateinamerika im Vergleich Mexiko, Guatemala, Ecuador, Peru und Bolivien, Konrad-Adenauer Stiftung KAS, Peru, 2007, unter: http://www.kas.de/wf/doc/kas_11359-544-1-30.pdf

Minderheitenschutz und Menschenrechte – die chilenische Situation der indianischen Bevölkerung, Konrad-Adenauer-Stiftung KAS, unter: http://www.kas.de/wf/doc/kas_5056-1522-1-30.pdf?040720230605

Picerno, José Eduardo: El genocido de la población charrúa, 2009, Ediciones de la Biblioteca Nacional, Uruguay

Staatliches Statistikamt INDEC, Encuesta Complementaria de Pueblos Indígenas (ECPI) 2004–2005.

– Complementaria del Censo Nacional de Población, Hogares y Viviendas 2001, unter: http://www.indec.gov.ar/webcenso/ECPI/index_ecpi.asp

Stefanoni, Pablo: Bolivien unter Evo Morales: von der Mobilisierungslogik zur Entwicklungsdisziplin? In: Internationale Politik und Gesellschaft / International Politics and Society 3/2010, unter: http://library.fes.de/pdf-files/ipg/ipg-2010-3/2010-3_stefanoni_d.pdf

van der Pas, Geertje: Indigene Völker in Brasilien, Gesellschaft für bedrohte Völker, Februar 2007 unter: http://www.gfbv.de/inhaltsDok.php?id=972

## 4. ROHSTOFFE: FLUCH ODER SEGEN?

Ansel, Katrin: Brasilien – bald das »Grüne Saudiarabien Lateinamerikas«? November 2009, unter: http://www.quetzal-leipzig.de/lateinamerika/brasilien/brasilien-bald-das-»grune-saudiarabien-lateinamerikas«-19093.html

Barber Kuri, Carlos Miguel; Dávila Ramírez, Karla Rosa: Case Study: The Emerals Industry in Colombia, Journal of Business Case Studies, Universidad Anáhuac México Sur, México, October 2008, unter: http://www.cluteinstitute-onlinejournals.com/PDFs/395.pdf

Buerstedde, Peter: Kolumbiens Rohstoffreichtum lockt Investoren, Germany Trade & Invest, Januar 2008, unter: http://www.gtai.de/fdb-SE,MKT200801228005,Google.html

Finer, Matt; Martin, Pamela: Ecuador's Amazon-sized Challenge to the World, The Globalist, 23. Juni 2010, unter: http://www.theglobalist.com/StoryId.aspx?StoryId=8527

Germany Trade & Invest: Wirtschaftsdaten kompakt: Kolumbien, Mai 2010, unter: http://ahk.de/fileadmin/user_upload/GTaI_11_2009/kolumbien.pdf

Hoffmann, Karl-Dieter: Erdöl als Entwicklungsfaktor in Ecuador – Fluch oder Segen? Bundeszentrale für politische Bildung, Januar 2008, unter: http://www.bpb.de/themen/BO9UL9,0,Erd%F6l_als_Entwicklungsfaktor_in_Ecuador.html

Lapola, David M.; Schaldach, Ruediger; Alcamo, Joseph; Bondeau, Alberte; Koch, Jennifer; Koelking, Christina; Priess, Joerg A.: Indirect land-use changes can overcome carbon savings from biofuels in Brazil, PNAS – Proceeding of the National Academy of Sciences of the United States of America – Arizona State University, Tempe, Arizona, February 2010, unter: http://www.pnas.org/content/early/2010/02/02/0907318107.full.pdf+html

Ling, Chee Yoke: Hope for an anti-biopiracy treaty in 2010, TWN – Third World Network, Nov./Dec. 2009, unter: http://www.twnside.org.sg/title2/resurgence/2009/231-232/cover1.htm

Mendonça, Maria Luisa: Monocultivo da cana devasta o Cerrado no Alto São Francisco, Brasil do Fato, 3. bis 9. Juli 2008, unter: http://www.social.org.br/BDF_08_279_0107081.pdf

Ministerio de Agricultura, Argentina, unter: http://www.siia.gov.ar
Ministerio de Agricultura, Paraguay, unter: http://www.mag.gov.py
Ministerio de Ganadería, Agricultura y Pesca, Uruguay, unter: http://www.mgap.gub.uy
Minesterio de Minas y Energía, República de Colombia, unter: http://www.upme.gov.co/Index3.htm
Ministerio de Minería, Chile, unter: http://www.minmineria.cl
Ministerio de Minería y Metalurgia, Bolivia, unter: http://www.mineria.gob.bo

## 5. DIE BOLIVARISCHE REVOLUTION

Alerta Venezuela: Tiempo Político – Encuestas y cacerolazos, 1. März 2010, unter: http://www.alertavenezuela.com/tiempo/detalle.php?tieid=64

Buhl, Angela; Ismar, Julia; Schanderl, Veronika; Widemann, Martina (Hrsg.): Lateinamerikas? Chavez, Morales, Bachelet ... was bringt ihre Politik? In: Schriftenreihe zu den Passauer Lateinamerikagesprächen, Band 4, 2008

Economic Commission for Latin America and the Caribbean (ECLAC), United Nations: Statistical Yearbook for Latin America and the Caribbean, 2009, unter: http://websie.eclac.cl/anuario_estadistico/anuario_2009/pdf/Anuario_2009.pdf

Eickhoff, Georg: Venezuela vor den Regionalwahlen am 23. November, Länderbericht Konrad-Adenauer-Stiftung, Auslandsbüro Venezuela, 10. November 2008, Sankt Augustin, unter: http://www.kas.de/proj/home/pub/62/1/year-2008/dokument_id-15028/index.html

Eickhoff, Georg: Autobahn zum Wahlbetrug, Länderbericht Konrad-Adenauer-Stiftung, Auslandsbüro Venezuela, 24. November 2009, Sankt Augustin, unter: http://www.kas.de/proj/home/pub/62/1/year-2010/dokument_id-18207/index.html

Energy Information Administration (EIA), Independent Statistics and Analysis, unter: http://www.eia.doe.gov/dnav/pet/pet_move_impcus_a2_nus_ep00_im0_mbbl_m.htm

Fritz, Thomas: ALBA contra ALCA – Die Bolivarianische Alternative für die Amerikas: ein neuer Ansatz regionaler Integration in Lateinamerika, Forschungs- und Dokumentationszentrum Chile-Lateinamerika – FDCL, Berlin, Januar 2007, unter: http://fdcl-berlin.de/fileadmin/fdcl/Publikationen/ALBA-contra-ALCA.pdf

Fuentes, Federico: Venezuela's Revolution Faces Crucial Battles, 23. Februar 2010, Caracas, unter: http://www.zcommunications.org/contents/167308/print

Gehring, Hubert; Hartung, Johanna: Die venezolanische Opposition – Eine Alternative zu Chávez? In: Konrad Adenauer Stiftung KAS-AI 10/07, unter: http://www.kas.de/wf/doc/kas_12355-544-1-30.pdf?071121093054

Immigration and Refugee Board of Canada, Venezuela: Whether Colombian guerrillas are present in Venezuela and whether they are involved in kidnappings, particularly in Caracas and in other cities, or in the eastern part of the country; measures taken by the Venezuelan authorities against the guerrillas (2004 – February 2006), 14 March 2006, VEN101127.FE, unter: http://www.unhcr.org/refworld/docid/45f147c42.html

Instituto Nacional de Estadística, Gobierno Bolivariano de Venezuela, unter: http://www.ine.gov.ve/condiciones/educacion.asp

International Energy Agency, unter: http://www.iea.org

Käss, Susanne: Fulminanter Wahlsieg für Evo Morales, Länderbericht Konrad-Adenauer-Stiftung KAS, La Paz/Bolivien, 7. Dezember 2009, unter: http://www.kas.de/wf/doc/kas_18325-544-1-30.pdf

Romero, Simon: Venezuela vive un raro cambio migratorio. Übersetzung aus dem Englischen ins Spanische von Jaime Arrambide, La Nación, 8. November 2010, unter: http://www.lanacion.com.ar/nota.asp?nota_id=1322775

Sangmeister, Hartmut: Die »Bolivarische Revolution« – Hoffnung für die Armen Lateinamerikas? German Institute of Global and Area Studies (GIGA), Nummer 3/2008, ISSN 1862-3573, Hamburg, unter: http://docs.google.com/viewer?a=v&q=cache:rSG_xsITDScJ:www.giga-hamburg.de/dl/download.php%3Fd%3D/content/publikationen/pdf/gf_lateinamerika_0803.pdf+Die+bolivarische+Revolution+Hoffnung+f%C3%BCr+die+Armen+Lateinamerikas&hl=en&pid=bl&srcid=ADGEESieDW51X-bqHgSGtICMJtmTp40IlWi7wrB-cqSvuL_5SCez1dscZce_qzc7mtxZ0JJrHpoTD1byzH4bxPPdyE9WQCv4UNzW-fQ9QNzcXSigTQQtU3K7wBrjSa65v6VM3RY0FzpIY&sig=AHIEtbS6uSJ8_gC-6NOrHPFn-tR6abwyq-w

The International Institute for Strategic Studies: The Military Balance 2010, The annual assessment of global military capabilities and defence economics, unter: http://www.iiss.org.uk/publications/military-balance

The Trumpet: Venezuela Allies with America's Enemies, 5. September 2006, unter: http://www.thetrumpet.com/index.php?q=2813.1337.0.0

US Department of State, Background Note: Ecuador, 24. Mai 2010, unter: http://www.state.gov/r/pa/ei/bgn/35761.htm

Venezuela Hoy – Newsletter von Klaus Schäffler A.C. Democracia y Desarollo, Caracas Venezuela, Zeitraum von 2007 bis 2010

Wilpert, Gregory : Venezuela to Aid Bolivia's New President Morales, Venezuelaanalysis.com, 3. Januar 2006, unter: http://www.venezuelanalysis.com/news/1553

## 6. NEUES SÜDAMERIKANISCHES BEWUSSTSEIN

Ansaldi, Waldo (Hrsg.): La democracia en América Latina, un barco a la deriva, 2007

Busch, Alexander: Brasilien – die unterschätzte Macht, Handelsblatt, 21.05.2008, unter: http://www.handelsblatt.com/politik/international/brasilien-die-unterschaetzte-macht;1432802

Galeano, Eduardo: Las venas abiertas de América Latina, Februar 2005

Hangen, Claudia: Der EU-Lateinamerika-Gipfel, The European Circle, 21.06.2010, unter: http://www.european-circle.de/machtpolitik/meldung/datum/2010/06/21/der-eu-lateinamerika-gipfel.html

König, Hans-Joachim: Kleine Geschichte Lateinamerikas, 2009

UNASUR, Union de Naciones Suramericanas, Union Südamerikanischer Nationen, unter: http://www.pptunasur.com

Vargas Llosa, Álvaro: Rumbo a la libertad, 2004

## 7. STOLPERSTEINE: DROGEN UND KORRUPTION

Comisión Latinoamericana sobre Drogas y Democracia: Drogas y democracias hacia un cambio de paradigma, Februar 2009, unter: http://www.drogasedemocracia.org/Arquivos/livro_espanhol_04.pdf

Global Corruption Report 2009, unter: http://www.transparency.org/publications/gcr/gcr_2009#6.2   http://www.ftd.de/politik/international/:lateinamerika-zum-schmuggeln-gezwungen/50138143.html

Transparency International – Americas, unter: http://www.transparency.org/regional_pages/americas
UNODC World Drug Report, New York, 2010, unter: http://www.unodc.org/documents/wdr/WDR_2010/World_Drug_Report_2010_lo-res.pdf
Word Drug Report, United Nations Office on Drugs and Crime, 2010, unter: http://www.unodc.org/unodc/data-and-analysis/WDR.html

## 8. EINE RELIGION, VIELE RELIGIONEN
CePeD – Centre Population & Développement: El aborto en América latina y el caribe, März 2008, ISSN 1157-4186, unter: www.ceped.org/bar/IMG/pdf/55-Espagnol.pdf
Giras de Umbanda, unter: http://www.girasdeumbanda.com.br/2010
Igreja de deus, Brasilien, unter: http://www.igrejadedeus.org.br
König, Hans-Joachim: Kleine Geschichte Lateinamerikas, Stuttgart 2006
Macedo, Edir: Blog unter: http://bispomacedo.com.br

## 9. EUROPAS LIEBLINGSKINDER
Banco Central del Uruguay, unter: http://www.bcu.gub.uy
Instituto Nacional de Estadistica, Chile, unter: http://www.ine.cl
Instituto Nacional de Estadistica, Uruguay, unter: http://www.ine.gub.uy

## 10. DIE VERGESSENEN LÄNDER
Préfecture de la région Guyane, unter: http://www.guyane.pref.gouv.fr
The Central Intelligence Agency World Factbook, unter: https://www.cia.gov/library/publications/the-world-factbook

# DANK

Unser Dank geht an folgende Experten:
Asdrubal Aguiar (Journalist, El Universal, Caracas, Venezuela), Martín Almada (Alternativer Nobelpreisträger, Asunción, Paraguay), Rita Russell Asturizaga (Soziologin, La Paz, Bolivien), Freddy Beltran (Generaldirektor im Minsterium für Bergbau, La Paz, Bolivien), Darío Calfunao (Mapuche, Cholila, Argentinien), Eduardo Cassis (Historiker und Direktor des Militärmuseums, La Paz, Bolivien), Sarah Friederich (Anthropologin, La Paz, Bolivien), Oscar Reinaldo Gonzalez Chamorro (ehemaliger FARC-Kämpfer), David Huanambal (Neuropsychiater, Dozent, Universität Unsam, Buenos Aires, Argentinien), Andrea Hüsser (Anthropologin, Zürich, Schweiz), Birgit Jennen (Journalistin, Financial Times Deutschland, Buenos Aires, Argentinien), Christophe Lhéritier (Imker, Montevideo, Uruguay), Dalmiro Moran (Ökonom, La Plata, Argentinien), Gundolf Niebuhr (Theologe und Historiker, Filadelfia, Paraguay), Thierry Noel (Historiker, La Paz, Bolivien), Leticia Nuñez (Bibliothekarin, Asunción, Paraguay), Hugo Pena (Radiojournalist, Buenos Aires, Argentinien), Bernard Perrin (Journalist, Le Courrier, La Paz, Bolivien), Hans Theodor Regier (Historiker, Ökonom, Asunción, Paraguay), Alejandro Reig (Anthropologe, Caracas, Venezuela), José Rocca (Ökonom, Montevideo, Uruguay), Klaus Schäffler (Südamerika-Wirtschaftsexperte, Benissa, Spanien), Cornelia Sonnenberg (Geschäftsführerin Deutsch-Chilenische Industrie- und Handelskammer, Santiago de Chile, Chile), Edwin Alvarado Terrazas (Liga für Umweltschutz LIDEMA, La Paz, Bolivien), Martín Vera Cabañas (Koordinator des Zentrums für Dokumentation und Bibliotheken, Mexico City, Mexiko), Maria José Weinberg (Psychologin, Buenos Aires, Argentinien), Friedrich Welsch (Politikprofessor, Universidad Simón Bolivar, Caracas, Venezuela)

Wir danken ganz herzlich für die Geduld und Unterstützung:
Antje Merz, Eliana Landbø, Silke König, Beat Ammann, María Lilia Valdez, Andreas Boeckh, Jerónimo Biderman Núñez, Fernando Chirelli, Angeles Nuñez, Wolfgang Kunath, Eva Eisenstaedt, Darwin Miguel Perez Russell, Liliana Galindo, Oscar Enrique Gomez Rodriguez, Reinhart Wettmann, Thomas Milz, Kathrin Suhner

**Bildnachweis**

| | |
|---|---|
| S. 97 | Art Wolfe/Photo Researchers/picturedesk.com |
| S. 98-99 | Sepp Friedhuber/CONTRAST-FSE/picturedesk.com |
| S. 100 oben | Edgar Dominguez/EPA/picturedesk.com |
| S. 100 unten | Christian Lombardi |
| S. 101 oben | Christian Lombardi |
| S. 101 unten | Pablo Bustamante |
| S. 102 oben | Anthony Gonzáles Díaz |
| S. 102 unten | Pablo Bustamante |
| S. 103 | Victor Rojas/dpa/picturedesk.com |
| S. 104 | Esther-Marie Merz |
| S. 105 | Enrique Hernandez/AFP/picturedesk.com |
| S. 106 oben | Edgar Dominguez/EPA/picturedesk.com |
| S. 106 unten | Eliana Landbø |
| S. 107 oben | Esther-Marie Merz |
| S. 107 unten | Matías Alejandro Barbati |
| S. 108 | Christian Lombardi |
| S. 109 | Marcelo Sayao/EPA/picturedesk.com |
| S. 110 | Sergio Tafuer Jorge/TIPS/picturedesk.com |
| S. 111 | David R. Frazier/Photo Researchers/picturedesk.com |
| S. 112 | McPHOTO/vario images/picturedesk.com |